JN042564

試験対応

新 らくらく ミクロ経済学入門

茂木喜久雄 [著]
Kikuo Mogi

講談社

はじめに

「経済学」を短期間で習得しなければならない人の数は年々増加傾向にあります。いうまでもなく公務員試験における最大の主要科目、または中小企業診断士や不動産鑑定士試験などの各種の資格試験突破に必要な科目として大きな難関となっているからです。

本書は、普段の生活の中で新聞やニュースを見る程度の知識、足し算や掛け算といった簡単な計算ができれば、合格レベルにまで築き上げるための基礎をしっかりと固めていくことを目的にしています。

「全員が同じスタート・ライン」そして「ゴールは感動」

本書を読むにあたって、経済学を学習するための準備は何も必要ありません。経済学の知識ゼロを前提に進行していきます。過去において、経済学を学習した経験があり苦手意識がある方、そして、まったく学習経験がない方も同じラインに立ってスタートします。

もちろん、年齢、学歴、学部、経験も一切関係ありません。

独学で「経済学」を学習すると、ジグソーパズルのように見えるバラバラの論点がうまくかみ合わず、まるで迷路の中で迷子になるような状況になるといいます。しかし、本書が提示する攻略法によって、そのバラバラな論点が数珠つなぎになり、「体系」や「考え方」を身につけることで、芋づる式にグングン頭に入ってきます。それがやがて感動に変わるはずです。

「受講生の質問は、私の最大の宝です」

私は常に全員参加の講義を心がけています。

1人ひとりの受講生と話し、学習の過程の中で実際にわかりにくかった部分などを聞くと、多くの受講生は講師の気がつかないところでつまずいているものです。

本書は、講師という少し高いところから見下ろして説明するものではなく、私と受講生が同じ高さの目線で個別に話し合い、お互いが納得できる考え方や解法を抽出し、作成した攻略法が多く含まれています。

1万人を超える受講生を指導し、何百何千という疑問や質問に答え、常に受講生が主役になれるコンセプトの講義現場をそのまま書籍にしました。ですから、講師・受講生の共同参画の一冊といっても過言ではありません。

こうした背景から、本書からは無理な暗記や難解な言葉がすべて取り除かれ、まるで日常会話のような読みやすい文章となっています。また、どんな読者にとってもかゆい所に手が届き、自発的に「考える力」「体系的な見方」が養われることから、試験でひねった問題が出されたときや実務の中で多少難しい論点に直面しても、必ず突破口を見つけられるようになるはずです。

「夢を持つことの大切さ」そして「学習する楽しさ」

大きな目標に向かって進むとき、最初は誰でも「夢を持つこと」から始まっています。

「夢」は、誰でも必ず実現できると私は信じています。

そのために毎日のチャレンジがあり、反復練習があり、次のステップへ躍進できるのです。

「やればできる！」

本書が、皆様の夢実現のための起爆剤になることを熱望しております。

資格試験や就職試験の合格者からの喜びの声が絶えません。次はあなたの番です。

『試験対応 新・らくらくミクロ経済学入門』の発刊にあたって

2005年よりスタートした「らくらくミクロ経済学入門シリーズ」は、ご好評をいただき、発売後15年の間に、公務員試験や資格試験ばかりでなく、難関大学の編入試験や大学院入試の受験生、さらには日本留学を視野に海外で学習している方など、幅広い範囲の読者からご意見や感想をいただきました。そして、その声をもとに増強をし続けてきましたが、時代の趨勢に従い、動画などのメディアミックスの試みや講談社サイエンティフィク様のご協力を得てカラー化の実現を達成いたしました。本書が読者の夢実現の一助となることを、筆者一同心から願っております。

茂木経済学　塾長　茂木喜久雄

目 次

講義の開始前に

序 章

第 1 章 消費者行動

第2章 生産者行動

第3章 完全競争市場

第4章 不完全競争市場

能率 アップ 本書の特色と使い方

> **目的**
>
> 初めて経済学（ミクロ経済学）を学ぶ方にとっても、
> ①効率的に短期間で学習できること。
> ②丸暗記ではなく、確実に基本的な理論や考え方を身につけること。
> 以上の２点を主な目的としています。

　初めて経済学を学ぶ方は、専門用語だけでなく、高度な数学の数式（微分など）に出合って、なかなかなじめないものです。そこで、本書では高度な数学を知らなくても簡単に理解できるように解説しています。

　経済学を長年講義して、様々な受講生を指導してきた著者ならではのアイディアあふれる解説法や、つまずきやすい箇所のフォローなどを加えているので、安心してご利用ください。

特色と 使い方 数式嫌いの方でも大丈夫！

●「読んでわかる」から「見てわかる」へ

　難しい数式や文章だけの解説だけでなく、初めて学習する人にわかりやすいよう、段階的な考え方をグラフや表を多用して解説しているので、一歩一歩確実に理解を深められます。

●身近な事例で解説するから理解しやすい

　いきなり専門的な解説に入る前に、学習内容を示すとともに、身近な具体例を挙げて概要を説明しています。どのような学習内容かがわかるので、学習目的や学習のきっかけがつかみやすいです。

●学習項目ごとに各種資格試験予想出題率

　公務員試験や資格試験を目標にしている方にはとても便利な学習項目別の予想出題率つきです。合格に向けて効率よく学習ができます。

●用語解説・補足説明・試験情報も充実

　本文中に出てきた難解な専門用語については、各ページのサイドを使って解説します。知っておくと役立つ発展知識も網羅しているので、知識に厚みが出ます。

●常に満員となる著者の超人気授業のノウハウを公開！　「難しい」を「簡単」に！

　各項目に、人気講師の著者だから提案できるアイディアあふれるオリジナル学習法を公開しています。授業現場における受講生の声を反映した即実践タイプの学習法の提案です。「茂木式・攻略三角形」などは、「難しい」を「簡単」に変え、効率よく実践できる学習法です。

●ミクロ経済学の全体（学習目標）がわかるから、学習スケジュールを組みやすい！

　学習のゴールが見えないと、学習意欲（ヤル気）が持続しません。そこで章ごとに、あるいはUnitごとに経済学の全体像と、今取り組んでいる学習項目の関係がわかるように明示してあります。学習スケジュールを組みやすいので計画的な学習に最適です。

●確認問題や練習問題、例題で実力確認！

　せっかく学習してきたことが、どれほど身についているかを問題を解くことで確認できます。しかも、細かい解説つきなので、間違えた場合は、復習すべきポイントがわかります。

　それでは、このような特色が実際のページでどのように生かされているか見ていきます。

特色 「読んでわかる」から「見てわかる」

　難しい理論を文章を読むだけで覚えるのは困難です。ましてや、難しい数式が並んでいるだけ本では学習意欲がわきません。

　このような背景から、経済学を学ぶうえで必要不可欠なツールともいえるグラフを活用し、視覚も使って学習していきます。難しそうに見えるグラフも見方がわかってしまえば、高度な数式を使わなくても問題が解けるほど、とても便利なツールになってしまいます。

＊

　そこで、本書ではグラフによる理解を深めるために、考え方のプロセスをグラフを使って1つひとつポイントを追いながら学んでいきます。結論だけでなく、考え方までわかるように、その思考過程をグラフを使って順次解説しているので、初めて学ぶ方でもわかりやすく学習できます。

〈グラフによるプロセス学習の例〉

---

4. 操業停止点

Key Point
　価格水準が AVC = MC 以下では、生産者は固定費用すら回収できなくなり、生産者は生産をストップさせることになります。この水準が**操業停止点**であり、その価格水準が**操業停止点価格**です。

　生産者行動の分析における最終的な目標は「供給曲線」を導出することです。供給曲線は価格と生産量の関係ですから、どの価格水準ならば生産をストップさせなければならないのかを明らかにします。

　そこで、損益分岐点価格では、利潤がゼロになりましたが、果たしてそれが生産をストップさせる根拠になるのかどうかを先に検討していきます。

考え方のプロセス

プロセス -1

　損益分岐点価格が P_2 の水準では、生産者は Q_2 で生産量を決定します。

　この P_2 においての価格水準では、超過利潤はゼロになり、収入（価格×生産量）と総費用が等しくなっています。

プロセス -2

　価格が損益分岐点を下回った P_3 では、もはや利潤は発生しません。そこで生産者は生産をストップさせるべきかどうかを検討します。

　まず、グラフ上でこの価格水準での収入を分解します。

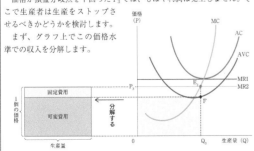

　ここで、価格水準 P_3 では固定費用の一部が回収できていることに着目します。固定費用は、生産量がゼロでも発生する費用であり、今、価格

水準が P_3 で生産をストップすると固定費用の全額が損失として計上されることになります。

　つまり、P_3 では利潤は発生していませんが、固定費用の一部が回収できているので、生産をストップさせるよりも損失が小さいと考えられます。

　したがって、生産者は固定費用がわずかでも回収される限り、生産を続けると考えられます。

プロセス -3

　価格水準が P_1（MC = AVC）まで下がれば、固定費用の回収すらできなくなり、さらにそれ以下の価格水準では可変費用も回収できなくなります。そのために生産を続けることは、損失の拡大につながります。

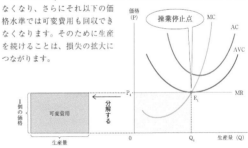

　このような MC = AVC の水準を操業停止点（企業閉鎖点）と呼び、そのときの価格水準（P_4）が**操業停止点価格**になります。つまり、企業の生産をストップさせる水準として表されます。

プロセス -4

Key Point
　短期供給曲線は、P ≧ AVC となります。

　このプロセスを通じ、AVCよりも上方の価格水準で生産を行うことから、この部分に該当する限界費用曲線が**短期供給曲線**になります。

　AVC 以下では生産しないので、短期供給曲線はゼロになります。生産は行いませんが、経済学では P_4 と原点の間も短期供給曲線の一部と考えます。

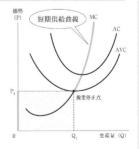

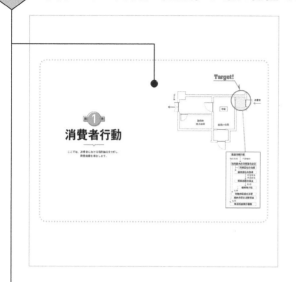 特色 ミクロ経済学の全体（学習目標）と 学習している内容（進度）が常に把握できる

各章の扉には、ミクロ経済学の部屋と学習項目を用意（左図）しました。これは、ミクロ経済学全体の学習項目と、その章で学習する内容を表したもので、ミクロ経済学のどのあたりを学習しているのかが把握できます。

また、各Unitの最初のページの右上にも Navigation として、そのUnitで学習する項目を示しました。これによって、現在学習している項目が全体のどのポジションにあたるのか、また、どのような項目と関わってくるかが、体系的に把握できます。

特色 Unitの学習目的と学習ポイントがわかる

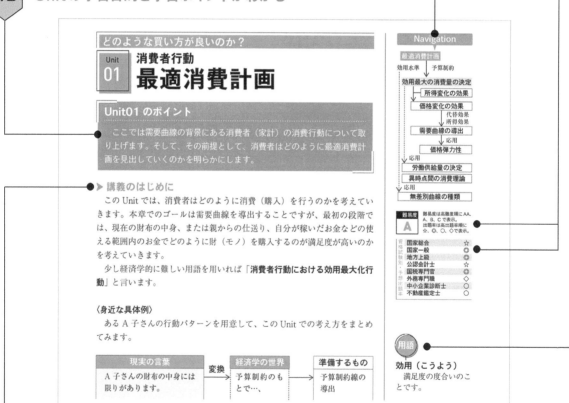

身近な事例で解説するから理解しやすい

初めて学習する方にとって、いきなり専門的な話では難しいので、本題に入る前に身近な事例でワンクッションおきました。これを読むことで、抵抗なく学習には入れます。

特色 学習項目（Unit）ごとに各種資格試験の予想出題率＆難易度を表示！

　経済学の入門書として、経済学部の学生や各種資格試験受験者を中心に、多くの方にお読みいただける内容になっています。

　ここでは、とくに資格試験受験者の方のために、各資格試験に応じて予想出題率を表示しました。この出題率は過去の出題傾向を参考にして求めたものです。予想出題率はマークによる4段階（☆→◎→○→◇の順に出題の可能性は下がります）で示してあります。

　また、Unitごとに難易度（AA → A → B → Cの順に難度は下がります）も表示しました。自分の目標とする資格試験に合わせて参考にしてください。

特色 用語解説、補足説明、試験情報も充実

　各ページの右サイドに注のスペースをとっています。ここでは、本文中に使用した専門用語などの解説、あるいは補足説明を記載しています。また、試験の傾向や対策についての情報も提供しています。さらにそれ以外にもいくつかの情報があります。

　これらの解説や情報は内容によって、アイコンがついています。このアイコンは下記のように内容で分類しています。

 本文中に出てきた用語の解説

 本文中に出てきた記述の補足説明

 本文中に出てきた解説の事例

 ほかの項目との関連、および参照ページ

 資格試験の出題傾向や対策に関する記述

※これ以外のものは●で表しています。

特色 確認問題や練習問題、例題で実力確認！

　何種類かの問題を掲載しています。本文中、より理解を深めるために問題を解きながら解説していく場合があります（併記した資格試験名は、出題当時の名称です）。

　さらに、本文を学習した後には確認問題や例題も豊富に掲載しているので、理解度の確認、実力アップに役立ちます。解答後は解説を読んで、知識を確実なものにしてください。

特色 著者が長年講義で培ってきたオリジナル指導法で「難しい」を「簡単」に！

〈攻略三角形〉

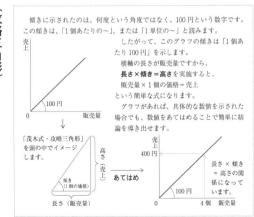

　著者が受講生を指導してきた経験を活かし、アイディアあふれる**オリジナル学習法（茂木式）**を紹介しています。

　例えば、数学が苦手な方に向けた三角形を利用した計算法（茂木式・攻略三角形）や、曲線を数式からではなく、グラフから導出する方法など実践的かつユニークで簡単な学習法です。

難易度＆出題率表（資格試験別予想出題率つき）

①難易度

各種試験での初学者の受験生の反応や試験などの正解率を参考に、Unit ごとに難易度を表示してあります。難度の高い順にAA → A → B → Cと表しています。

②出題率

資格試験別に近年のデータをもとに抽出し、出題の可能性を予測しています。出題率の高い順に☆→◎→○→◇と表しています。

資格省略表記（表内）

国総：国家公務員総合職（大卒程度、平成23年度以前の国家Ⅰ種に対応）
国一：国家公務員一般職（行政、平成23年度以前の国家Ⅱ種に対応）
地上：地方上級　　公会：公認会計士　　国税：国税専門官　　外専：外務専門職
中診：中小企業診断士　　不鑑：不動産鑑定士

		難易度	国総	国一	地上	公会	国税	外専	中診	不鑑
			資格試験別・予想出題率							
Unit 01	最適消費計画	A	☆	◎	◎	☆	◎	◇	○	○
Unit 02	所得変化の効果	C	○	○	☆	○	◎	◎	○	○
Unit 03	価格変化の効果	A	◎	◎	☆	○	◎	◎	○	☆
Unit 04	価格弾力性	B	○	○	☆	○	◎	◇	◇	◇
Unit 05	労働供給量の決定	B	◎	○	○	○	◎	◇	◇	◎
Unit 06	異時点間の消費理論	A	☆	○	○	◎	○	◎	◇	☆
Unit 07	無差別曲線の種類	B	☆	○	◇	☆	○	☆	◎	○
Unit 08	利潤最大化計画	C	◎	◎	◎	◎	◎	○	☆	○
Unit 09	価格変化の効果	A	◎	◎	◎	◎	◎	○	○	○
Unit 10	長期の生産者行動	AA	○	○	☆	◎	☆	☆	◇	◎
Unit 11	価格の決定	C	◎	◎	◎	○	◎	○	○	☆
Unit 12	市場の安定化	A	◎	○	○	☆	○	○	○	○
Unit 13	余剰分析	B	◎	◎	☆	○	◎	○	○	☆
Unit 14	純粋交換経済	AA	☆	☆	○	☆	☆	◎	◇	◇
Unit 15	独占企業の行動	A	◎	☆	◎	◎	◎	○	○	◎
Unit 16	寡占企業の行動	B	◎	○	☆	○	☆	☆	○	◎
Unit 17	ゲーム理論	A	☆	☆	☆	◎	☆	○	◎	○
Unit 18	その他の寡占市場の論点	AA	○	○	◎	○	◎	☆	☆	☆
Unit 19	独遠的競争市場	C	○	○	◎	○	○	◇	◇	○
Unit 20	公共財	A	◎	○	◎	○	○	○	○	◎
Unit 21	IS-LM-BP分析	AA	◎	○	○	○	◎	☆	○	☆
Unit 22	費用逓減産業	C	☆	○	☆	◎	◎	☆	◎	☆
Unit 23	情報の不完全性	A	◎	◎	○	◎	◎	☆	☆	☆
Unit 24	貿易の余剰分析	C	◎	◎	◎	◎	◎	◎	◇	○
Unit 25	国際分業と比較優位	AA	○	◎	◎	◇	○	○	○	○

| 茂木経済塾の 無料の動画講座 | 「試験対応　新・らくらく経済学入門」シリーズを使った試験攻略の勉強に役立つような無料の学習動画をWeb配信しています。
読者の目指す試験種に合わせて、独学でも学習ができるようになっています。 |

| 茂木経済塾 | http://www.mogijuku.jp/ | または、 | 茂木経済塾 | で検索！ |

http://www.trismart.com/ でも可能

動画チャンネル	内容
超入門講座	初学者が経済学に関心を持ってもらうためのソースとなるコンテンツになっています。グラフや計算などは使わずに、考え方や経済学的な思考を育成することを目的にしています。 **レベル**　教養科目の「経済」
らくらく ミクロ経済学入門 講座 らくらく ミクロ経済学入門 講座	初学者が短期間で合格を勝ち取るために、さまざまな問題解法のパターンを紹介しています。自分でペンを用意し、紙に書きながら分析をするという日本の伝統的な「経済学」の学習スタイルをベースにしています。 　また、茂木式攻略法などのオリジナル解法に加え、新傾向の問題にも対応できるように工夫がされています。さらに、テキスト未収録の問題も試験の都度、随時、追加されています。 **レベル**　地方上級・国家一般職の専門科目、 各種試験の「ミクロ経済学」「ミクロ経済学」
新らくらく ミクロ・マクロ 経済学入門 計算問題編	『試験対応　新・らくらくミクロ経済学入門』『試験対応　新・らくらくミクロ経済学入門』を読み終えた読者が、さらに計算力を向上させるための基礎から応用までの問題を計算手順を一切省略せずに実演します。 　限られた試験時間でどのように計算処理をしていくのか、合格者と協働で開発した部分も多くあります。 　このチャンネルでも試験の都度、随時、新問題などを追加し、攻略法を紹介していきます。 **レベル**　地方上級・国家一般職の専門科目、国家総合職 各種試験の「ミクロ経済学」「ミクロ経済学」
国家総合職 「経済理論」	このチャンネルでは、『試験対応　新・らくらくミクロ・ミクロ経済学入門　計算問題編』まで読み終えた受験生を対象に、最難関である国家総合職の問題にチャレンジできるように攻略法を導入しています。 **レベル**　国家総合職、難関大学編入・大学院入試などの 「ミクロ経済学」「ミクロ経済学」

■ 経済学の杜（ブログ）

http://www.oshie.com/

公務員試験を中心とした情報を提供しています。

「経済学」の試験攻略への学習計画の例

『試験対応　新・らくらくミクロ経済学入門』は、経済学の試験攻略の学習スケジュールが非常に組みやすいテキストです。
本書を基本にした学習スケジュールを紹介しておきます。

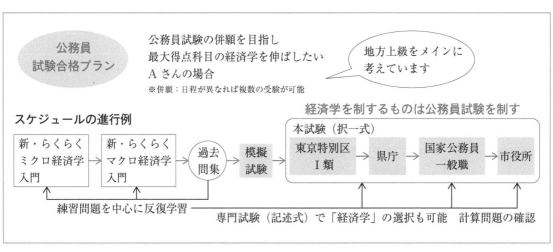

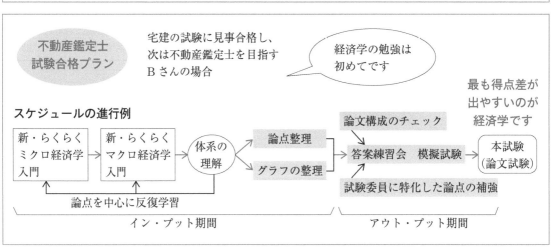

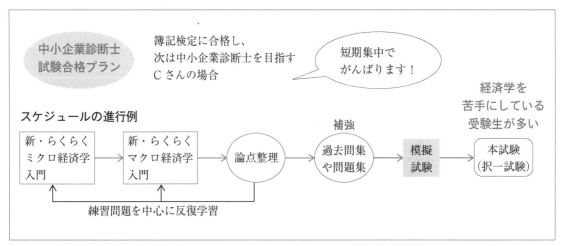

ここでは、代表的な学習スケジュールを紹介しました。
これをベースにして、さらに自分の学習状況を考えてスケジュールを組むことをお勧めします。

講義の開始前に

日常起きているニュースを見ていると
経済問題が語られない日はありません。
みなさんが思っている以上に、
経済学は意外と身近な学問なのです。

毎日見聞きするニュースを経済学的観点から
「理論」的に考察できるようになるために、
まず、基本的な考え方を理解してください。

「経済学」では何を学ぶのだろうか？

Set up 01 「経済学がわかる」ための準備

▶ 講義のはじめに

「経済学」は現実に起きている経済を分析していくものです。

現実の経済では、皆さんが新聞やテレビを見ればわかるように、失業問題や中国との貿易摩擦、環境問題など解決しなければならない問題が山積みです。

もちろん、普段、経済に無関心だった方でも、このテキストを読み終えた後は、新聞の経済欄に目を通して、自分なりに分析ができるようになることが、ここでの学習におけるゴール地点ということになります。

さて、「現実の経済」を分析していくために、経済学では「**現実**」の世界から、「**理論**」の世界へ置き換える「**経済学的思考**」という1つの作業を行うことになります。

この経済学的思考について説明しましょう。現実の経済と経済学的思考の関係は下図のようになっています。

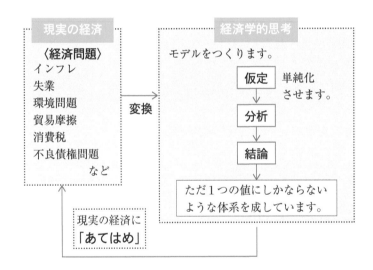

ひと言

「経済学って、新聞の経済面や経済ニュースの分析する訳じゃないんだ」

「経済学は社会科学の分野なので、科学のやり方で処理するんだ」

複雑

現実 複雑、材料が多すぎて分析が困難

単純化・合理化

理論 モデル 必要な分析材料のみをピックアップして、単純化させます

何か法則がある！
単純化させることで、それらのものに一定の法則があることを導き出すことが可能になります

まず、現実の経済は複雑すぎて、分析して問題を解決するまでには途方もない時間と手間が必要になります。そこで、経済学的思考では「現実の経済」を基礎にして単純なモデルを設定し、その範囲内での結論を導き出すことになります。

モデル化するにあたっては、単純かつ合理的なものにしなければなりません。例を挙げれば、「企業は1種類の商品しか生産していない場合の生産量の決定」とか、「消費者は2種類の商品しか購入しない」とかいった具合に単純化させた世界を想定し、結論を出していきます。

最後に、このモデルによって導出された結論を実際の経済の中にあてはめ、誰のために、何を、どれだけ行えばよいのかという議論を可能にしていくのが「経済学的思考」です。

1. 経済学的思考（単純なモデルをつくる）

モデルを構築する段階での「経済学的思考」について、具体的に説明します。

仮定　この部分は、分析が容易な**単純化したモデル**を設定するために重要なポイントになります。

テーマ：「イチゴが好きなA子さんのイチゴ購入量を分析」

> A子さんの行動 ──→ イチゴの購入

この場合、どのような単純化の「**仮定**」によって、分析が容易になるのかを考えてみましょう。

まず、A子さんは、イチゴ以外にもたくさんのモノ（財）を購入します。これでは、分析が困難になってしまいます。したがって、最初の仮定として「A子さんのイチゴの購入量しか観察しない」と考えます。

さらに、「A子さんの財布に入っているお金（予算）は変化しない」、「財布に入っているお金（予算）はすべて使い切る」、「イチゴは分割購入が可能（例えば、0.5個でも購入可能）」、「他のモノ（財）の価格は変化しない」といった条件を加えていきます。

確かに、ここまで条件をつけることによって、一見、複雑化するように思えますが、実はこのことで、単純に「イチゴの価格の変化に伴うA子さんの購入量の変化」を分析することが可能になるのです。

分析　次に、「イチゴの価格の変化に伴うA子さんの購入量の変化」を分析できるような環境を整えた後は、実際に数値をあてはめたり、**グラフ**を導入したりするわけですが、ここでは単純にイチゴの価格とA子さんの購入量の関係をグラフ上に描いてみます（グラフ参照）。

このグラフから、イチゴの価格が下落すれば、購入量が増加することがわかります。これは、A子さんは他のモノ（財）の購入に代えて、割安になったイチゴの購入に当てた割合が多くなったからです。

また、分析を発展させようとすれば、仮定としていた部分を取り外すことになります。例えば、予算が変化したら、消費量はどのように変化するだろうか？　他のモノ（財）の価格が変化したらどうなるだろうか？　といった視点で、分析の可能性は広がっていきます。

用語

購入量

　経済学では、「購入量」「消費量」「需要量」は、すべて同義です。

●経済学では、個人は限定的な行動をすると仮定します。それは、個人のさまざまな行動をそぎ落とし、合理的につくり変えていくからです。それは一切の道徳的なものを排除して、自己の利益を最大にするための行動のみをするという仮定です。

　これを**合理的行動**といい、個人の場合では、モノ（財）を購入して、満足度を最大にすることだけが分析対象となります。

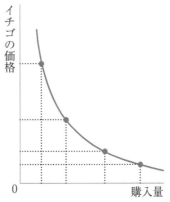

結論

最後に、「イチゴの価格の変化に伴う A 子さんの購入量の変化」における「**一定の法則**」を導き出します。

その法則とは右下がりの曲線になることから、

価格が上がる	購入量が減る
価格が下がる	購入量が増える

ということがわかります。

この結論の中で重要なのは、一定の法則が見つけられれば、試験などで具体的な数値が与えられている場合、その数値をあてはめることで、ただ1つの値が求められるということです。

情報

ただ1つの値が求められることから、試験では計算問題も出題されます。

あてはめ

このようなモデルによって導出された結論部分までが、試験での必要な知識になります。

皆さんが、これから公務員や国家資格取得者になったのちに、これらの知識を実際の経済にあてはめ、消極的には、現行の問題点をどのように解決するべきか？ 積極的には、何を、どのように行えば、よりよい経済が達成できるか？ などを示唆することになります。

ひと言

「理論上で法則性がわかっていれば、それを実際の経済にあてはめることが可能ってことだね！」

2. 体系の構築（木を見て森を見ず）

経済学は完成された体系を有しています。

そのため、短期攻略法としては、各論点（本書各 Unit）を学習していくときに、自分が常に経済学の「体系」におけるどの部分を学習しているのかを明確にしておくこと、また、以前学習してきた論点とのつながりを明らかにしておくことです。これによって、個別の論点同士の関係が見え、理解度を高めることができます。

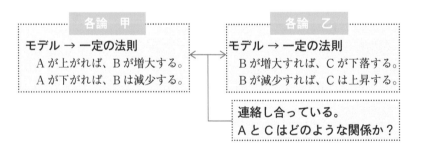

「木を見て森を見ず」という言葉がありますが、まさに経済学を学習する人への教訓となります。つまり、部分ばかりに集中して学習しても、全体がわかっていないのでは効果は期待できません。

経済学が体系を成しているということは、各論点が**数珠つなぎ**で連絡し合っているので、関連づけて（**芋づる式**）理解することが可能であるのと同時に重要であるということです。

「じっくりと各論を学習する」→「全体のどの部分の論点なのかを把握し、各論点との関係を見極める」→「また、じっくりと個別の論点に戻って学習する」→このような繰り返し学習法を心がけることが、苦手意識克服の第一歩だと考えられます。

情報

効果的な芋づる式学習法

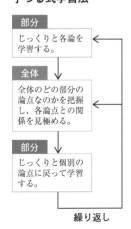

3. 経済学の構成（ミクロとマクロ）

経済学では、経済のモデルを考察していくうえで、対象を個人や企業にするのか（**ミクロ**）、それとも経済全体にするのか（**マクロ**）という2つの観点から成り立っています。

経済学の試験では、主に「ミクロ経済学」と「マクロ経済学」の2分野から出題されます。

●ミクロ経済学

経済を微視的に見る意味で、個々の経済を構成する消費者や生産者について、どのように行動し、市場において、価格や数量がどのように決定するかを学習します。

●マクロ経済学

経済を巨視的に見る意味で、集計単位で消費や生産、所得や雇用、物価水準などがどのように決定するのかを分析します。

この分野は、ケインズの『一般理論』（1936年）に端を発するもので、政策の妥当性や経済全体の動きを学習していきます。

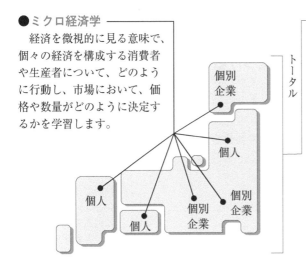

経済学は、ミクロ経済学とマクロ経済学の2つから構成されていますが、その中における分析内容や考え方で異なる部分は多く存在します。

先ほどのA子さんのイチゴ購入の例で考えてみましょう。

ミクロ経済学での事案	A子さんのお小遣いが増えたので、イチゴの消費量が増えた。
マクロ経済学での事案	日本の国民所得が増大したので、消費が拡大した。

ミクロ経済学では、ある財（モノ）の消費量や生産量を個々に決定できるので、A子さんのイチゴの消費量は何個という数量や、イチゴの生産量は何個という具体的な数値を表すことが可能になります。

ある家電メーカーの冷蔵庫の生産量は何台、出版社は何冊という個々の産業において生産量を決定し、それによって価格は何円になるのかを判断します。

しかし、マクロ経済学では単純に「生産（供給）」といったら、日本全体の生産（供給）の大きさを出すことになります。ここでは、ミクロ経済学のようにイチゴも冷蔵庫も出版物も合計しての生産量を出すことはできません。それぞれ単位も違えば性質も異なるからです。

そこでマクロ経済学では、個々の生産量を「金額」に直し、各産業の生産額を合計します。ですから、「国民所得」や「国内総生産（GDP）」といった金額表示された数値を用いることになるのです。

こうした集計単位（数値）で表すマクロ経済学では「価格をどのように扱うのでしょうか」という点ですが、これは「物価」というすべてのモノの価格を平均化させたものを使用します。「物価」自体に単位はありません。ある年を基準に「物価が上がる」「物価が下がる」と表現します。

「細かく見るのがミクロで、大きく見るのがマクロなんだな」

ミクロ経済学→価格
マクロ経済学→物価

「数量なのか、金額なのか、どちらも大きさを表すことができますね！」

経済問題は、数量に関する問題であると捉えることができます。

例えば、どのように生産量を決定するのかという問題は、個々の生産者の問題ですからミクロ経済学で論じることになりますし、どのように失業を減少させるかは、一国全体の問題ですから、マクロ経済学で議論することになります。

このように分析の対象によって、ミクロ経済学とマクロ経済学の分析手法を使い分けることになります。

4. グラフを読む（ただ1つの値を見つける）

グラフの見方 -1

経済学では多くのグラフが登場します。縦軸と横軸の関係を「一定の法則」に基づいて明らかにするのに便利だからです。例えば、B企業は生産量を決定するのに、下のような法則があったとします。

価格が上がる	生産量を増やす
価格が下がる	生産量を減らす

この法則に基づいて、「価格」と「生産量」を縦軸と横軸にとってグラフ化します。

価格が変化する前の出発点を好きなところに置いて、縦軸と横軸の関係を明らかにしていきながら、到達点を見出します。

そして、出発点と到達点を結ぶと、右上がりの線が導出できます。

この線は、価格と生産量の関係を明らかに示しています。数学ではないので、直線でも、曲線であっても構いません。

経済学では、このグラフは何らかの理由があれば、必ず「**シフト**」（移動）するという第2段階を踏むのです。

グラフの見方 -2

B企業と同じモノを生産するC企業が参入してきた場合、全体の生産量はもっと大きくなるはずです。

このC企業の参入による変化を言葉ではなく、グラフで明確にします。

最初のB企業のグラフは、C企業の参入によって生産量が大きくなるので、C企業も加えたグラフは右へ動きます。これを経済学では「シフトする」と表現します。

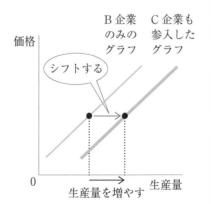

補足

グラフの「シフト」

例えば縦軸が価格の場合、価格の変化以外の理由で生産量が増加すればグラフがシフトします。

価格が変化した場合は、グラフはシフトせずにグラフの線上を移動します。

グラフの見方 -3

　経済学では「仮定」→「分析」→「結論」の中で、最終的な結論部分は、1つの値になるように答えなくてはなりません。

　そこで、経済学では1つの答えを出すために、グラフを使っていくつかのパターンで導き出します。

「試験の問題が数式で出題されたときでも、問われているポイントがグラフとしてイメージできれば、速く解けそうですね」

（1）交点を見つける

　経済学では、右図のように2つ以上のグラフを使い、交点を見つけることによって1つの値を見つけ出す手法があります。

　この交点において、Xの値とYの値が「決定」するという意味で、XとYの右肩に「＊」のマークが付されています。

　「＊」のマークの読み方は「アスタリスク」「スター」「ほし」など、経済学の先生によって異なっていると思います。

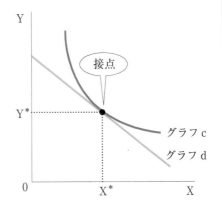

（2）接点を見つける

　交点と同様に、1点で接するグラフの場合でも、1つの値になる答えを見つけ出すことができます。

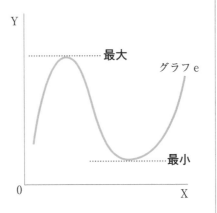

（3）最大・最小の値を見つける

　経済学のもう1つの手法として、グラフの最大値や最小値を見つけ出すことがあります。

　経済学の中では「最も大きいとき」とか、「最も小さいとき」といった結論を出さなければならないことがあります。経済学は中途半端な結論を嫌い、最も儲かる（または、最も損をする）水準で決定したがる学問なのです。

（4）数え方

経済学では、右図のように目盛りのついたグラフは使いません。

これは、その具体的な数量を求めることより「増加する」とか「減少する」とかの法則を観察することに重点を置いているからです。

そして、基本的には「1単位」、「2単位」という数え方をしていきます。

この「1単位」という言い方は馴染みが薄いということで、本講義では1個、2個という数え方で進めていきます。

経済学の考え方を知るためにも、なぜ、○単位というような数え方が用いられているのか説明しておきましょう。

日常生活では、リンゴなら1個、2個と数えますし、水なら1杯、2杯、建物なら1棟、2棟というように数えます。つまり、数えるモノによって単位が変わるのです。ところが、経済学は、ある特定のモノに限った議論ではないので、どのようなモノであっても使える単位が必要になることから「○単位」という数え方をするのです。

ある企業では10人を1単位として、生産量を増加させるときに投入するかもしれません。こうした場合にでも使用できる単位になっているのです。

「経済学では、『1単位、2単位、……』という数え方をするけど、最初は馴染めないよね」

5. 本書の読み方（芋づる式学習法を身につける）

（1）とにかく前に進むこと

初めて経済学の勉強をするときに、どんな人でも1つひとつの個別論点を消化していきます。そうした学習法だと、先ほどの芋づる式学習法にあったような「体系」重視の攻略法は、なかなか身につけることはできません。

ここで、皆さんが体験したはずである1つのことを思い出してください。

中学生時代に非常に苦しんでいた方程式が、その後、大学生や社会人になってから見ると、すごく簡単に見えて「なぜ、あのときにこんな簡単なことで悩んでいたんだろう？」と思う瞬間があると思います。

実は、経済学の学習はこの経験の圧縮版なのです。

1つひとつの論点で「難解だなぁ」という印象を受けることは構わないので、とにかくどんどん前に進み、全体構造を先に捉えることが最初の目標です。最後まで通して一度学習してみます。そして、以前わからなかった部分をもう一度読んだときに、「な～んだ、簡単なことを言っていたんだ」という部分が、たくさん出てくることでしょう。

この作業を2巡、3巡することによって、その都度、学習している部分の経済学全体の中での位置づけがより明確になります。そして、他方面からの視点で見えてきたり、自分なりの解釈法などが生まれてきたりします。

「経済学の初学者のときは、手探りの状態なのでゆっくり進みたいはずです。しかし、どんどん先に進んで繰り返したほうが効果的ということですね」

「公務員試験での『経済学』は理論科目ではなく、計算科目だからね！ 繰り返し学習が効果的なはずだよ」

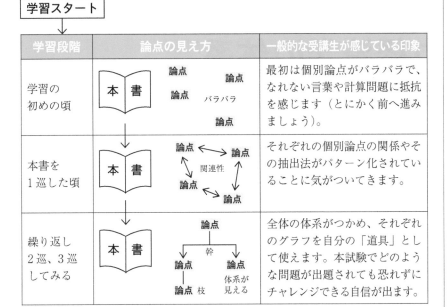

学習段階	論点の見え方	一般的な受講生が感じている印象
学習の初めの頃	本書 論点 論点 論点 バラバラ 論点	最初は個別論点がバラバラで、なれない言葉や計算問題に抵抗を感じます（とにかく前へ進みましょう）。
本書を1巡した頃	本書 論点↔論点 関連性 論点↔論点	それぞれの個別論点の関係やその抽出法がパターン化されていることに気がついてきます。
繰り返し2巡、3巡してみる	本書 論点 幹 論点 論点 論点 枝 体系が見える	全体の体系がつかめ、それぞれのグラフを自分の「道具」として使えます。本試験でどのような問題が出題されても恐れずにチャレンジできる自信が出ます。

（2）「グラフ」がすべて

本書では、個々の論点や分析をグラフと言葉で説明していきます。

最初に勉強を始めたときは、無理しても言葉を覚えようとして努力しますが、用語が難解なために、経済学の学習を「難しい」と思わせる1つのきっかけになってしまいます。

例えば、数学のテキストを暗記しても、実際に解けなければ何の意味もないように、経済学では、グラフによる分析とその結論が最も重要なことであり、用語や定義を最初から正確に覚えなくても構いません。自分の力で分析できるようになれば、後からでも用語や定義などは、自ずと頭に入ってくるものです。

そして、本書の中にあるグラフを自分でノートに描いてみて「何がどう動けば、次はどうなる？」という問答を繰り返すことで、どんどん力がついていきます。

（3）経済学は数学ではない

経済学の学習では、グラフや数式が出てきたり、実際に方程式を解くという場面が多く出てきます。だからといって、一生懸命に計算問題が解けるように努力をする数学と混同してしまうと危険です。

経済学では、論点の内容を理解していれば、グラフや数式はその論点を明確にするうえで必要不可欠なものであり、グラフを理解していれば「なぜ、この方程式を解くのか？」という理由が明らかになるのです。

必要なことは、計算式を解く前に、その計算に裏打ちされた理論を知ることです。その作業を欠かさずに繰り返し行うことで、試験に出題されるひねった問題や応用問題に対しても、必ず攻略法は見つけられるはずです。

経済学は「100人の経済学者がいれば、100通りの経済学がある」といわれています。

もちろん、アプローチの仕方も多様です。しかし、その分析で用いられるグラフや数式は世界共通言語です。

グラフを中心に、作図と言葉で理解しておくことで、どんな壁も突破できると信じています。

「見た目は数学みたいだけど、経済学では理論的な背景を踏まえて計算しないとならないってことね！」

ミクロ経済学のゴールとは?

Set up 02 ミクロ経済学の体系

▶ 講義のはじめに

「経済学」を短期間にマスターするために、まず経済学の「体系」（全体像）を知っておきましょう。下図は体系を家に見立てた「ミクロ経済学の家（体系図）」です。この具体的な図を見ながら学習の手順、内容を理解してください。

　ミクロ経済学では、消費者と生産者の2つの「入り口」があり、その後、両者が「出会い」、そこで「市場」がつくられることになります。

　さらに、順路を進めば「政府」が控えていて、この「市場」がうまく機能しないときに登場する体系を成しています。

ミクロ経済学の家（体系図）

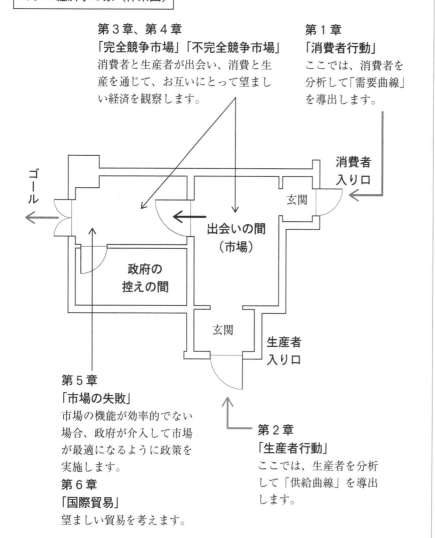

第3章、第4章
「完全競争市場」「不完全競争市場」
消費者と生産者が出会い、消費と生産を通じて、お互いにとって望ましい経済を観察します。

第1章
「消費者行動」
ここでは、消費者を分析して「需要曲線」を導出します。

消費者
入り口

ゴール

玄関

出会いの間
（市場）

政府の
控えの間

玄関

生産者
入り口

第5章
「市場の失敗」
市場の機能が効率的でない場合、政府が介入して市場が最適になるように政策を実施します。
第6章
「国際貿易」
望ましい貿易を考えます。

第2章
「生産者行動」
ここでは、生産者を分析して「供給曲線」を導出します。

1. ミクロ経済学の出場者と舞台

市場（しじょう）

　ここが消費者と生産者が出会う舞台であり、すべての消費者とすべての生産者が集まり、モノ（財）とお金が交換されます。

　市場（しじょう）とは市場（いちば）よりも広い意味を持っています。青果市場や証券市場という言葉も聞き覚えがあるかも知れませんが、経済学上の「市場」は、特定の場所を指すわけではなく、またセリが行われているわけでもありません。例えば「マツタケ市場」という言葉は、すべてのマツタケの売買を総称して呼んでいます。

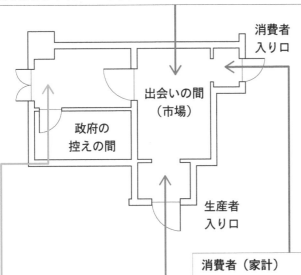

消費者（家計）
〈行動パターン〉

　所得を得る→消費をする
→満足を得る

　世の中には、様々な消費者がいます。テレビを見たり、デートしたり、または勉強したりと日常のあらゆる事象を組み込むと膨大なデータが必要になり、経済を学習するうえで不都合が生じてきます。

　そこで、ミクロ経済学では、「消費者」というポジションは、単にモノ（財）を購入して、満足を得るものとして「単純化」させます。

生産者（企業）
〈行動パターン〉

　労働者や資本を投入する
→生産する→利益をあげる

　経済学上の「生産者」は、利益追求を目指すことを目標にしています。もちろん、世の中の生産者は、世のため、人のために努力しているものとは思いますが、「経済学」では単純化させます。

政府
〈行動パターン〉

　市場機能が十分ではなく、非効率的な場合、政府が市場に介入します。
　政策を実施したり、民間では供給されない財やサービスを民間に代わって供給したりします。

「市場」の種類

　ミクロ経済学で扱われる市場には、
　・完全競争市場
　・独占市場
　・寡占市場
　・複占市場
などがあります。

財（ざい）

　モノやサービスのことです。具体的な商品は学習の都度イメージしていきましょう。

消費者行動

生産者行動

2. 価格の決定（市場は動き出す）

消費者の行動

　消費者は、モノ（財）を購入することによる満足度を最大化させるように行動することが前提条件です。

　これは、価格が安ければ、購入量を増大させるし、逆に価格が高ければ購入量を減少させます。

　したがって、**需要曲線**は右下がりになります。

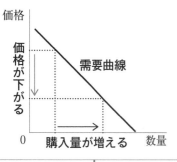

生産者の行動

　生産者は、モノ（財）を生産することによって、利潤を最大化するように行動することが前提条件です。

　これは、価格が高ければ、生産量を増大させるし、逆に価格が安ければ生産量を減少させます。

　したがって、**供給曲線**は右上がりになります。

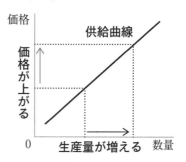

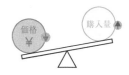

消費者は、満足度を高めるために、価格が下がれば、購入量を増やそうとします。

逆に、価格が上がれば、購入量を減らそうとします。

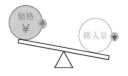

こうした関係をもとに、グラフを導出していくことになります。

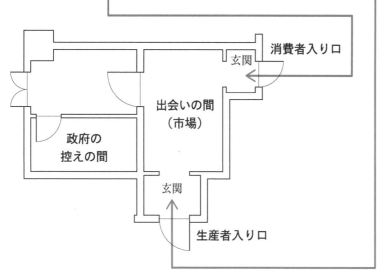

　消費者、生産者が参加する市場では、どのような行動によって、何が決定されるのかを見ていきましょう。

　市場では、消費者も生産者も利得（便益）を求めて**取引**を開始します。

　あるモノ（財）の価格が300円だとしましょう。このときに需要量が供給量を超えていれば、**超過需要**が発生していることになります。

　超過需要とは、例えば、かつての「たまごっち」のようなヒット商品が生まれた場合や「人気歌手のコンサートチケット」のように、あまりに売れすぎて生産が追いつかないようなものです。超過需要が発生すれば、販売価格よりも高い値段で取り引きされるような状況になることは、記憶にあると思います。これは、市場の力によって、自動的に価格が引き上げられたと考えられます。

取引

　セリのような不特定多数の参加者が取引を行う**市場取引**と特定した取引者同士が直接交渉して売買を決定する**相対取引**に大別されます。

この価格の変化を下の図で見てみましょう。300円という価格で超過需要が発生すれば、価格は340円まで引き上げられることになります。

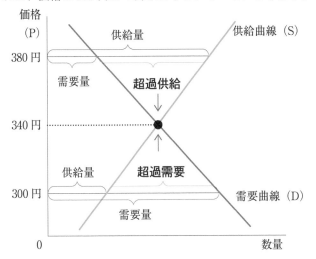

みんながほしいという状況（超過需要）であれば、価格は上がっていきます。

商品が余っている状況（超過供給）であれば、価格は下がっていきます。

補足

　市場が価格を決定するので、消費者や生産者は決められた価格に基づいて、消費量や生産量を決定することになります。
　このような立場を「**プライス・テイカー（価格受容者）**」と言います。
　逆に価格支配力を持った立場を**プライス・メイカー**と言います。

　また、価格が380円の場合は供給量が需要量を超えていて、超過供給が発生しています。超過供給とは、例えば、20年前までとても手が出なかった高価なノートパソコンや携帯電話などが、今では普通に誰でも購入できるくらいまで価格が下がりました。これは、生産量が急激に伸びた結果、**超過供給**が発生し、市場の力で価格を引き下げられたからです。つまり、上図では380円で販売されたモノ（財）が、超過供給を発生させたことで、価格が340円まで自動的に引き下げられたことをイメージします。

　このような機能を**価格調整メカニズム**といい、価格が340円に決定されることがわかります。この価格は、消費者が決定したわけではなく、生産者が決定したわけでもありません。市場の力が決定したのです。

3. 市場の均衡

　市場の力によって340円という価格が決定されれば、その水準で需要と供給が「均衡」すると言います。これは、もっと以前の段階での需要曲線の導出や供給曲線の導出での変化がない限り、必ず340円で決定するということです。

　需給の不一致を価格調整メカニズムが作用することによってE点が実現し、そのときの340円を**均衡価格**と言い、その取引量を**均衡取引量**または、**均衡需給量**と言います。

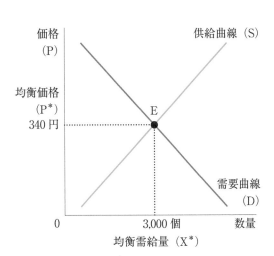

用語

需給
　需要と供給のこと。

●均衡を示す場合、文字の右肩に＊のマークをつけます。

4. ミクロ経済学の課題

　そもそもミクロ経済学の課題ってなんだろう？　と考える方もいらっしゃると思いますが、ここで簡単な目的と課題を明示しておきます。

　次のシナリオを用意しました。

　地球の資源には限りがあります。もちろん、人やモノ、土地や天然資源などを想定していただければよいでしょう。一方、人間の欲望は無限です。1人の権力者の登場によって資源の無駄遣いを行うかもしれません。あるいは、1社における独占企業が価格を自分の都合で決定するかもしれません。そうなれば、すぐに経済は破綻してしまいます。

　ここで、限りある資源を有効に利用できるならば、もっと経済を発達させられると考えられます。例えば、消費者は「自分の持っているお金をどのように使えば、満足度を最大にするように消費活動できるのか」、また、生産者は「費用をどのように削減して最大の利益をあげるべきか」などの発想が生まれてきます。

　均衡価格と均衡需給量の決定は、「つくったモノがすべて売れている状況」を示しています。

　これは、言い方を変えれば、品不足も売れ残りも発生していない最も資源が有効利用されている状況を示しているわけです。この状況を経済学的な言葉を使うと、「**効率的な資源配分が達成されている**」と言い表せます。

　市場の力が働き、市場の力で価格が決定される市場を「**競争市場**」と言います。どのように競争市場で効率的な資源配分を達成させるのかを分析し、また様々な局面で、効率的な市場が機能しているかどうかを観察していくことが、ミクロ経済学の課題となります。

　最近のニュースなどで「ロシア圏や中国などが市場経済を取り入れている」という話がありましたが、これは、市場の力を期待して、それまで非効率的だった経済を活性化させようということです。

補足

神の見えざる手

　競争市場において、消費者や生産者が私利を求めて行動すれば、価格が決定し、効率的な資源配分が達成されるということです。

　これは自然に、まるで神の見えざる手によって導かれるように均衡が達成できるというもので、社会全体の利益はこのような競争市場によって生み出されると考えられました。

5. なぜ取引が行われるのか？

　消費者と生産者が出会ってから、購入と販売という取引が行われますが、取引はお互いに便益があるから行います。

　経済学では、この両者が得る便益を面積によって表すことが可能です。これを右図で表します。

　消費者が得る便益を**消費者余剰**と言い、三角形ABEで表すことができます。また、生産者が得る便益を**生産者余剰**といい、三角形BCEで表すことができるのです。

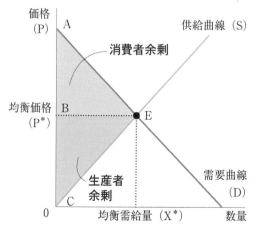

●消費者余剰と生産者余剰の詳しい説明は、153〜155ページ参照。

この２つの面積の合計を**総余剰（社会的余剰）**と言い、この両者の便益を示す面積は、競争市場において、最も大きくなるのです。

つまり、競争市場が最も望ましい市場であることから、競争を促すような政策は望ましいと言えます。

練習問題（余剰分析）

右の図は、ある財の需要曲線（D）と供給曲線（S）を描いたものです。均衡点における消費者余剰はどのように表されますか？

1. ACE
2. BCE
3. ABE
4. A0FE
5. B0FE

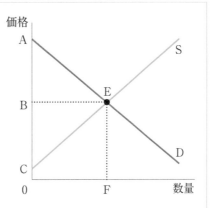

（中小企業診断士　改題）

■　**練習問題の解答と解説**

消費者余剰は価格線（BE）と縦軸と需要曲線で囲まれた面積で示されます。したがって、正解は3になります。

6. もし、異なった価格が決定されたら？

競争市場は最も**望ましい資源配分**を達成させますが、この競争市場の実現にはいくつかの限定条件があると考えられています（第5章「市場の失敗」を参照）。

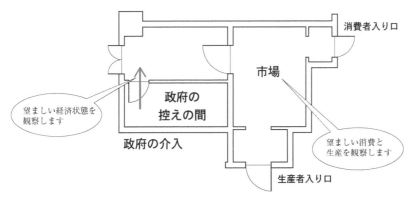

ここでは、1つの事例を通して考えていきます。

例えば、あるモノ（財）の競争市場で決定された価格水準が340円だったとします。ところが、市場に独占企業が現れて、360円で販売した場合、どのような事態が発生するのかをみていきましょう。

価格の上昇は、取引量を減少させることによって、消費者余剰の減少と生

産者余剰の拡大を発生させますが、この両者の合計値である総余剰は競争市場における総余剰よりも小さくなることがわかります。

この面積の差を「**厚生の損失**」（死荷重）と呼び、**市場の非効率性**を示します。

このような場合の余剰分析を明示してみましょう。

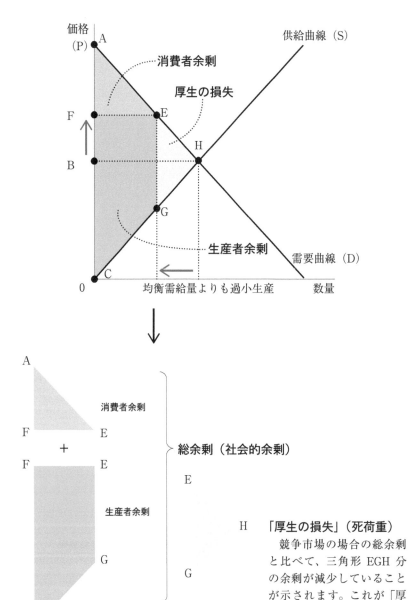

ひと言

適正な価格、適正な取引量の実現がとても重要です。それよりも高い価格でも安い価格でも、設定されると経済へ大きなダメージにつながります。

用語 **補足**

厚生の損失

厚生の損失は、市場の非効率性を面積で表したものであり、「死荷重」「死重的損失」ともいわれます。

市場に独占企業が現れ、**過小な生産と高い価格**が設定された場合、市場の力だけではどうにもなりません。

この場合、「**政府の介入**」が必要になります。例えば、**独占禁止法**などの法令を設定し、企業分割を行うことによって競争を促したり、事前に競争通市場の実現が可能なように規制の緩和などを実施したりすることになります。

7. なぜ、政府の介入が必要なのか？

市場

失業問題や貿易摩擦など、様々な経済の論点は、すべて**数量**（需要と供給のバランス）に関係する社会問題なのです。

↓

需要と供給のバランスがとれ、適正な価格が決定する競争市場が最も望ましい市場となるのです。

しかし、問題が発生します。

市場の失敗

市場の失敗とは、次のような場合を言います。
①競争市場であるにもかかわらず、厚生の損失が発生してしまう場合
②競争市場では供給されない財が存在してしまう場合

事例

〈公害の発生〉

例えば、ゴミ問題を取り上げれば、それぞれの製品にはゴミ処理費用が含まれない価格で販売されています。

↓

しかし、社会的には誰かがゴミ処理費用を負担しなければならないことになります。

〈公共財〉

例えば、道路や橋をつくることや、警察サービスなどは営利ベースでは生産できません。

したがって、市場では誰も供給しません。

政府の介入 ── 政策の必要性

このように、市場の力では解決できない問題があります。

そこで、政府が市場に介入し、政策を行ったり、民間の代わりに財やサービスの供給を行ったりします。

補足

公害の発生

例えば、ペットボトルの清涼飲料水には、ペットボトルのゴミ処理費用が価格に反映されていません。

したがって、誰かが余計に処理費用を負担しなければなりません。

ひと言

政府が介入するといっても積極的ではなく、市場原理をうまく機能させるような潤滑油的な役割になります。

序 章

本書では、複雑な経済学的考察をプロセスごとに分けて、
グラフで分析したり、微分の考え方を知って、
計算を簡略したりしています。
これは効率的に理解・学習ができるように
〈視覚重視〉〈簡略化〉などを配慮したためです。

まず、実際の講義に入る前に、
知っておくと便利な基本的な考え方やルールを覚えましょう。

また、「らくらく計算」として、
その考え方・計算法を知っておくと、
以降の学習に役立つ要素を各所に入れてあります。
短期マスターに活用してください。

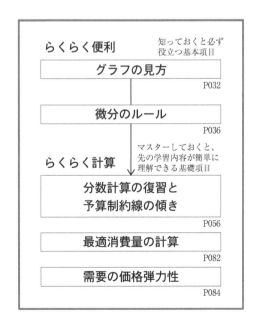

難しいグラフも理論も見てわかる魔法の「茂木式・攻略三角形」

便利 らくらく グラフの見方（茂木式・攻略三角形）

　経済学を短期間でマスターするために、最も重要なツールが**グラフ**です。

　経済学の問題を解くために、グラフを読み、理解する力は必要不可欠なものです。経済学で登場してくるたくさんのグラフを1つひとつ覚えようとすると膨大な時間と労力が必要になり、ひょっとすると途中でギブアップしてしまうかもしれません。

　経済学を学習するにあたり、多くの重要グラフを簡単に理解する方法を紹介します。

グラフの見方パターン①
縦軸と横軸の関係を読みます。

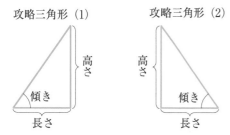

茂木式・攻略三角形　※著者が考案した考え方と活用法です

　グラフの縦軸と横軸の関係は、
長さ×傾き＝高さ
の関係になっています。
　新しいグラフが登場したとき、この攻略三角形をあてはめると理解しやすくなります。

練習問題 -1　下のグラフを読んでみましょう。

　傾きに示されたのは、何度という角度ではなく、100円という数字です。この傾きは、「1個あたりの〜」、または「1単位の〜」と読みます。

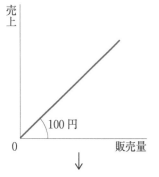

　したがって、このグラフの傾きは「1個あたり100円」を示します。
　横軸の長さが販売量ですから、
長さ×傾き＝高さを実施すると、
　販売量×1個の価格＝売上
という簡単な式になります。
　グラフがあれば、具体的な数値を示された場合でも、数値をあてはめることで簡単に結論を導き出せます。

●経済学では、日常生活の中で用いられる実際の数値よりも、その関係を重視するので、グラフが必要になるのです。

●販売量×価格でも、価格×販売量でも構いません（数値は同じになります）。

「茂木式・攻略三角形」を頭の中でイメージします。

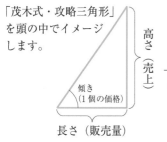

あてはめ →

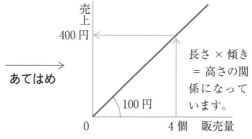

長さ × 傾き ＝ 高さの関係になっています。

練習問題 -2 下の右下がりのグラフを読んでみましょう。

縦軸が給料、横軸が遊ぶ時間になっています。傾きは「1個あたりの〜」「1単位の〜」となっているので、このグラフからは、「1時間あたりの賃金」、つまり「時給」（時給 1,000 円）が読みとれます。

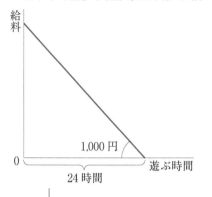

遊ぶ時間以外は仕事の時間と考えれば、遊ぶ時間が短いほど仕事の時間が増えるわけです。

したがって、攻略三角形にあてはめると、長さ×傾き＝高さは、仕事の時間×時給＝給料になります。

この関係から、間接的に遊ぶ時間と給料の関係のグラフが右下がりになるのです。

遊ぶ時間以外は「仕事の時間」。
つまり、仕事の時間は「24時間−遊ぶ時間」で決定します。

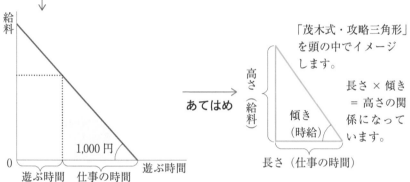

グラフの見方パターン②

傾きから「割合」、「〜率」や「変化の度合い」を調べます。

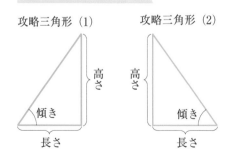

経済学では、グラフの「**傾き**」をよく考察します。

傾きを見ることで、どのくらい変化したのか？　または、どのように変化しているのか？　というように縦軸と横軸の関係を分析することができるからです。

そこで、「割合」や「率」、「変化の度合い」を調べる傾きは、

$$傾き = \frac{高さ}{長さ}$$

で求めることができます。

練習問題 -3 今度は曲線の登場です。このグラフを読みとりましょう。

まず、どこでもよいので任意の点をいくつか取ってみます。ここでは、A点、B点、C点の3点を取ります。

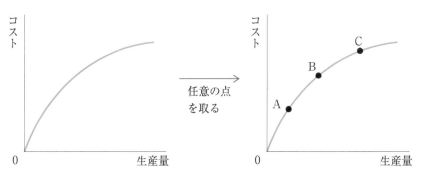

そして、攻略三角形の斜線部分を各任意の点に合わせます（斜線部分が曲線の接線になっています）。すると、傾きが徐々に減少していくことがわかります（下のグラフ参照）。これは、生産量が増えれば増えるほど、会社のコストがだんだんかからなくなってくるというより、1個あたりのコストが小さくて済むようになってくると読めます。

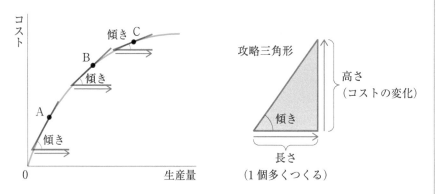

経済学では、徐々に減少していく様子を**逓減**（ていげん）するという表現を使います。逆に、徐々に増加していく様子を**逓増**（ていぞう）するといいます。

攻略三角形によると、傾き ＝ $\dfrac{高さ}{長さ}$ ですから、$\dfrac{高さ（コストの変化）}{長さ（1個多くつくる）}$ になるので、生産量が増えてくるとコスト総額は増加していますが、その傾きによる「1個あたり」に着目すると、1個追加してつくるごとに製品のコストはだんだん減少していると読むことができるのです。

特に、傾きを調べる際、変化した分の長さや高さを表すときに「⊿（デルタ）」という記号を用います。

●「1個追加してつくる」というのは、100個つくって、追加で1個つくった101個目の製品ということです。この101個目のコストは100個目までのコストより安くなります。

⊿（デルタ）記号を使った「変化分」という表現は、原点からの距離ではなくて、任意の点からの距離を見るときに使います。

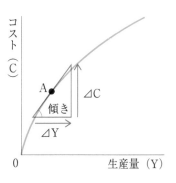

「⊿（デルタ）」は変化した分を意味しています。長さも高さも変化しているのですから、生産量を Y、コストを C で表すとその変化分が傾きとなり、

傾き ＝ $\dfrac{高さ（縦軸の変化分）}{長さ（横軸の変化分）}$ ＝ $\dfrac{⊿C}{⊿Y}$

になります。

● $\dfrac{⊿C}{⊿Y}$ は、1個多くつくるごとのコストの変化分を示すことになります。

練習問題 -4　下のグラフを読みとりましょう。

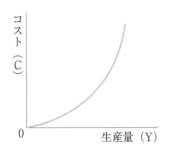

任意の点を定めて、攻略三角形をあてはめます。

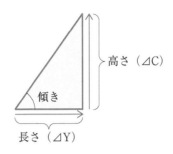

このグラフから、生産量が増大すればコストの総額は増加していて、傾き $= \dfrac{\varDelta C}{\varDelta Y}$ を見れば、これも徐々に増加しています。このことは、生産を増加していけば1個多くつくるごとに生産コストが多くかかり、生産性は悪化していく傾向にあることが考察できます。

練習問題 -5　下のグラフを2つの視点から読んでみましょう。

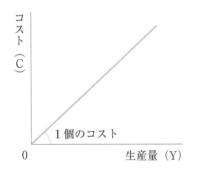

グラフの見方パターン①から読む

頭の中で「攻略三角形」をイメージしてください。そうすると、長さ×傾き＝高さになるはずですから、生産量×1個のコスト＝全体のコストが成り立っていることがわかります。

グラフの見方パターン②から読む

再び、「攻略三角形」をイメージし、グラフ上に任意の点を置き、傾きをとらえていきます。すると、どの点でも傾きは同じ（一定）だとわかります。これは、生産量が増えれば、コストの総額は増加しますが、生産量を増加させるごとに1個あたりのコストは一定率で変化しないことが読み取れます。

このように、「茂木式・攻略三角形」を使ってグラフを読んでみると、経済学で多く使用するグラフは、とても簡単なことを語っている場合が多いことに気づくはずです。

原点からの傾き

例えば、B点における原点からの傾きも攻略三角形を使って考えてみましょう。

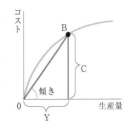

すると、

$$傾き = \dfrac{高さ}{長さ}$$

$$= \dfrac{総コスト}{総生産量}$$

になるはずです。

これは、単純に原点からの距離なので、$\varDelta$（デルタ）をつけないで

$$傾き = \dfrac{C}{Y}$$

になり、単純に「1個あたりのコスト」（平均費用）が示されます。

微分のルール

　試験攻略に必要な微分の知識は、基本的なもので十分です。道具の1つとして使えること、そのルールを知ることが重要であって、特に数学的な背景や理論を知る必要はありません。

■グラフのイメージ

　経済学を難しいと思わせる大きな原因の1つに「**微分**」というものがあります。最初から、何の理由もなく微分をやるように言われれば、誰でもつらい作業になりますが、実は、普段、誰もが実際に使っているツールなのです。

　微分の考え方を、具体的なものを使って見てみましょう。

　例えば、A子さんが紙飛行機を投げたときに以下のようなグラフが描けたとします。そこで、この紙飛行機が一番高く上昇したときに「どのような様子だったのか？」という問いに、どのように答えるか考えてみます。

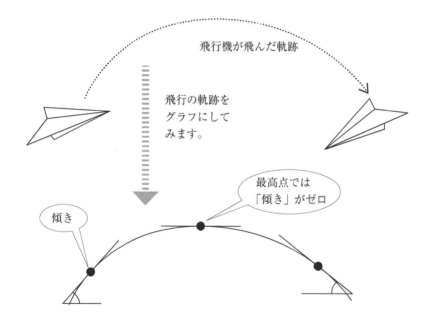

飛行機が飛んだ軌跡

飛行の軌跡を
グラフにして
みます。

最高点では
「傾き」がゼロ

傾き

　紙飛行機の飛び方には「一定の法則」があります。その飛行線の「傾き」に注目してください。そうすると、一番高く上がったところは、傾きがゼロになっていることがわかります。紙飛行機は最高点に達するまでは上向きですが、最高点では水平（傾きゼロ）になり、それ以降は下向きになっています。

　本書では、微分する作業を難しい計算ではなく、この「傾き」という概念を使って、簡単に答えを出していきます。微分という考え方は、経済学では多く使いますが、この方法を身につけておくと便利です。

　簡単に言えば、角度によって分析してしまおうということです。

■グラフを作成する

　経済学で微分を使う目的がわかったら、今度は、実際にグラフの「傾き」を追っていきます。そして元のグラフを微分した新しいグラフをつくってみましょう。この微分したグラフは経済学では、「**限界○○曲線**」という名称になります。

　例えば、左下のグラフを微分すると、右下のグラフになります。

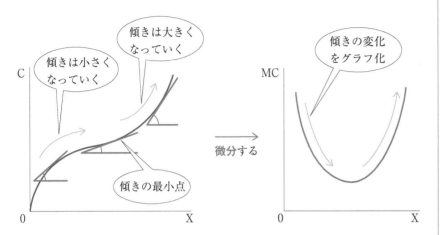

　ここで、分度器を使って正確なものを用意する必要はありません。左上の図は、原点から見ていくと、だんだん傾きが小さくなっていくのがわかります。そして、一番傾きが小さくなったところを境目に、今度はだんだん大きくなっていきます。

　次に、この性質を右のグラフで描いていきます。単純に「傾き」の大きさをグラフにするのですから、傾きがだんだん小さくなり、その後、大きくなっていく様子が示されます。

　このような微分という作業を通じて導出されたグラフは、経済学では「限界」という言葉をつけて「限界○○曲線」と呼び、記号で表す場合は頭に**M**をつけます。例えば、Cというグラフを微分すると限界C（MC）という名称になるのです。

　そして、この傾きの求め方なのですが、まず、曲線に接線を引き、三角形を作ります。傾きは「高さの変化分÷長さの変化分」で示されます。

　また、「変化分」とは変化した量なのですが、変化量が大きいときは「⊿（デルタ）」を使い、変化量が微小のときは、「d（デルタ）」を使います。

　簡便に処理するために、変化量には⊿を使うことが多いと思います。

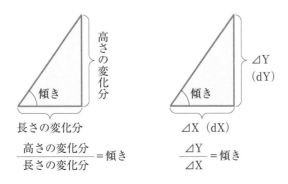

　例えば、効用関数の傾きをグラフにすると、限界効用曲線が描かれます。
　効用が U で表されるので、限界効用は **MU** となります。

「限界」を表す M は、**Marginal**（マージナル）の頭文字です。マージンの派生語なので「増加分」のイメージができます。

　厳密には、⊿は変化分で、d は微分で使用します。

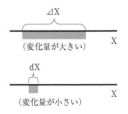

■ 表記上のルール

$5X^3$ を X で微分するときの表記は、

$$\frac{\triangle\,(5X^3)}{\triangle\,X}\cdots① \quad または、(5X^3)'\cdots②$$

となります。①の表記は割り算をするわけではなく、分数の形式で表されるということです。②は、肩に「 ′ 」をつけます。「 ′ 」はダッシュではなく、**プライム**と読みます。

■ 計算のルール

X^n を微分すると、次のようになります。

X の n 乗を微分する場合、(1) → (2) の手順で作業を行います。

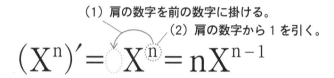

(1) 肩の数字を前の数字に掛ける。
(2) 肩の数字から 1 を引く。

$$(X^n)' = X^n = nX^{n-1}$$

この公式だけ見ると、どんな手順かはわからないので、プロセスを示します。

(1) X^n は肩の数字が n です。この数字を X の前の数字に掛けます。X^n は、X の前に数字の 1 があるはず（X = 1 × X）なので、1 に肩の数字 n を掛けます。

(2) 次に、肩の数字 n から 1 を引きます。

微分とは、数式では単純にこの作業だけです。いくつかの練習問題を解きながら身につけていきましょう。

> **練習問題 -1** $3X^2$ を X で微分しましょう。

(1) 肩の数字が 2 ですから、2 を X の前の数字 3 に掛けます。
(2) 肩の数字の 2 から 1 を引きます。
　　$3X^2$ を X で微分すると、6X になります。$6X^1$ なのですが、1 乗は省略されます。
　　$(3X^2)' = 3 \times 2 \times X^{2-1} = 6 \times X^1 = 6X$

答え　6X

> **練習問題 -2** 7X を X で微分しましょう。

(1) 7X は肩の数字が 1 です。$7X^1$ が本来の姿で 1 が省略された形になっています。ですから、肩の数字 1 を X の前の数字 7 に掛けます。
(2) 肩の数字は 1 ですから、肩の数字から 1 を引いたら 0 になります。この X の 0 乗とは、1 のことですから、$X^0 = 1$ となり X の文字も消えてしまいます。
　　結局、7 × 1 になってしまいます。
　　$(7X)' = 7 \times 1 \times X^{1-1} = 7 \times X^0 = 7 \times 1 = 7$

答え　7

練習問題 -3 5をXで微分しましょう。

Xの肩に数字がないのに、どうやって公式にあてはめるのだろうと思います が、ここは無理矢理に肩の数字をつくってしまいます。

$X^0 = 1$ ですから、$5 = 5X^0$ ということにします。

すると、肩の数字0をXの前の数字5に掛けます。

この段階で $5 \times 0 = 0$ ですから、0に何を掛けても0です。

これで完了です。

$(5)' = 5 \times X^0 = 5 \times 0 \times X^{0-1} = 0 \times X^{-1} = 0$

答え　0

練習問題 -4 $6X^3 + 2X^2 + 7X + 8$ をXで微分しましょう。

$(6 \times 3 \times X^{3-1}) + (2 \times 2 \times X^{2-1}) + (7 \times 1 \times X^{1-1})$
$+ (8 \times 0 \times X^{0-1})$
$= (18 \times X^2) + (4 \times X) + (7 \times X^0) + (0 \times X^{-1})$
$= 18X^2 + 4X + 7 + 0$
$= 18X^2 + 4X + 7$

答え　$18X^2 + 4X + 7$

経済学の中では、この微分の知識は非常に役立ちます。

「食わず嫌い」では不健康になってしまいますから、このルールを覚えて、 おいしくいただきましょう。

COLUMN：よくある質問

Q なぜ、$X^0 = 1$ なのですか？

A これは、とても簡単な考え方でわかります。まず、解くための道 具をそろえます。

(1) $X^1 = X$ です。これはいいですね。

(2) 次に、X^{-1} は？　と聞かれると、黙ってしまうかもしれませ んが、これは、$\frac{1}{X}$ になります。分数は、肩の数字にマイナ ス（−）をつけて表すというルールがあります。

すると、$X^0 = X^{1-1} = X^1 \times X^{-1} = X \times \frac{1}{X} = \frac{X}{X} = 1$ になりま す。

消費者行動

ここでは、消費者における個別論点を分析し、
需要曲線を導出します。

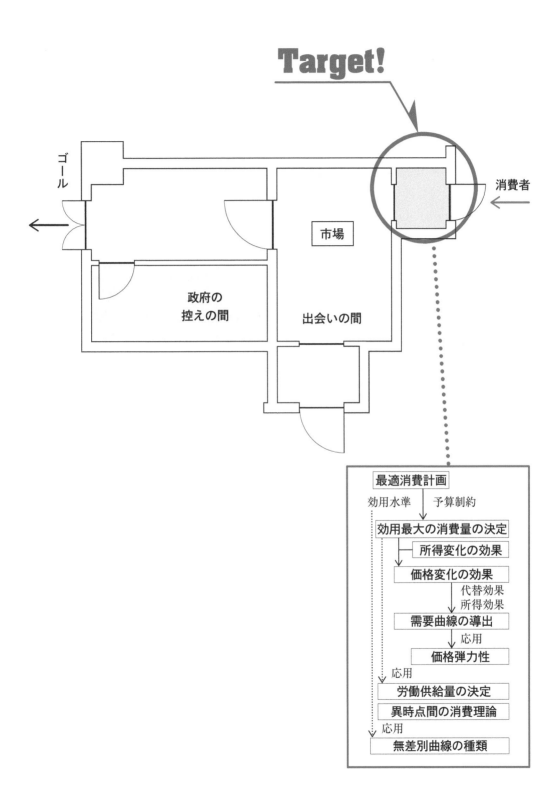

Navigation

最適消費計画

効用水準　　　予算制約

効用最大の消費量の決定

所得変化の効果

価格変化の効果
　　　　　代替効果
　　　　　所得効果
需要曲線の導出
　　　　応用
価格弾力性
応用

労働供給量の決定
異時点間の消費理論
応用

無差別曲線の種類

難易度	難易度は高難度順にAA、A、B、Cで表示。出題率は高出題率順に☆、◎、○、◇で表示。

A

資格試験別・予想出題率	国家総合	☆
	国家一般	◎
	地方上級	◎
	公認会計士	☆
	国税専門官	◎
	外務専門職	◇
	中小企業診断士	○
	不動産鑑定士	○

どのような買い方が良いのか？

Unit 01 消費者行動
最適消費計画

Unit01 のポイント

　ここでは需要曲線の背景にある消費者（家計）の消費行動について取り上げます。そして、その前提として、消費者はどのように最適消費計画を見出していくのかを明らかにします。

▶ 講義のはじめに

　この Unit では、消費者はどのように消費（購入）を行うのかを考えていきます。本章でのゴールは需要曲線を導出することですが、最初の段階では、現在の財布の中身、または親からの仕送り、自分が稼いだお金などの使える範囲内のお金でどのように財（モノ）を購入するのが満足度が高いのかを考えていきます。

　少し経済学的に難しい用語を用いれば「**消費者行動における効用最大化行動**」と言います。

〈身近な具体例〉

　ある A 子さんの行動パターンを用意して、この Unit での考え方をまとめてみます。

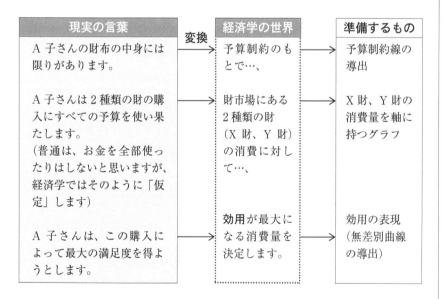

用語

効用（こうよう）

　満足度の度合いのことです。

現実の言葉	変換	経済学の世界	準備するもの
A 子さんの財布の中身には限りがあります。	→	予算制約のもとで…、	予算制約線の導出
A 子さんは 2 種類の財の購入にすべての予算を使い果たします。（普通は、お金を全部使ったりはしないと思いますが、経済学ではそのように「仮定」します）	→	財市場にある2 種類の財（X 財、Y 財）の消費に対して…、	X 財、Y 財の消費量を軸に持つグラフ
A 子さんは、この購入によって最大の満足度を得ようとします。	→	**効用**が最大になる消費量を決定します。	効用の表現（無差別曲線の導出）

　もちろん、消費者は購入に関して、市場で決定される価格は与えられたものとして（自分では価格を決定できない）、「**購入量（消費量）**」を決定することになります。

　また、この Unit でのもう 1 つの目的として、経済学では何をどのように分析して、結論を出していくのかという考え方やまとめ方を身につけることがあります。

用語

購入量

　経済学では、「購入量」「消費量」「需要量」はすべて同義です。英語から和訳する際に、学者によって異なっただけで同じものです。

1. 予算制約（使えるお金の範囲）

Key Point

予算制約線は、$M = P_x \cdot X + P_y \cdot Y$ となり、その傾きは、価格比になります。

はじめに、A子さんの財布の中のお金すべてを使って、満足度が最大になるように2種類の財の消費量を決めます。

このことを「消費者は予算制約という範囲内において、効用が最大になるように消費量を決定する」と書き換えます。

用語

P（Price）
価格のことです。

考え方のプロセス

プロセス -1

まず、「**予算制約**」について見ていきます。簡単に言うと、財布の中のお金を式とグラフで表現することです。

まず、**予算**（所得）を M と

予算制約式

$$M = P_x \cdot X + P_y \cdot Y$$

予算　X財の　　　Y財の
　　　価格　　　　価格
　　　　　X財の　　　　Y財の
　　　　　消費量　　　　消費量

支出額の合計

いう文字で表し、2種類の財（モノ）にすべて使い切ってしまうのですから、上のような式で表されます。

補足

仮定より、予算制約式は、持っている予算のすべてをX財とY財の消費に使って、1円も余すことがない状況なのです。

プロセス -2

予算制約式は、予算（M）＝ X財1個の値段（P_x）× X財の消費量（X）＋ Y財1個の値段（P_y）× Y財の消費量（Y）です。

この予算制約式をグラフに書き表します。

現在の予算（M）をすべてX財の消費だけにあてた場合、A点の数量まで消費できます。

また、現在の予算（M）をすべてY財の消費だけにあてた場合、B点の数量まで消費できます。

このA点とB点を結んだ直線は、すべて消費可能なX財とY財の組み合わせを示します。この直線は**予算制約線**（予算線、または、等所得線）と呼ばれます。

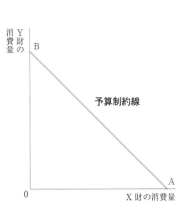

プロセス -3

予算制約式に基づけば、予算制約線と両軸で囲まれる三角形内はすべて購入可能です。

特に予算を余らせる必要はないので、通常は、予算制約線上で消費量を決定します。

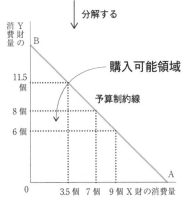

補足

ここでは仮定として、X財もY財もすべて分割での購入が可能です。1個、2個と購入する以外に、1.3個とか5.85個購入するということも可能とします。

最後に、予算制約線の傾きについて説明しておきます。予算制約式は、M = P_x・X + P_y・Y になることから、Y について式をつくります。

式から求める方法

$$Y = \frac{M}{P_y} - \frac{P_x}{P_y} \times X$$

予算制約線の切片 ─ 予算制約線の傾き

という算式によって、予算制約線の傾きが求められます。さらに、図によっても求めることができます。

図から求める方法

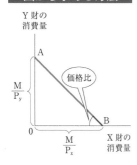

原点（0）から、A 点までの高さを求めます。

予算制約線の X に 0 を代入して、$Y = \dfrac{M}{P_y}$

次に、

原点（0）から、B 点までの長さを求めます。

予算制約線の Y に 0 を代入して、$X = \dfrac{M}{P_x}$

$$傾き = \frac{高さ}{長さ} = \frac{(-)\dfrac{M}{P_y}}{\dfrac{M}{P_x}} = (-)\frac{P_x}{P_y}$$

※傾きは横軸が1個増えれば、縦軸がどれだけ増加するのかを示しています。ここで「高さ」の部分にマイナス（−）がついているのは、マイナスに増加をする（＝減少する）ことになるからです。

このように、予算制約線の傾きは財の**価格比**で表されます。

2. 効用の表現（満足度を図式化する）

Key Point

　ある財の消費量が増えるにつれて、その財から得られる効用は、次第に小さくなります。

次に、A 子さんが財を消費することによる効用（満足度の度合い）をどのように表現するのかを見ていきます。

■限界効用逓減の法則

　近代経済学の基本的な概念として「**限界（marginal）**」概念があります。日常生活で言う「限界」とは異なります。経済学で言う「限界」とは「ある一定量のモノをつぎこむと他のモノがいくら増すか」ということです。

　例えば、「限界効用」という言葉の意味は、ビールという財の消費によって、どれだけの満足度を得られたか、ということになります。

　まず、1杯目を飲んだときが一番「うまい！」と感じるのであり、2杯目以降は、1杯目ほどの満足度（＝効用）はありません。このように人間は楽しみの目的で同じ事を続けていくと、だんだん満足度（＝効用）が減っていきます。このことを「**限界効用逓減の法則**」といいます。

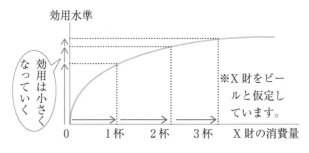

補足

予算制約線の傾きの求め方
（茂木式・攻略三角形）

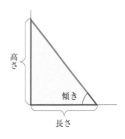

長さ×傾き＝高さ

$$傾き = \frac{高さ_{（Y財の消費量）}}{長さ_{（X財の消費量）}}$$

●左図（**効用関数**）では、ビールを飲めば飲むほど効用水準が逓減（満足度の減少）していることがわかります。

3. 無差別曲線の導出（満足度をグラフにする）

Key Point

効用水準を一定とした財の消費量の組み合わせの軌跡を無差別曲線といいます。

考え方のプロセス

プロセス-1 効用曲面をつくる

最初の仮定にあったように、この消費者の理論ではX財とY財という2種類の財を消費することになっていますので、ビール以外の何かの財、例えば寿司をY財として、同時に消費したとイメージしてみましょう。

そして、高さに満足度を示す「効用」の軸を取り、X財とY財を同時に消費していきながら効用水準の変化を見ていきます。これが効用曲面であり、効用関数の3D版です。

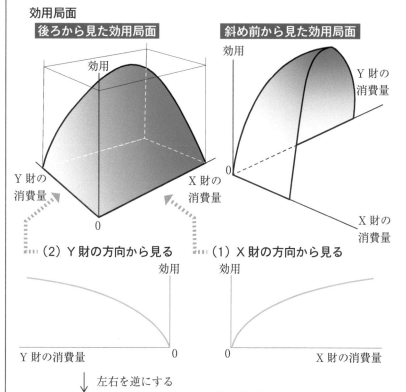

効用局面

後ろから見た効用局面 効用 Y財の消費量 X財の消費量 0

斜め前から見た効用局面 効用 Y財の消費量 X財の消費量 0

（2）Y財の方向から見る 効用 Y財の消費量 0

（1）X財の方向から見る 効用 0 X財の消費量

↓ 左右を逆にする

効用 0 Y財の消費量

効用曲面は、X財の方向、Y財の方向から見て、ちょうど効用関数の形状になり、限界効用逓減の法則を満たしているようになります。ちょうど、雨カッパのフードのような形をイメージしてください。

効用曲面によって、A子さんは、ビールと寿司という大好物を消費したとしても、やはり限界効用逓減の法則が働き、効用水準は徐々に減少していくことがわかります。

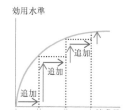

用語

限界効用

効用水準

0 消費量
1個 1個 1個

限界効用は、消費量を**1つ追加する**ごとに得られる効用の増加分です。

補足

効用曲面をつくるときは、直方体のカドに原点（0）をおいて、縦、横、高さがある3Dのグラフを用意します。

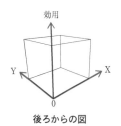

効用

Y X

0

後ろからの図

プロセス-2 効用曲面を輪切りにする

ここで、1つの作業を行います。まず、効用曲面を縦軸の効用水準において、「ある効用水準」を定めて、そこで輪切りにします。

次に、その切り口を真上から見ることによって、**無差別曲線**を描くことができるのです。

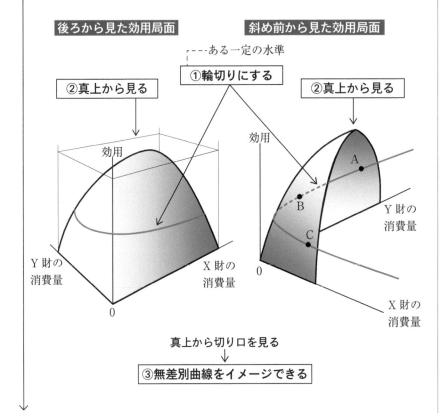

●輪切りにすることによって、「同じ高さの効用水準」になります。

プロセス-3 無差別曲線を導出する

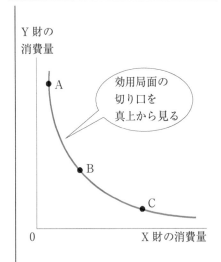

無差別曲線は、効用曲面を輪切りにした等高線になります。つまり、常に効用水準を一定とした各財の消費量の組み合わせを示すことになります。

これは、A点、B点、C点のいずれも同じ効用水準になっています。

このように同じ効用水準であれば、どの点を選択するのかは**消費者の選好**（好み）によって決められます。

つまり、A点、B点、C点では

X財とY財の消費の組み合わせは異なっていても、同じ効用（満足度）になるので、この関係を「**無差別**」であると言い、この線を**無差別曲線**と呼びます。

情報

効用曲面自体は試験には出ませんが、試験において頻出論点である無差別曲線がどのような導出過程を辿ってきたのかを理解できれば、どんな無差別曲線の問題にも容易に対応することが可能です。

プロセス-4　無差別曲線の性質を把握

　「効用曲面を輪切りにする」ということは、同じ効用水準（効用曲面の高さ）になるわけですから、無差別曲線上にある各財の消費量の組み合わせは、どれも**効用水準が一定**（不変）になります。

　「無差別である」ということは、X財が3個とY財が3個の場合と、X財が2個になった場合でもY財が5個になれば、効用水準を一定に保つことが可能であるということです。

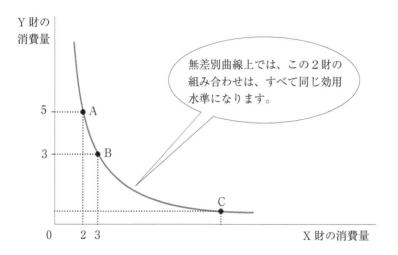

　また、無差別曲線は、効用水準の高いところで輪切りにすれば、原点（0）から離れた位置に描かれます。つまり、複数描くことが可能な無差別曲線において、**原点から遠いほど効用水準が高い**という特徴を示しています。

　そのため、消費者は満足度を高めようとするならば、できる限り原点から遠い無差別曲線を選好しようとするはずです。

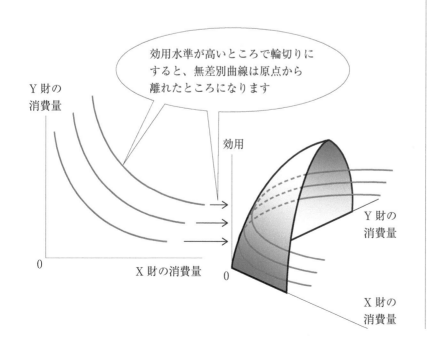

　無差別曲線の特徴は、試験に出やすいものです。左の図のように効用曲面を輪切りにして、真上から見た等高線をイメージして覚えていれば、楽に身につけられます。

4. 無差別曲線の特徴

Key Point

　無差別曲線の性質は、①右下がり、②交わらない、③原点に対して凸型の形状、④原点から遠いほど高い効用水準の 4 点です。

次に無差別曲線におけるその他の性質について確かめていきます。

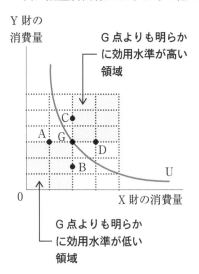

（1）右下がり

　無差別曲線上の G 点と比較した場合、A 点や B 点ではどちらか一方の財の消費量が少ないから、G 点よりも効用水準が低いとわかります。また、C 点や D 点では、どちらか一方の財が多いから、G 点より効用水準が高いと判断できます。したがって、この作業をもとに無差別曲線は効用一定という条件より、G 点を通る無差別曲線は必ず右下がりになります。

（2）交わらない

　もし、無差別曲線が交わる場合があると考えると次のような矛盾が生じます。

　左図のように、G 点で交わる 2 本の無差別曲線を描きます。G 点と A 点は同じ効用水準であり、G 点と B 点も同じ効用水準を示します。このことより、A 点と B 点が同じ効用にならなければなりませんが、グラフ上では明らかに B 点のほうが効用水準が高いので、無差別曲線が交わるという仮定が誤りだとわかります。

●無差別曲線や効用は通常 U の記号で表されます。これは Utility、Use の頭文字です。

●交わらないという性質は、無差別曲線の導出法がわかっていれば簡単です。

5. 限界代替率

Key Point

　限界代替率は、効用水準を一定に保つための 2 種類の財の**交換比率**です。無差別曲線の傾きにマイナスをつけたものになります。

経済学の学習の中では、新しいグラフが登場してきたときに、そのグラフの「傾き」というものに注目していきます。それは、様々な分析をしていくうえで非常に役立つからです。

　さて、ここでは無差別曲線の「傾き」について説明していきます。この無差別曲線の傾きは、「**限界代替率**」と呼ばれています。

考え方のプロセス

プロセス-1

この限界代替率では、2財間の交換比率が示されます。例えば、A点からF点へとX財の消費量を増加すると、効用水準を一定に保つために、Y財の消費量を減少させなければなりません。右のグラフを見てみましょう。

A点からB点、C点からD点では、X財を1個（＝1単位）増加させることに対して減少するY財の数量が、小さくなっていることに気がつきます。

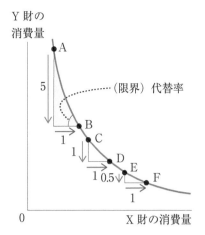

プロセス-2

上図では、X財の数量が増えるにつれて、X財の希少性が次第に薄れ、Y財との交換比率が徐々に小さくなる傾向が見られます。

野球のトレードにたとえながら、希少性の考え方と交換比率を理解していきましょう。名プレーヤーは滅多にいないので希少性が高くなります。他のチームがその名プレーヤーを獲得するには、その希少性に見合う分、普通の選手を数多く放出しなければなりません。しかし、どこにでもいる程度の選手のトレードならば、他のチームは選手1人を放出する価値すらないと考えます。

上図のA点からB点では、X財の数が少なく希少であるため、X財1個獲得のためにY財を5個犠牲にしています。しかし、C点からD点では、X財1個獲得するために犠牲にするY財は1個で済むようになり、E点からF点では、X財の数が増えて希少性は乏しくなったため、犠牲にするY財は0.5個で済むことになります。

このような特徴が無差別曲線の全域にあるとすれば、無差別曲線は原点に対してなめらかな凸型の形状になることがわかります。

プロセス-3

ここで、限界代替率を数式で表してみます。

X財の変化分を⊿X＝1、Y財の変化分を⊿Y＝−2で示すと、

$$限界代替率 = -\frac{⊿Y}{⊿X} = -\frac{-2}{1} = 2$$

限界代替率は各財の変化分である $\frac{⊿Y}{⊿X}$ にマイナスをつけます。

これは、限界代替率を正値で表現するためです。

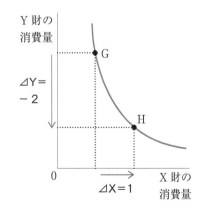

● 経済学では、1単位という用語を使いますが、本書ではわかりやすくするために1個という言い方を使います（学習しやすいように変換）。

補足 用語

限界代替率逓減の法則

2財間の交換比率である限界代替率が、一方の財の増加にしたがって小さくなっていくものです。本文の例のように、X財を1個獲得するのに犠牲にするY財の数量が減っていくことが特徴です。

用語

⊿（デルタ）
変化分を示します。

補足

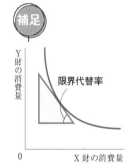

限界代替率の求め方
（茂木式・攻略三角形）

長さ×傾き＝高さ

$$傾き = \frac{高さ（Y財の消費量）}{長さ（X財の消費量）}$$

問題①　無差別曲線のグラフ（択一式）

図において、U曲線は、X財、Y財の無差別曲線です。

次のうち妥当なものはどれですか。

1.　dよりaのほうが選好されます
2.　fよりiのほうが選好されます
3.　bよりeのほうが選好されます
4.　eとfは無差別です
5.　dとeは無差別です

（地方上級　改題）

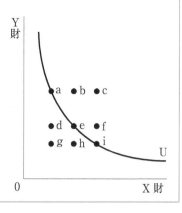

■問題①の解答・解説

無差別曲線の特徴として、①無差別曲線の線上の点はすべて同じ効用水準です。また、②原点から遠いほど高い効用水準になります。そこで、無差別曲線をd点に描いた場合、a点のほうが高い無差別曲線になることがわかります。正解は1になります。

問題②　無差別曲線の文章題（択一式）

無差別曲線に関する記述として正しいものはどれですか。

1.　無差別曲線は、原点に対して凸であり、限界代替率逓減の法則により、接線の傾きは価格の大きさに一致します。
2.　無差別曲線は、原点に対して凸であり、限界代替率逓減の法則により、接線の傾きは必ず1になります。
3.　無差別曲線は、原点に対して凸であり、限界代替率逓減の法則により、接線の傾きは限界効用に一致します。
4.　無差別曲線は、右下がりになります。また限界効用逓減の法則により、原点に対して凹となります。
5.　無差別曲線は、右下がりになります。また限界代替率逓減の法則により、原点に対して凸となります。

（地方上級　改題）

■問題②の解答・解説

無差別曲線の特徴に関しての文章問題はグラフをイメージできれば、無理に暗記しなくても容易に解答が可能です。

1.　×　　2.　×　　3.　×　前半は正しいですが、無差別曲線の接線の傾きは限界代替率に等しくなります。

4.　×　無差別曲線は右下がりになりますが、限界代替率逓減の法則によって原点に対し凸型になります。

したがって、正解は5となります。

6. 効用最大の消費量の決定

Key Point
　消費者行動における効用最大の消費量は、限界代替率＝価格比で決定されます。

　ここまで効用最大の消費量を決定するためのツールを導出してきました。次に、予算制約線と無差別曲線を用いて、最適消費量の結論を見出していきましょう。

　まず、グラフに予算制約線と無差別曲線を用意します。

　ここで、消費者は「**効用を最大化**」することを条件に最も高い位置の無差別曲線を選択しようとします。

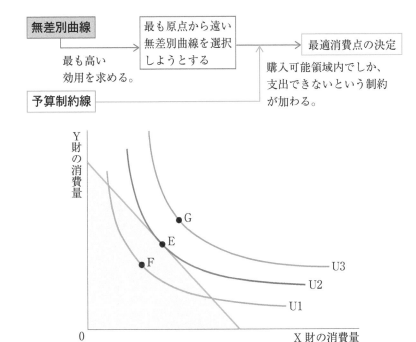

均衡点
　その点に到達すると動かなくなる点。
　（ただし、最初に設定した「仮定」部分が変更されれば、均衡点も移動します）

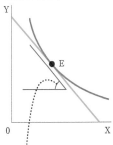

　まず、最も効用水準が高いことを示す無差別曲線はU3で、G点を選択しようとしました。しかし、これは、予算制約線の外にあるために、予算範囲の中では購入不可能であるということであり、U3は選択できません（もっと原点に近い無差別曲線を選択せざるを得ません）。

　また、F点を選択した場合、無差別曲線U1は購入可能領域にありますが、効用を最大にするためにお金を使い切るという条件からすると、もっと原点から遠い無差別曲線を選ばなくてはなりません。

　このようにして、最終的に無差別曲線U2が選択され、**最適消費点E点**でX財とY財の消費量を決定することになります。

　さて、この均衡点において、予算制約線と無差別曲線が一点で接していることは、予算制約線と無差別曲線の傾きが等しくなっていることがわかります。

　均衡点では、予算制約線と無差別曲線の接線の傾きが等しくなっています。
　また、E点以外に予算制約線と無差別曲線の接線の傾きが等しい箇所はありません。

〈効用最大の均衡条件〉

無差別曲線の接線の傾き　　　　予算線制約の傾き

$$-\frac{\Delta Y}{\Delta X} \qquad = \qquad \frac{P_x}{P_y}$$

（限界代替率）　　　　　　　　（価格比）

が均衡条件になります（予算線の傾きにマイナスがついていないのは、限界代替率も価格比も正値で表現しているからです）。

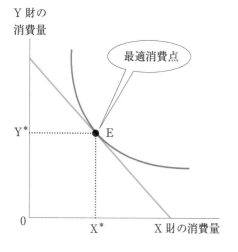

Y財の
消費量

最適消費点

Y*　E

0　　X*　　　X財の消費量

●「傾き」が等しいことが均衡条件になるという考え方は、経済学的な見方だと思います。

補足

　効用最大の均衡条件は、

$$\frac{\Delta Y}{\Delta X} = -\frac{P_x}{P_y}$$

とすることも可能です。しかし、経済学では正の値にして扱うのが一般的です。そのため$\frac{\Delta Y}{\Delta X}$を正の値にするために$-1$を掛けたものを限界代替率としました。同様に、右辺の価格比にも-1を掛け算する必要があるので、結果として左辺と右辺がともに正の値として、

$$\frac{\Delta Y}{\Delta X} = -\frac{P_x}{P_y}$$

が成り立っているのです。

　最後に、均衡点においてX財とY財のそれぞれの最適消費量が決定します。

　X*、Y*の肩についている*マークは「決定した」という意味を表すものです。

問題　最適消費点 (択一式)

　図のようにXとYの2財に関して、3つの無差別曲線U1、U2、U3と予算制約線ABが与えられています。効用を最大化する財の組み合わせとして選択し得る点は、右の点のどれですか。

1.　C
2.　D
3.　E
4.　F
5.　G

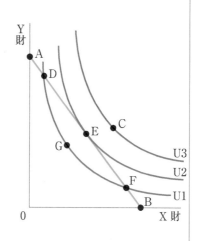

Y財

A
D
C
E
G
U3
U2
F
U1
0　　B　　X財

（裁判所事務官　改題）

■ **問題の解答・解説**

　最適消費点は、予算の範囲内において、最も高い水準の無差別曲線が実現している点になります。

　これは、U1では購入可能領域内ではありますが、もっと高い位置での無差別曲線を実現できます。U3は最も高い位置にある無差別曲線ですが購入可能領域を超えています。したがって、U2が購入可能で実現できる最大の効用水準だと判断でき、最適消費点はE点になります。

　したがって、正解は3となります。

7. 最適消費点における応用論点

Key Point

> 限界代替率は限界効用の比に等しく、効用が最大になるときに、1円あたりの限界効用の水準は等しくなります。

（1）限界代替率は限界効用の比に等しい

ここで、応用論点になりますが、最適消費点を別の視点から見ていきます。無差別曲線上の点は、どこでも同じ効用水準なので、以下のような式で表すことが可能です。

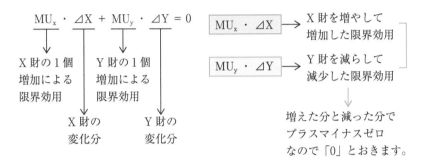

限界代替率は、各財の限界効用の比に等しくなります。これは、限界代替率が3の場合、X財を1個増加するなら、Y財を3個減らさなければならないという意味であり、X財1個で得られる効用水準とY財3個で得られる効用水準が同じということです。したがって、限界効用（1単位で得られる効用の増加分）は、X財のほうがY財より3倍大きいことが示されます。

上式より、

$$MU_x \cdot \varDelta X = - MU_y \cdot \varDelta Y$$

> X財が増えて得る効用と、Y財が減ることによる効用はイコールで結べます

これを変形すると、

$$-\frac{\varDelta Y}{\varDelta X} = \frac{MU_x（X財の限界効用）}{MU_y（Y財の限界効用）}$$

（限界代替率）　　　（限界効用の比）

（2）加重限界効用均等の法則

ここで、最適消費点における均衡式の変形バージョンをもう1つ見てみましょう。限界代替率は、限界効用の比と価格比に等しいことから、限界効用の比と価格比も等しいことが言えます。

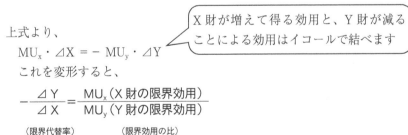

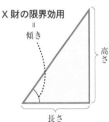

この式は、**加重限界効用均等の法則**、または**貨幣 1 単位（1 円）あたりの限界効用均等の法則**と呼ばれています。

左辺を見ると、X 財を得ることによる MU_x（限界効用）を X 財の価格（P_x）で割っているので、**1 円あたりの限界効用**となります。

実は最適消費点では、このような式も成り立つのです。

問題①　最適消費点（択一式）

次の図は、消費者の最適消費点について示したものです。図の U は無差別曲線で、右下がりの直線は予算線です。次の記述のうち、正しいものはどれですか。

1. 最適消費点では、限界代替率＝1 になります。

2. 無差別曲線上では、いずれの点でも限界代替率は一定です。

3. 無差別曲線と予算線の接点では、X 財、Y 財の限界効用が最大になっています。

4. 最適消費点では、Y 財の X 財に対する限界代替率は、X 財と Y 財の価格比に等しくなっています。

5. E 点では、X 財の限界効用と Y 財の限界効用は等しくなっています。

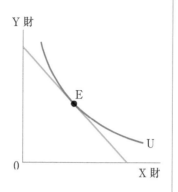

（地方上級　改題）

■問題①の解答・解説

1. 最適消費点では、限界代替率は価格比と等しくなりますが、それが 1 になるとは限りません。2. 無差別曲線は原点に対し凸型なので限界代替率は逓減します。3 と 5. 最適消費点 E では、X 財と Y 財の 1 円あたりの限界効用が等しくなります。4. 正解。最適消費点では、限界代替率と価格比が等しくなります。

問題②　最適消費点（択一式）

ある消費者が X、Y の 2 財を消費するとき、最適消費点において次のどれが成立しますか。

1. X 財の限界効用 × Y 財の限界効用 ＝ 1

2. $\dfrac{\text{X 財の限界効用}}{\text{Y 財の価格}} = \dfrac{\text{Y 財の限界効用}}{\text{X 財の価格}}$

3. $\dfrac{\text{Y 財の限界効用}}{\text{Y 財の消費量}} = \dfrac{\text{X 財の限界効用}}{\text{X 財の消費量}}$

4. $\dfrac{\text{Y 財の限界代替率}}{\text{Y 財の価格}} = \dfrac{\text{X 財の限界代替率}}{\text{X 財の価格}}$

5. $\dfrac{\text{Y 財の限界効用}}{\text{Y 財の価格}} = \dfrac{\text{X 財の限界効用}}{\text{X 財の価格}}$

（市役所上級　改題）

加重限界効用とは、ある財の 1 円あたりで得られる限界効用の水準です。また、加重限界効用均等の法則は予算制約のもとで、効用水準を最大にする X 財と Y 財の組合わせを示すことになります。どうして、X 財と Y 財の加重限界効用が等しい時に効用が最大になるのでしょう。次のようにイメージしてください。

食事として、白米とお肉を交互に食べることを考えてみましょう。お肉を食べた方が加重限界効用が高かった場合、お肉を食べ続けますが、限界雇用逓減の法則により同じものを食べ続けると限界効用は下っていってしまいます。

そこで、今度は白米に切り替えて食べることになるでしょう。やがて、お腹がいっぱいになって白米でもお肉でも満足がいかなくなる時がやってきます。

つまり、白米でもお肉でももうこれ以上効用が増えないので、白米とお肉の限界効用が一致していることになります。お腹がいっぱいの状態は、効用水準が最大化が達成され、加重限界効用均等の法則が成り立つことになります（この効用最大化の水準では白米 1 円分とお肉 1 円分の限界効用が等しくなると考えられます）。

■問題②の解答・解説

最適消費点の成立に関する出題は以下のパターンがあります。

①限界代替率＝価格比

　　↓　　　　　↓

無差別曲線の傾き　予算制約線の傾き

↓

限界効用の比にも等しくなります。

↓

②加重限界効用均衡の法則

$$\frac{\text{Y 財の限界効用}}{\text{Y 財の価格}} = \frac{\text{X 財の限界効用}}{\text{X 財の価格}}$$

よって、正解は5になります。

問題③　限界代替率と無差別曲線の形状 (択一式)

　無差別曲線の形状に関する記述のうち、「限界代替率逓減の法則」を根拠にするものとして、妥当なものはどれですか。

1.　無差別曲線は原点に対して凸の形状になります。
2.　無差別曲線は右下がりになります。
3.　無差別曲線は交わりません。
4.　無差別曲線は原点から遠いほど高い効用水準を示します。

（地方上級　改題）

■問題③の解答・解説

無差別曲線には、以下の仮定があります。

| 1. 原点に対して凸型の形状になります。 | → | 限界代替率逓減の法則により、X 財の増加にしたがって X 財の「**ありがたみ**」が減少していきます。 |

| 2. 右下がりになります。 | → | これは、消費量が増えれば、効用の度合いが高くなるという前提です。このような前提を「**不飽和の仮定**」といいます。一方の財の消費量が増えれば効用が高くなるので、他方の財の消費量を減らさなければ効用を一定に保つことはできません。 |

| 3. 交わりません。 | → | これは、上記の「不飽和の仮定」から導き出されますが、無差別曲線上の任意の点はどこでも同じであるという「**推移性の仮定**」も加味されています。 |

| 4. 原点から遠いほど、高い効用を示します。 | → | 「不飽和の仮定」から導き出されるものです。消費量が増えて効用の度合いが高くなり、もう一方の財の減少がなければ無差別曲線は高い位置を実現できるはずです。 |

　　　　　　正解は1になります。

●Unit07でさまざまな形状の無差別曲線について学習します。その中で、限界代替率逓減の法則、つまり限界代替率が徐々に小さくなっていく状況が成立するのは、無差別曲線が原点に対して凸の形状の場合に限られることが確認できます（逆に言えば、原点に対して凸形状でないものは限界代替率逓減の法則が成立しません）。

分数を復習して、茂木式攻略三角形に慣れましょう

らくらく
計算 **分数計算の復習と予算制約線の傾き**$\left(\begin{array}{c}計算の\\テクニック\end{array}\right)$

　ここでは、茂木式攻略三角形を使って予算制約線の「**傾き**」を求めた手順を、さらに噛み砕いて説明していきます。まず、最初に経済学で利用するような分数計算の復習をしてみましょう。

分数計算の復習

　ここでは、主に経済学で必要となる分数計算についてのみ復習していきます。

練習問題

$\dfrac{5}{10}$ を整理してくだい。

■練習問題の解答と解説

　分母、分子は同じ数字を掛けたり、割ったりすると整理できます。ここでは分母、分子を 5 で割り算をします。

$$\frac{5 \div 5}{10 \div 5} = \frac{1}{2}$$

　さらに、正しく整理できたかどうかは、タスキで掛け算すると等しくなるので判明できます。この分数では□掛ける○がどちらも 10 になっています。

$$\boxed{5} \diagdown \boxed{1}$$
$$\diagbig$$
$$\textcircled{10} \diagup \textcircled{2}$$

練習問題　次の分数を整理してください。

① $\dfrac{\frac{1}{4}}{\frac{1}{2}}$　　② $\dfrac{\frac{3}{8}}{\frac{3}{4}}$

■練習問題の解答と解説

　分母、分子が分数式で表示されていても同様に整理できます。

① $\dfrac{\frac{1}{4}}{\frac{1}{2}} = \dfrac{2}{4} = \dfrac{1}{2}$

> 分母、分子に、2 を掛けて、分母を整理します。

> 分母、分子を、2 で割ります。

② $\dfrac{\frac{3}{8}}{\frac{3}{4}} = \dfrac{\frac{1}{8}}{\frac{1}{4}} = \dfrac{4}{8} = \dfrac{1}{2}$

> 分母、分子に、$\dfrac{1}{3}$ を掛けて、分子の 3 を消去します。

> 分母、分子に、4 を掛けると分母が整理されます。

● $\dfrac{4}{1} = 4$

　分母が 1 なら、分母を消して分子だけの数字になります。

練習問題

　予算制約線（$P_x \cdot X + P_y \cdot Y = M$）の傾きを求めてください。

（ただし、M ＝ 所得、P_x ＝ X 財の価格、X ＝ X 財の消費量、P_y ＝ Y 財の価格、Y ＝ Y 財の消費量）

■練習問題の解答と解説

　まず、グラフの傾きは、$\frac{高さ}{長さ}$ になるので、予算制約線の長さ、高さを求め分数式にあてはめていきます。

　予算制約線：$P_x \cdot X + P_y \cdot Y = M$ の横軸、縦軸との接点を A 点、B 点とおいて、グラフでイメージさせましょう。

●茂木式攻略三角形

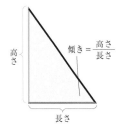

プロセス-1　長さを求める

「長さ」は原点0から A 点までの距離になります。X 財を A 点まで消費するということは、Y 財を1個も消費せず、すべての予算を X 財のみに充てることになります。

　したがって、A 点までの長さを求めるには、$Y = 0$ を予算制約式に代入します。

　すると、予算制約式は次のように整理されます。

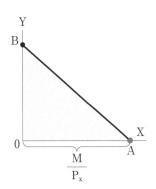

$$P_x \cdot X + P_y \cdot 0 = M \quad \cdots ①$$

①の $P_y \cdot 0$ はゼロの掛け算なので消えてしまい、②になります。

$$P_x \cdot X = M \quad \cdots ②$$

横軸は X なので、X ＝ ～の形に置き換えます。

$$X = \frac{M}{P_x} \quad \cdots ③ \quad \text{これが A 点までの長さです。}$$

プロセス-2　高さを求める

　同様に「高さ」は原点0から B 点までの距離になります。B 点での消費は、X 財を1個も消費せず、すべての予算を Y 財のみに充てることになります。

　したがって、$X = 0$ を予算制約式に代入します。

　すると、予算制約式は次のように整理されます。

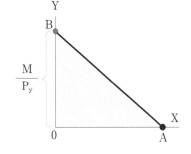

$$P_x \cdot 0 + P_y \cdot Y = M \cdots ④$$

この式では $P_x \cdot 0$ はゼロの掛け算なので消えてしまい、⑤になります。

$$P_y \cdot Y = M \quad \cdots ⑤$$

縦軸は Y なので、Y ＝ ～の形に置き換えます。

$$Y = \frac{M}{P_y} \quad \cdots ⑥ \quad \text{これが B 点までの高さです。}$$

プロセス -3

③と⑥の数式を分数式にあてはめ、前ページの分数計算を応用して整理してみましょう。

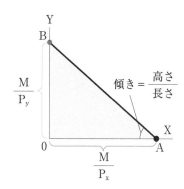

●分数の割り算は、「逆数の掛け算」として計算も可能です。

$$\cfrac{\cfrac{M}{P_y}}{\cfrac{M}{P_x}} = \frac{M}{P_y} \div \frac{M}{P_x}$$

$$= \frac{M}{P_y} \times \frac{P_x}{M}$$

$$= \frac{P_x}{P_y}$$

●分数の表示は、「価格の分数」とは言わず、「価格の比」という言い方をします。

$$傾き = \frac{高さ}{長さ} = \frac{Y}{X} = \cfrac{\cfrac{M}{P_y}}{\cfrac{M}{P_x}} = \cfrac{\cfrac{1}{P_y}}{\cfrac{1}{P_x}} = \frac{P_x}{P_y} = \frac{X財の価格}{Y財の価格}$$

分母、分子に、$\dfrac{1}{M}$ を掛けて、M を消去します。

分母、分子に、P_x を掛けると整理されます。

このように、グラフの傾きとは、「長さ」と「高さ」といった数量の比でありながら、予算制約線においては、それぞれの財の**価格の「比」**に等しくなります。

したがって、

予算制約線の傾き $= \dfrac{X財の価格}{Y財の価格} =$ 財の価格比になります。

補足

文字式だとイメージがつきにくい場合は、具体的な数値をあてはめて考えるのも良いでしょう。

例えば、80円のX財と40円のY財を予算800円で購入する場合は、$80X + 40Y = 800$ 表されます。整理をすると、$40Y = -80X + 800$ となり、$Y = -2X + 20$ となります。この式の「-2」に部分、正の値にして「2」の部分が傾きであって、それは、

$$\frac{X財の価格}{Y財の価格}$$

になっているはずです。

練習問題

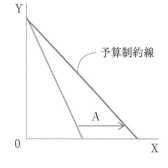

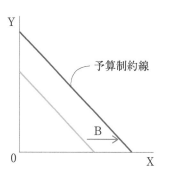

予算制約線が A、B のようにシフトした場合、X 財の価格と Y 財の価格について妥当なものを選んでください。

1. A のシフトの原因は X 財の価格が下落したため
2. A のシフトの原因は X 財の価格が上昇したため
3. B のシフトの原因は X 財の価格が上昇したため
4. B のシフトの原因は X 財の価格が下落したため

傾きが変化する

　Aのようにシフトした場合、数量に着目すると購入可能領域が拡大して、X財の消費できる量が増加しているのだから、X財の価格が下落したことがわかります。

　また、予算制約線の傾きが価格比になるために、価格の変更はグラフの傾きによって表わされることになります。例えば、X財の価格が下落すると分子が小さくなるので傾きも小さくなり右シフトします。

　一方、A′のようなシフトはX財の価格が上昇した場合、分子も大きくなり左にシフトします。

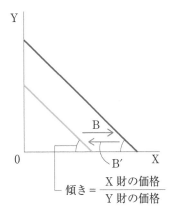

傾き ＝ $\dfrac{\text{X 財の価格}}{\text{Y 財の価格}}$

傾きは変化しない

　Bのようにシフトした場合、予算制約線の傾きが同じであることからX財、Y財とも価格の変更はないと考えます。

　しかし、消費量はX財とY財ともに増加していることから価格ではなく所得が増加して平行に右シフトしたケースと考えます。

　逆に、B′のようなシフトは所得が減少した場合になります。

　以上より、正解は1です。

傾き ＝ $\dfrac{\text{X 財の価格}}{\text{Y 財の価格}}$

●Aのシフト

傾き↓ ＝ $\dfrac{\text{X 財の価格↓}}{\text{Y 財の価格}}$

X財の価格の下落によって傾きが小さくなる

●A′のシフト

傾き↑ ＝ $\dfrac{\text{X 財の価格↑}}{\text{Y 財の価格}}$

X財の価格の上昇によって傾きが大きくなる

●平行シフトは価格比が変更されていません。

●所得の増加は購入可能領域を大きくします。

給料が上がったら消費量は増えるのか？

Unit 02 消費者行動 所得変化の効果

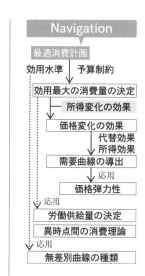

Navigation

最適消費計画

効用水準　予算制約

効用最大の消費量の決定
　├ 所得変化の効果
　　価格変化の効果
　　　　代替効果
　　　　所得効果
　需要曲線の導出
　　　応用
　　価格弾力性
　応用
　労働供給量の決定
　異時点間の消費理論
　応用
　無差別曲線の種類

難易度	難易度は高難度順に AA、A、B、C で表示。出題率は高出題率順に☆、◎、○、◇で表示。
C	

資格試験別・予想山題率		
国家総合	○
国家一般	○
地方上級	☆
公認会計士	○
国税専門官	◎
外務専門職	◎
中小企業診断士	○
不動産鑑定士	○

Unit02 のポイント

　消費者の最適消費計画は、限界代替率と価格比が等しくなる水準で均衡します。

　この均衡点は、予算制約線が変化しない限り動かないものですが、もし、予算制約線が動くとき、何が原因で、どのように均衡点が変化するのかを分析していきます。

▶ 講義のはじめに

　この Unit では、消費者の所得が変化したとき、消費計画はどのように変更されていくのかを分析していきます。例えば、A 子さんの所得が増加すれば、それだけ購入可能な範囲が広がるわけです。

　したがって、消費量は増えることになります。

　本当にそれで結論を出してしまって良いでしょうか？　実は身近な財を観察すると、所得が増えると消費量が増える財（クーラーなど）、あまり変わらない財（トイレット・ペーパーなど）、または、逆に減少してしまう財（扇風機など）など、千差万別であることに気づくのではないでしょうか。

　ここでは、前 Unit からの「仮定」部分は引継ぎ、これから所得の変化に対して消費量はどのように変化するのかを分析していきます。

所得が変化することによって、起きる事例	経済学的思考
A 子さんの所得が増えました。予算が増えたので、今まで以上の買い物が可能になりました。	予算制約線の変更→均衡点の変更→より高い無差別曲線が選好できます。
それと同時に豊かになったので、ライフ・スタイルも変わりました。	所得上昇の前後では、消費する財の種類が異なります。

所得アップの前における朝の生活

　A 子さんは朝は忙しいが、朝食はちゃんと食べます。インスタント・コーヒー、食パンにマーガリンを塗って、テレビの時刻を気にしつつ出勤する毎日でした。

所得アップの後における朝の生活

　コーヒーメイカーを購入し、淹れ立てのコーヒーに食パン、マフィンにバターを塗って、やはり、テレビの時刻を気にしつつ出勤する毎日です。

　消費する財の種類を分類し、所得変化との関係を見出します。

1. 所得の変化による予算制約線への影響

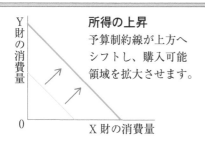

所得の上昇
予算制約線が上方へシフトし、購入可能領域を拡大させます。

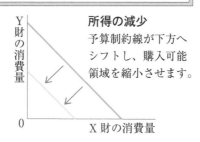

所得の減少
予算制約線が下方へシフトし、購入可能領域を縮小させます。

2. 最適消費点の移動

最初に所得変化前の均衡点をE点とします。

プロセス-1

A子さんの所得が増大した場合、予算制約線はMからM₁へシフトします。ただし、所得の変化はX財やY財の価格を変化させないので、価格比（予算制約線の傾き）は変化せず、予算制約線は「**平行**」にシフトすることになります。

プロセス-2

購入可能領域は拡大したので、より高い無差別曲線U2を選択することができます。

プロセス-3

均衡点はE′点に変更され、所得の上昇によって、X財もY財も消費量が拡大したことが判明します。

プロセス-2
（無差別曲線の選択）
高い無差別曲線の選択

プロセス-1（所得の上昇）
予算制約線の平行シフト

補足

　無差別曲線は無数に引くことが可能ですので、購入可能領域内で最も原点から遠い無差別曲線を選択します。

3. 財の分類（身近な財を分類してみよう）

ここで、講義のはじめにお話ししたように、所得変化の前後では、財の種類によって、変更後のE′点は異なる位置になることに注意して、図に表してみましょう。

（1）上級財（正常財）

横軸のX財のみに注目した場合、所得の増加とともに、消費量が増加します。

例えば、A子さんは、所得が増加したときに、マーガリンをバターに切り替え、バターの消費を増加させたのですから、バターは**上級財**であることがわかります。

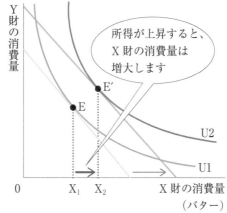

所得が上昇すると、X財の消費量は増大します

用語

上級財（正常財）
　所得が上昇すると、消費量が増加する財のこと。または、所得が減少すると、消費量が減少する財のこと。

（2）中級財（中立財）

　このA子さんのライフ・スタイルの中で所得変化によって、変わらないものがあります。例えば、トイレット・ペーパーなどの消費量です。

　トイレット・ペーパーや歯磨き粉のような性質の財を**中級財（中立財）**と言います。

　このような中級財（中立財）の場合は、所得変化後の均衡点は所得変化前の状況から垂直の位置になっていることに注意してください。

（3）下級財（劣等財）

　さて、講義のはじめでお話ししたように、A子さんのライフ・スタイルの中で、所得の増加前に消費していたマーガリンなどは、所得の増加とともに消費量が減少するもので、**下級財**と呼ばれます。

　したがって、このような性質のX財では、グラフを用意した場合、均衡点は、所得変化前に比べ左側に位置することがわかります。

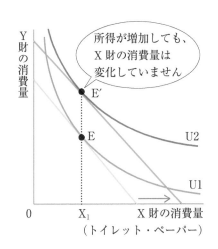

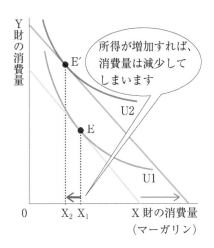

4. 所得消費曲線

　次に、所得変化前の均衡点と所得変化後の均衡点を結ぶこと（軌跡）によって、新しい曲線である所得消費曲線を導出します。

上級財の所得消費曲線は、右方向に描かれます。	**中級財**の所得消費曲線は、垂直に描かれます。	**下級財**の所得消費曲線は、左方向に描かれます。
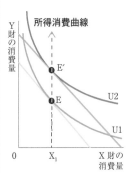	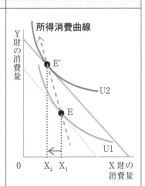	

用語

中級財（中立財）

　所得が増加しても、消費量が変化しない財。

用語

下級財（劣等財）

　所得が増加すると、消費量が減少する財のこと。または、所得が減少すると、消費量が増加する財のこと。

関連

　下級財にはギッフェン財という特殊な場合もあります（Unit03参照）。

補足

下級財のグラフを描く際の注意

　無差別曲線は「交わらない」という性質があります。グラフを描く際は注意しましょう。

用語

軌跡（きせき）

　点が一定の条件にしたがって動くときに、それを結んで描かれる線分のことです。

情報

　試験において、所得消費曲線は、価格消費曲線（Unit03参照）と比較されて出題される場合が多くあります。

5. 所得弾力性

Key Point

所得弾力性は上級財が正、中級財がゼロ、下級財が負になります。

所得が1%変化したときに、需要量が何%変化するかということを**需要の所得弾力性**と言います。

ここでは、これまでグラフで分析してきた所得変化の効果をもう一歩明らかに追求していくことになります。

まず、所得弾力性は、どのような計算を実施するのか、例を挙げてみることにします。

> **例題** もし、A子さんの所得が100万円から120万円にアップして、大好きなたこ焼きの消費量が20個から22個になったときの所得弾力性はいくらですか？（たこ焼きをX財とします）

（計算） $\triangle$M（所得の変化分）= 120万円 − 100万円 = 20万円

$$所得の変化率 = \frac{\triangle M}{M} = \frac{20万円}{100万円} = 20\%$$

$\triangle$X（消費量の変化分）= 22個 − 20個 = 2個

$$需要量の変化率 = \frac{\triangle X}{X} = \frac{2個}{20個} = 10\%$$

$$所得弾力性 = \frac{需要量の変化率}{所得の変化率} = \frac{\dfrac{\triangle X}{X}}{\dfrac{\triangle M}{M}} = \frac{10\%}{20\%} = 0.5$$

このように計算上は、A子さんのたこ焼きに対する所得弾力性は0.5として出ます。次に、このような数値によって、上級財、中級財、下級財を分類していくことにします。

財の種類	下級財	中級財	上級財	
所得弾力性（e）	e < 0	e = 0	必需品 0 < e < 1	奢侈品 e > 1

（1）下級財

下級財は、所得の上昇とともに消費量が減少する財なので、所得弾力性は負になります。「所得弾力性（e）＜ゼロ（0）」で表せます。

（2）中級（中立）財

中級（中立）財は、所得が増大しても、消費量は変化しない財なので、「所得弾力性（e）＝ゼロ（0）」になります。

（3）上級財

上級財は、所得の上昇とともに消費量が増大する財なので、所得弾力性は正になります。「所得弾力性（e）＞ゼロ（0）」で表せます。

さらに、上級財は2つに分類できます。1つは、消費量の増加幅が小さい財の**必需品**です。もう1つは所得の増加による消費量の増加幅が大きい財で**奢侈品**（しゃしひん）と言います。

● 弾力性を表示するとき、eを使います。これは、elasticity の頭文字です。

● この例題の場合、所得弾力性は0.5なので、A子さんにとってたこ焼きは必需品であることがわかります。

 補足

お米や日用品のように、所得が増加しても消費量の増加幅が小さい財があります。このような財を必需品といい、所得弾力性（e）は、0＜e＜1と表せます。

さらに、所得が増加することによって、明らかに消費量が増加する財があります。例えば海外旅行やゴルフに行く回数など、所得の増加に対して増加幅が大きい財を奢侈品といいます。この財の所得弾力性（e）は、e＞1と表せます。

つまり、必需品は所得に対して弾力性が小さく、奢侈品は弾力性が大きいと表現できます。

問題① 所得消費曲線 (択一式)

消費者行動において、所得が増大した場合の記述のうち妥当なものはどれですか。

1. 図のような無差別曲線と予算線の交点を結んだ曲線は価格消費曲線と呼ばれています。
2. X財はB点からC点では中立財となっており、所得効果は正となります。
3. X財はB点からC点では下級財となっており、所得効果は負となります。
4. Y財はB点からC点では下級財となっており、所得効果は正となります。
5. Y財はB点からC点では中立財となっており、所得効果は0となります。

Y財の
消費量

0   X財の消費量

(国税専門官 改題)

■問題①の解答・解説

この問題では、無差別曲線は省略され、所得消費曲線のみの分析になります。

横軸のX財以外に縦軸のY財についても問われているので十分に注意しましょう。

試験では横軸の財の変化だけでなく、縦軸の財の変化についても出題されることが多くあります。

◆グラフの見方

〈A点からB点への状況〉
Y財の
消費量

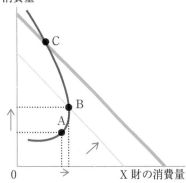

0   X財の消費量

〈B点からC点への状況〉
Y財の
消費量

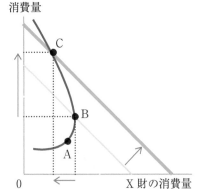

0   X財の消費量

X財もY財も所得の増加によって、消費量が拡大しているので、上級財になります。

所得の増加によって、X財の消費量は減少しているために下級財、Y財の消費量は増加しているので上級財だと判断できます。

したがって、正解は3になります。

問題② 財の分類（択一式）

右図は、2財モデルにおける消費者の予算制約線 AB と E 点で接している無差別曲線です。

ここで、第1財の消費量を X、第2財の消費量を Y とします。

この場合、価格は変わらないものとして、所得が上昇した場合の予算制約線と無差別曲線との接点をそれぞれ、E1、E2 とします。

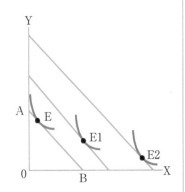

この図から、第1財が ① であり、第2財が ② であるといえます。

空欄①、②に当てはまる財の組み合わせとして適切なものはどれですか。

ア． ①下級財 ②中級財
イ． ①下級財 ②上級財
ウ． ①中級財 ②下級財
エ． ①上級財 ②下級財

（中小企業診断士 改題）

■**問題②の解答・解説**

所得の上昇に応じて、第1財の消費量（X）と第2財の消費量（Y）の変化を見ていきます。

すると第1財は増加していくので上級財、第2財は減少していくので下級財だと判断できます。

したがって、正解はエになります。

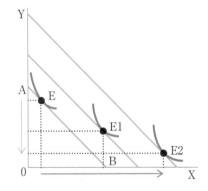

6. エンゲル曲線

Key Point

エンゲル曲線は所得と消費量の関係を表したグラフであり、上級財は右上がり、下級財は右下がりになります。ただし、上級財は変化の割合に応じて必需品と奢侈品に分類されます。

所得の変化と消費量の増減に対するグラフの「**エンゲル曲線**」を用いた分析を紹介します。

これは、1種類の財（例えば X 財）と所得の変化の関係をグラフに表したもので、試験では上級財や下級財に区別するように出題されます。

まず、単純に下級財と上級財の場合についてのエンゲル曲線を描いてみます。

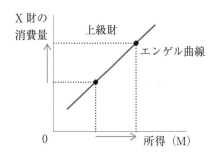
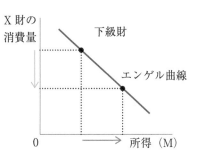

上級財は、所得の増大にしたがって消費量が増大しますが、下級財は所得の増大にしたがって消費量が減少していきます。

さらに、上級財については、必需品と奢侈品とに分けてグラフを導出できますので、特徴をつかんでおきましょう。

（1）必需品のエンゲル曲線

必需品は、所得が増えれば増えるほど、その財に支出する金額の所得に占める割合が減少するものです。つまり、所得の増減とは関係ない日常的で必需的な財と考えられます。

考え方のプロセス
プロセス -1

例えば、ガソリンの消費量を考えた場合、所得が2倍になったからといって、ガソリンの消費量が2倍になるわけではありません。

つまり、所得が上昇すれば、所得に占めるガソリン消費量の割合は下がるはずです。

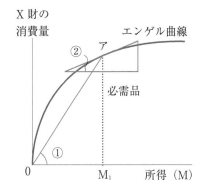

プロセス -2

所得水準が M_1 のとき、下記の法則が成立します。

 ＞

①原点とア点の**線分の傾き**

$$傾き = \frac{X}{M}$$

「割合」が求められます。

②ア点における**接線の傾き**

$$傾き = \frac{\triangle X}{\triangle M}$$

「変化の割合」が求められます。

（2）奢侈品のエンゲル曲線

奢侈品は、所得が増えれば増えるほど、その財に支出する金額の所得に占める割合が上昇する財で、ぜいたくな財と考えられます。

エンゲル曲線

上級財は右上がり
下級財は右下がり

エンゲル曲線は所得消費曲線と間違えやすいものです。

エンゲル曲線は所得のグラフになっているので、2財の消費量を示す所得消費曲線とは異なります。

「ある財に支出する金額の所得に占める割合」とは、次のように示せます。

茂木式・攻略三角形

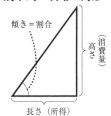

$$傾き = \frac{高さ}{長さ}$$

$$割合 = \frac{消費量}{所得}$$

XとΔX

XはX財の消費量であって、単純に原点（0）からの長さです。

ΔXは任意の点からの長さであってX財の消費量の変化分を示しています。

考え方のプロセス

プロセス -1

例えば、高級ブランド品は、所得が増えれば急激に消費量は増えますが、所得が下がれば急激に消費量は減ります。

なぜなら、その品に代わるものがいくらでもあるからです。

つまり、所得の増減に対して、変化の割合が大きな財です。

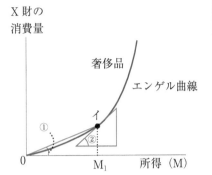

プロセス -2

所得水準が M_1 のとき、下記の法則が成立します。

①原点とイ点の**線分**の傾き $\qquad$ ②イ点における**接線**の傾き

$$傾き = \frac{X}{M}$$

「割合」が求められます。

$$傾き = \frac{\triangle X}{\triangle M}$$

「変化の割合」が求められます。

補足 情報

グラフの判別法

主に択一試験では、グラフの判別が出題されます。

原点からの傾きと接線の傾きを比較することになりますが、グラフの形状をイメージしていれば、容易に解答することができます。

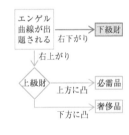

問題　エンゲル曲線 (択一式)

下図において、所得が変化した場合のエンゲル曲線の記述のうち妥当なものはどれですか。

1. 所得水準 M_1 では、X 財は下級財です。
2. 所得水準 M_1 では、X 財は必需品です。
3. 所得水準 M_2 では、X 財は下級財です。
4. 所得水準 M_2 では、X 財は奢侈品です。
5. 所得水準 M_3 では、X 財は下級財です。

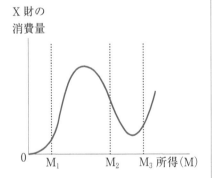

(国税専門官、地方上級　改題)

■問題の解答・解説

各所得水準におけるグラフの形状から、財の種類を判別します。

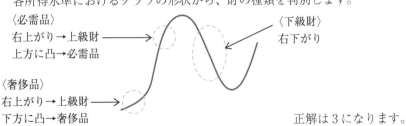

〈必需品〉
右上がり→上級財
上方に凸→必需品

〈下級財〉
右下がり

〈奢侈品〉
右上がり→上級財
下方に凸→奢侈品

正解は 3 になります。

需要曲線は本当に右下がりなのか？

Unit
03

消費者行動
価格変化の効果

Unit03 のポイント

この Unit では、所得は変化しないという仮定のもと、価格の変化によって、どのように消費量が変化するのかを見ていきます。ただし、2 財のうち、どちらか片方の財だけの価格変化を扱うことになります。

▶ **講義のはじめに**

この Unit で取り上げる「価格変化の効果」は、消費者行動の学習におけるヤマとなります。

需要曲線の考え方をもとにすると、価格が下がれば消費量が増え、価格が上がれば消費量が減ります。この結論は非常に簡単ですが、実は、この結論に至るまでどのような分析が必要になるのかが、この Unit での論点になります。

ここで、A 子さんのイチゴ購入という行動を経済学的に分析します。

Navigation

最適消費計画
効用水準 ｜ 予算制約

効用最大の消費量の決定
所得変化の効果

価格変化の効果
代替効果
所得効果
需要曲線の導出
応用
価格弾力性
応用
労働供給量の決定
異時点間の消費理論
応用
無差別曲線の種類

難易度	難易度は高難度順に AA、A、B、C で表示。出題率は高出題率順に☆、◎、○、◇で表示。
A	

資格試験別・予想出題率	国家総合	◎
	国家一般	◎
	地方上級	☆
	公認会計士	○
	国税専門官	○
	外務専門職	◎
	中小企業診断士	○○
	不動産鑑定士	☆

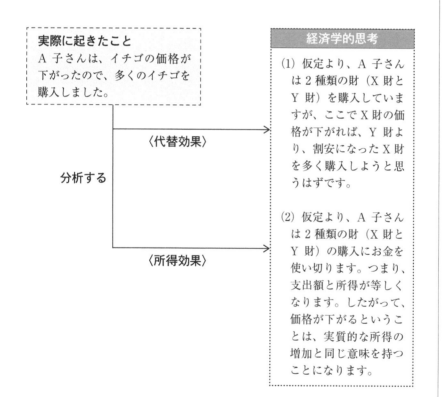

実際に起きたこと
A 子さんは、イチゴの価格が下がったので、多くのイチゴを購入しました。

経済学的思考

(1) 仮定より、A 子さんは 2 種類の財（X 財と Y 財）を購入していますが、ここで X 財の価格が下がれば、Y 財より、割安になった X 財を多く購入しようと思うはずです。

(2) 仮定より、A 子さんは 2 種類の財（X 財と Y 財）の購入にお金を使い切ります。つまり、支出額と所得が等しくなります。したがって、価格が下がるということは、実質的な所得の増加と同じ意味を持つことになります。

分析する

〈代替効果〉

〈所得効果〉

実質的な所得とは？

実質所得とは、モノで計った所得です。

明治時代は 100 円で家が買えたといいますが、今ではジュース 1 本も買えません。モノで計ると、同じ 100 円でもずいぶん価値が違うものです。

多少、このような分析作業はこじつけのような気がするかもしれませんが、1 つずつ経済学的思考を身につけることによって、大きな分析もできるようになると考えてスキルアップしていきましょう。

1. 価格の変化による予算制約線への影響

Key Point

予算制約線は、所得が変化した場合は平行にシフトしますが、価格が変化した場合は傾きが変わります。

価格の下落

横軸における X 財の価格が下落した場合、予算制約線が右方へシフトし、購入可能領域が拡大します。

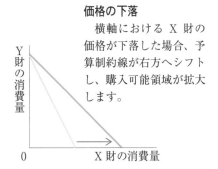

価格の上昇

横軸における X 財の価格が上昇した場合、予算制約線が左方へシフトし、購入可能領域が縮小します。

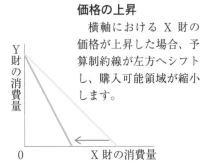

● 価格の下落
　　→消費量は増加
価格の上昇
　　→消費量は減少

2. 価格の変化による均衡点の移動

Key Point

価格の変化による最適消費点の軌跡を価格消費曲線といいます。

価格が変化した場合、均衡点がどのように移動するか見ていきます。

プロセス-1

X 財の価格が下落した場合、予算制約線は M_0 から M_1 へシフトします。これは、X 財の価格（P_x）の下落によって、以前より多く購入できるようになったことを意味しています。ただし、Y 財の価格（P_y）は変化しないので、そのままの位置にあります。

プロセス-2

購入可能領域が拡大したことにより、もっと高い無差別曲線 U2 を選択することになります。

プロセス-3

この予算制約線のシフトによって、X 財も Y 財も消費量が拡大したことがわかります（E 点→E′ 点）。

プロセス-4

最後に、価格変化前の予算制約線と無差別曲線の均衡点 E と、変化後の均衡点 E′ を結びます。

この曲線を**価格消費曲線**と呼びます。

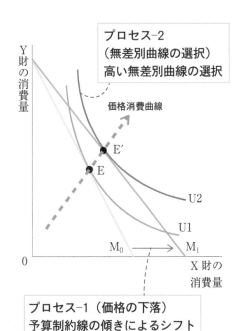

プロセス-2
（無差別曲線の選択）
高い無差別曲線の選択

価格消費曲線

プロセス-1（価格の下落）
予算制約線の傾きによるシフト

補足

価格の変化は予算制約線の傾きの変化

予算制約線の傾きは、価格比になっています。ですから、X 財の価格（P_x）の下落は、分子が小さくなるので価格比（傾き）は小さくなります。

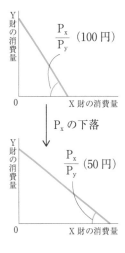

（1）通常の財における価格消費曲線は、右方向で描かれます。これは、価格が下がれば消費量が増大するという「**需要の法則**」が成り立つからです。

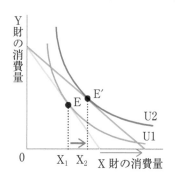 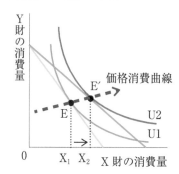

（2）**ギッフェン財**における価格消費曲線は、左方向で描かれます。これは、「**需要の法則」が成り立たない財**であり、価格が下がっているにもかかわらず消費量も下がってしまうからです。

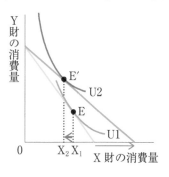 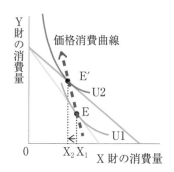

> 関連
>
> ギッフェン財では、需要の法則が成立しません（75 ページのジャガイモの例を参照）。

3. 代替効果と所得効果

Key Point

価格変化による効果は、代替効果と所得効果の 2 つの効果に分解することができます。

価格が変化したときの消費量に及ぼす影響について分析していきます。まず、X 財と Y 財という 2 種類の財のみがある世界を想定します。そこで、X 財の価格（P_x）が下がったという状況から、X 財の消費量に与える変化のプロセスを明らかにしていきます。

考え方のプロセス

プロセス -1

価格変化前の均衡点を E 点として、A 子さんは X 財（イチゴ）を X_1 の水準で消費していました。

しかし、X 財の価格（P_x）が下がることで予算制約線は M_0 から M_1 へシフトします。

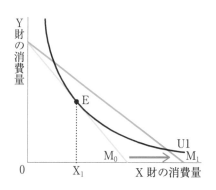

プロセス-2

X 財の価格（P_x）が下がることによって、効用水準を一定に保ちながら（同じ無差別曲線上の移動）、**割安**になった X 財の消費量を変化させます（E 点→F 点）。この消費の変化を「**代替効果**」と呼び、相対価格が消費量に与える効果になります。

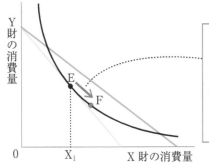

〈代替効果〉

まず、A 子さんは、イチゴの値段が下がったら、いままで以上にイチゴの消費を増やそうと考えるわけです。

プロセス-3

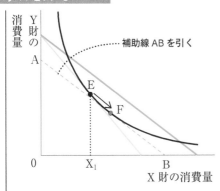

補助線 AB を引く

次に、代替効果によって移動した F 点を通り、変化後の予算制約線に平行になるように補助線 AB（-----）を引きます。

これは、実際の予算制約線ではなく、価格における効果を代替効果と所得効果に分解するために描いた仮のものです。

プロセス-4

さらに、F 点から E′ 点への動きを明らかにします。これは、「**所得効果**」と呼ばれ、**実質所得**の変化による消費点の変化を示します。

所得の変化の効果ですから、Unit02 で学習したように、F 点における仮の予算制約線（AB）と、平行に予算制約線が移動することになります。そして、無差別曲線（U2）の選択が可能なことから、均衡点 E′ が実現するのです。

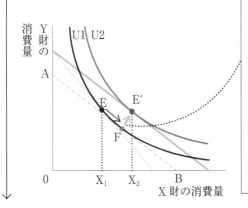

〈所得効果〉

実際の所得は変化していませんが、イチゴ（X 財）の価格の下落により、今までと同じ消費量だとお金が余ります。つまり、モノで計った実質所得は増加していると考えられます。所得効果が働けば、A 子さんは、イチゴをもっと多く買うし、他の Y 財も普段より多く買うと考えられます。

補足

代替効果は、上級財、中級財、下級財を問わず、常に割安になった財への消費量を増大させようとします。

用語

相対価格

日常では、「割高」「割安」で表現されています。

実質所得

実質所得とは、モノで計った所得です。

例えば、「王選手の5,000万円の所得はイチロー選手の5億円より価値があった」といわれますが、これは当時の5,000万円のほうが多くのモノを購入できたということです。

それが実質所得ということです。

$$実質所得＝\frac{名目所得}{物価（価格）}$$

価格が下がれば分母が小さくなるので、実質所得は大きくなります。

プロセス -5

分析 —— ここから、場合分けをしていきます。

■上級財のケース

Key Point
上級財は、価格が下落した場合、代替効果でも所得効果でも消費量を増加させます。

X財の価格が下落すると、代替効果によってX財の消費量は増加します。

さらに、価格の下落は実質所得を上昇させるので所得効果によって、X財の消費量を増加させます。

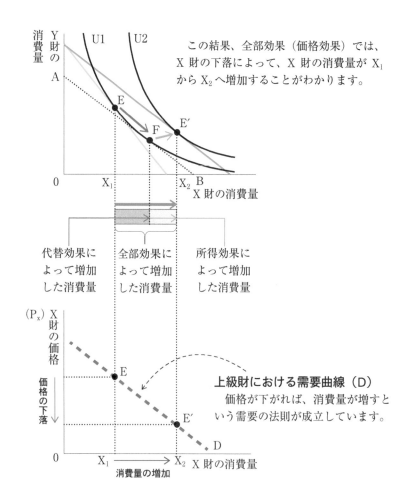

この結果、全部効果（価格効果）では、X財の下落によって、X財の消費量がX₁からX₂へ増加することがわかります。

全部効果（価格効果）
＝代替効果＋所得効果

作図上の注意
補助線と変化後の予算制約線は必ず「平行」になるように作図しましょう。

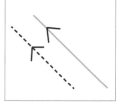

〈上級財における需要曲線の導出〉

ここで、需要曲線を導出していきます。

E点は予算制約線と無差別曲線が接している最適消費における均衡点です。価格が下がることにより、消費量が増加することによって新しい均衡点E′が成り立ちます。

この両点はどちらも均衡点なので、それをX財の価格とX財の消費量だけの関数として表示したものが需要曲線となります。

上級財の需要曲線は、右下がりになることがわかります。

●上級財における価格効果の状態を、下図の道順のように組み立ててみましょう。

X財の価格（Pₓ）が下落した場合、代替効果でX財の消費量は増加し、相対的に割高になったY財の消費量は減少します。さらに、所得効果では消費量が上昇します。

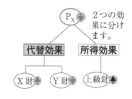

■中級（中立）財のケース

Key Point
中級財は、価格が下落した場合、所得効果では消費量を変化させません。

X財の価格が下落すると、代替効果によってX財の消費量は増加します。

さらに、価格の下落は実質所得を上昇させるので所得効果が働きますが、中級（中立）財の場合は所得弾力性がゼロであり、所得効果では消費量は変化しません。

したがって、代替効果だけの増加分による全部効果（価格効果）として消費量を増加させます。

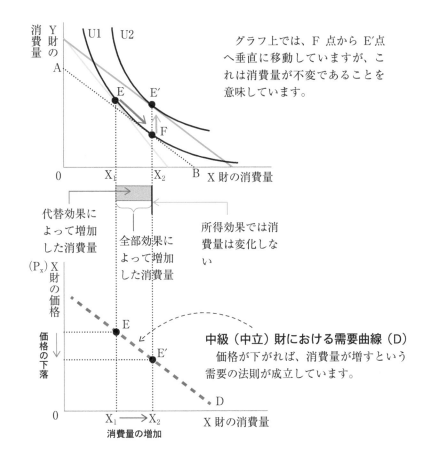

グラフ上では、F点からE′点へ垂直に移動していますが、これは消費量が不変であることを意味しています。

 補足

中級（中立）財の所得弾力性

中級（中立）財の所得弾力性はゼロであり、実質所得が増大しても消費量が変化しません。

具体的にはトイレットペーパーや歯磨き粉などが考えられます。

●中級財における価格効果の状態を、下図の道順のように組み立ててみましょう。

X財の価格（P_x）が下落した場合、上級財と同様に、代替効果でX財の消費量は増加し、相対的に割高になったY財の消費量は減少します。ただし、所得効果では消費量が変化していません。

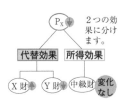

〈中級（中立）財における需要曲線の導出〉

中級（中立）財の需要曲線を導出していきます。

E点は予算制約線と無差別曲線が接している最適消費における均衡点です。価格が下がることにより、所得効果では消費量は増加しませんが、代替効果のみを視野にいれると消費量が増加することになり、新しい均衡点E′が成り立ちます。

この両点はどちらも均衡点なので、それをX財の価格とX財の消費量だけの関数として表示したものが需要曲線となります。

中級（中立）財の需要曲線は、右下がりになることがわかります。

■下級（劣等）財のケース

Key Point
　下級財は、価格が下落した場合、代替効果では消費量を増加させますが、所得効果では消費量を減少させます。

　X財の価格が下落すると、代替効果によってX財の消費量は増加します。しかし、下級財は所得が増加すると消費量が減少する財なので、実質所得の増大による所得効果では、X財の消費量を減少させるように働きます。

　下級財は、所得が上昇すると、消費量が減少する財です。作図上では、所得効果を示す矢印の方向が「逆」になっていることに注意しましょう。

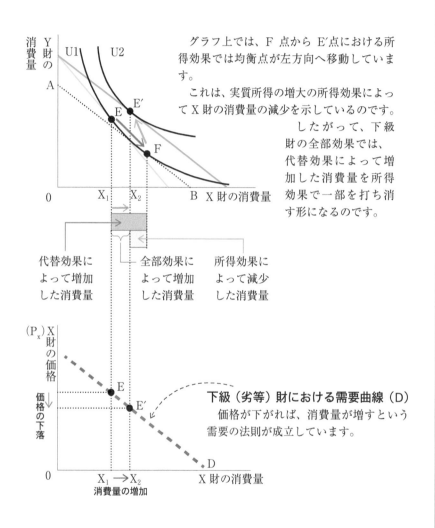

　グラフ上では、F点からE′点における所得効果では均衡点が左方向へ移動しています。
　これは、実質所得の増大の所得効果によってX財の消費量の減少を示しているのです。
　したがって、下級財の全部効果では、代替効果によって増加した消費量を所得効果で一部を打ち消す形になるのです。

代替効果によって増加した消費量

全部効果によって増加した消費量

所得効果によって減少した消費量

(P_x) X財の価格

価格↓の下落

下級（劣等）財における需要曲線（D）
価格が下がれば、消費量が増すという需要の法則が成立しています。

0　　　X₁→X₂　　　X財の消費量
消費量の増加

●下級財における価格効果の状態を、下図の道順のように組み立ててみましょう。
　X財の価格（P_x）が下落した場合、上級財や中級財と同様に代替効果でX財の消費量は増加し、相対的に割高になったY財の消費量は減少します。そして、所得効果では消費量が減少します。

〈下級（劣等）財における需要曲線の導出〉

　上級財や中級財と同様にそれぞれの均衡点を結び、X財の価格の変化とX財の消費量の変化の関係より右下がりの需要曲線が導出されます。

　ここで、下級財の場合、代替効果と所得効果では消費量への効果が逆に作用するので、通常の下級財であれば、たとえ所得効果がX財の消費量を減少させたとしても、代替効果を含めた全部効果によって、価格の下落は消費量を増加させると考えられます。

　しかし、もし所得効果が代替効果の大きさを超えてしまったらどうなるでしょうか。これは次の論点のギッフェン財へと引き継ぎます。

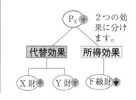

■ギッフェン財（超下級財）のケース

> ### Key Point
> ギッフェン財は、価格が下落した場合、代替効果では消費量を増加させますが、所得効果では代替効果を打ち消してしまうほど消費量を減少させます。

X財の価格が下落すると、代替効果によってX財の消費量は増加します。ギッフェン財は下級財と同様に、価格が下落することによって実質所得が増加し、所得効果ではX財の消費量を減少させるように働きます。下級財の中でも、所得効果によってX財の減少幅が代替効果による増加幅を上回っている場合は**ギッフェン財（超下級財）**と定義されます。

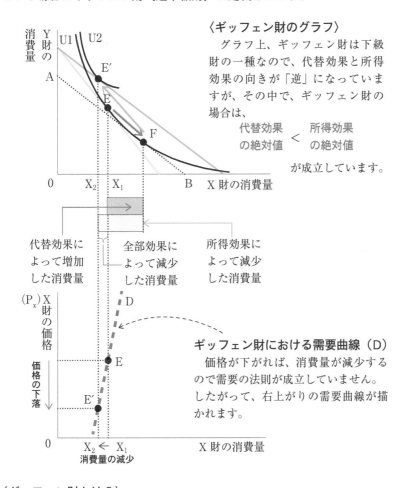

〈ギッフェン財のグラフ〉

グラフ上、ギッフェン財は下級財の一種なので、代替効果と所得効果の向きが「逆」になっていますが、その中で、ギッフェン財の場合は、

$$代替効果の絶対値 < 所得効果の絶対値$$

が成立しています。

代替効果によって増加した消費量

全部効果によって減少した消費量

所得効果によって減少した消費量

ギッフェン財における需要曲線（D）

価格が下がれば、消費量が減少するので需要の法則が成立していません。したがって、右上がりの需要曲線が描かれます。

〈ギッフェン財とは？〉

ギッフェン財は、このように価格の下落とともに消費量が減少し、価格が上昇すると消費量が増加するという特殊な性格を持っています。

実際に世の中でギッフェン財であると定義される財は存在しませんが、19世紀のアイルランドの飢饉のときに、ジャガイモの消費において観測されました。

まず、ジャガイモの価格が上昇しました。通常ならば、ジャガイモは肉に対して相対的に高くなったのですから、肉を多く購入するように動くはずです。

補足

絶対値をつけるのは、矢印の向きが異なっているためです。マイナス表示とプラス表示になっているので、単に大きさだけを考察するために用いています。

そもそも絶対値とは、線分上の原点からの長さなので、＋5も－5も「5」になります。

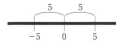

補足

「価格が下がれば消費量は減少する」は、「価格が上がれば消費量は増加する」と同義です。

用語

需要の法則
価格が下がれば、消費量は増加することです。

しかし、ジャガイモの価格が上昇したにもかかわらず、ジャガイモの消費量を拡大させる結果になったのです。

このように歴史的に一時的な発見はあったものの、現行の経済学における「需要の法則」は、広く一般常識として認められたものになっています。

●ギッフェン財の観察された理由は、主食であったことがキーポイントです。

4. 価格効果のまとめ

価格変化の効果については、様々な形で試験に出題されます。択一式にしろ、記述式にしろ、本試験会場でグラフを描いて判別しなければならない状況が多く、受験生も大いに悩まされます。

価格が変化したとき、どのように消費量へ影響を与えるのか？　フローチャートにしたがって文章にする訓練を積めば力がつきます。

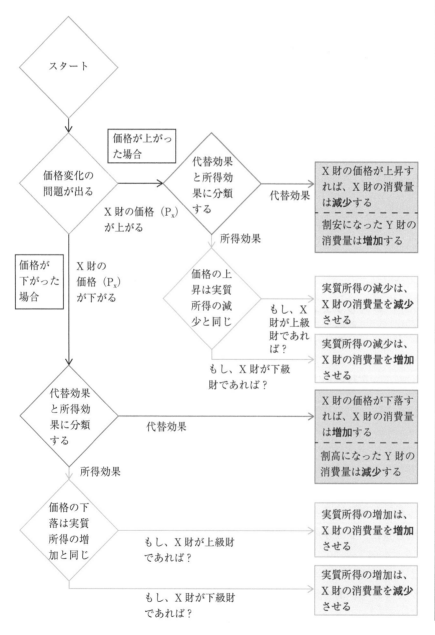

問題① 代替効果と所得効果 (択一式)

　消費者行動において、X 財と Y 財にすべての所得を支出します。Y 財の価格が上昇した場合、X 財が下級財であり、所得も X 財の価格も一定とした場合、起こりうる変化として妥当なものはどれですか。

1. X 財の消費は代替効果で減少し、所得効果で増加します。
2. X 財の消費は代替効果で減少し、所得効果でも減少します。
3. X 財の消費は代替効果で増加し、所得効果でも増加します。
4. Y 財の消費は代替効果で減少し、所得効果で増加します。

（地方上級　改題）

■問題①の解答・解説

`プロセス -1`

　価格の変化を代替効果と所得効果に分けてその増減に関する問題は少し特殊な作業が必要になります。問題文を読んだときに、価格が上がっているのか、価格が下がっているのかをまずチェックして、その時点で作業に入ります。

　問題文では、**「価格が上昇」** した場合と指定されているので、価格の上昇パターンの図を用意します（Y 財の価格を P_Y とおきます）。

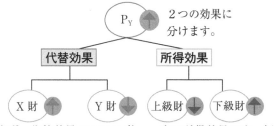

「Y 財の価格が上昇」という一言で、ここまで解答への道順を組み立てることができます！

　まず、代替効果について考えます。Y 財の価格が上昇すれば Y 財の消費量は減少します。その代わり、割安になった X 財の消費量は増加します。

　次に所得効果です。価格が上昇は実質所得の減少なので、もし上級財であれば消費量は減少させます。一方、下級財であれば消費量は増加します。

　参考までに、問題文とは逆に「価格が下落」と指定された場合についても、図を表しておきます（Y 財の価格を P_Y とおきます）。

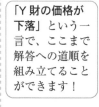

「Y 財の価格が下落」という一言で、ここまで解答への道順を組み立てることができます！

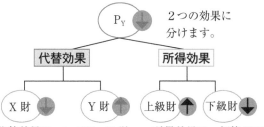

　代替効果については、Y 財の価格が下落すれば Y 財の消費量は増加します。その代わり、割高になった X 財の消費量は減少します。

　所得効果は、価格が下落は実質所得の上昇なので、もし上級財であれば消費量は増加させます。一方、下級財であれば消費量は減少します。

プロセス -2

　問題文では、「Y財の価格が上昇した」という情報だけで、試験会場で下図のような価格効果の図を描き、X財とY財がどのように変化しているのかを把握したあとで、問題文を最後まで読み、状況をあてはめていきます。問題文では「X財は下級財」と指示していますので、次のような流れになります。

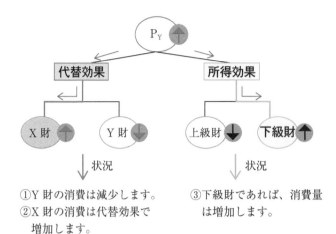

①Y財の消費は減少します。
②X財の消費は代替効果で
　増加します。

③下級財であれば、消費量
　は増加します。

補足

「価格が上昇した」という情報だけで左図（価格効果の図）を描くとおおよその解答の方向性が見えてきます。
　そして、図を描いた後で問題文と照合していき、チェックするように解答していくことになります。

①、②、③の状況にあてはまるのは、3だけなので、正解は3。

補足として、問題文の状況をグラフに表しておきます。

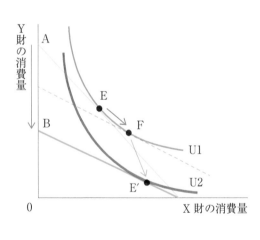

（1）代替効果
　Y財の価格が上昇したので、効用水準を一定として（同じ無差別曲線上を）、割安になったX財へ消費を傾けます（E点→F点）。
（2）所得効果
　Y財の価格の上昇は実質所得の減少です。X財は下級財であるので、所得の減少はX財の消費量を拡大させます（F点→E′点）。

補足

　一般的には、横軸のX財について問題が出されますが、縦軸のY財についても分析は同じです。

図を使ってこの問題を考えるとやや複雑になりますが、X財は代替効果でも所得効果でも消費量が増加していることがわかります。

問題②　代替効果と所得効果のグラフ（択一式）

　次の図はX財とY財との無差別曲線をU_0及びU_1、予算線PTの消費者均衡点をE_0、予算線RSの消費者均衡点をE_1、予算線RSと平行に描かれている予算線PQの消費者均衡点をE_2で示したものです。
　今、X財の価格の下落により、予算線PTが予算線PQに変化し、消費者均衡点がE_0からE_2へ移動した場合の需要変化に関する記述として、妥当なのはどれですか。

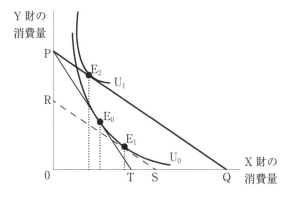

1. X財は上級財であり、X財の価格下落による正の所得効果及び正の代替効果により、全体としての効果はプラスになります。

2. X財は上級財であり、X財の価格下落による正の代替効果が負の所得効果を上回るため、全体としての効果はマイナスとなります。

3. X財は下級財でありX財の価格下落による正の代替効果が負の所得効果を上回るため、全体としての効果はプラスとなります。

4. X財はギッフェン財であり、X財の価格下落による負の所得効果が正の代替効果を上回るため、全体としての効果はマイナスとなります。

5. X財はギッフェン財であり、X財の価格下落による負の所得効果が正の代替効果を下回るため、全体としての効果はプラスとなります。

(地方上級　改題)

■問題②の解答・解説

グラフの状況を判断します。

①T → Q

X財の価格が下落し、予算線が移動

②E₀ → E₁

代替効果により割安になったX財へ需要がプラス

③E₁ → E₂

価格の低下は実質所得の増加ですが、その所得効果によって消費量がマイナスになっているのでX財は下級財です。さらに、それが代替効果によるプラスよりも大きくなっているのでギッフェン財だと判明します。

④E₀ → E₂

全体としての効果はマイナスになっています。以上より、4が正解になります。

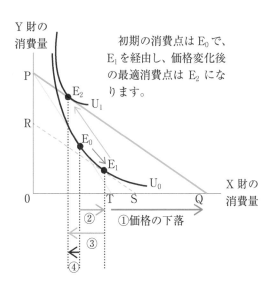

初期の消費点はE₀で、E₁を経由し、価格変化後の最適消費点はE₂になります。

補足

「X財の価格が下落」という文章だけで以下ⅰ～ⅳのことがわかります。

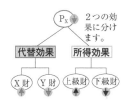

ⅰ. X財の消費量は代替効果によりプラス

ⅱ. Y財の消費量は代替効果によりマイナス

ⅲ. 上級財であれば、所得効果により消費量はプラス

ⅳ. 下級財であれば、所得効果により消費量はマイナス（ギッフェン財であるかはグラフにより判断）

なぜ、電話代が高いと気になるのだろう？

Unit 04

消費者行動　応用論点（1）
価格弾力性

Unit04 のポイント

　所得変化の効果の論点では、所得弾力性を通じて所得と需要量の関係を学習しました。これと似たもので、「需要の価格弾力性」があります。これは価格の変化による消費量の変化をみるものです。

▶ **講義のはじめに**

　価格弾力性とは、価格が1%変化したときに消費量が何%変化するかを表したものです。主に価格変化に対する需要の反応を考察するときに用いられます。

1. 需要の価格弾力性

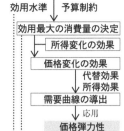

Navigation

最適消費計画

効用水準　予算制約

効用最大の消費量の決定
├ 所得変化の効果
価格変化の効果
　　代替効果
　　所得効果
需要曲線の導出
　応用
価格弾力性
応用
労働供給量の決定
異時点間の消費理論
応用
無差別曲線の種類

難易度 難易度は高難度順にAA、A、B、Cで表示。
B 出題率は高出題率順に☆、◎、○、◇で表示。

資格試験別・予想出題率	
国家総合	○
国家一般	○
地方上級	☆
公認会計士	○
国税専門官	◎
外務専門職	◇
中小企業診断士	◇
不動産鑑定士	◇

Key Point

X財の価格弾力性は、

$$価格弾力性 = -\frac{需要量の変化率}{価格の変化率} = -\frac{\frac{\triangle X}{X}}{\frac{\triangle P_x}{P_x}}$$ で求められます。

（P_x はX財の価格、Xは X財の需要量）

● 需要量＝消費量

例題

　たこ焼きの価格が300円から270円に下がり、それに伴い消費量が5個から6個になったとき、需要の価格弾力性はいくらですか。

例題の解答（計算）と解説

　$\triangle P_x$（価格の変化分）＝ 270円 － 300円 ＝ － 30円

$$\frac{\triangle P_x}{P_x} = \frac{-30円}{300円} = -10\%$$

　$\triangle X$（消費量の変化分）＝ 6個 － 5個 ＝ 1個

$$\frac{\triangle X}{X} = \frac{1個}{5個} = 20\%$$

$$価格弾力性 = -\frac{需要量の変化率}{価格の変化率} = -\frac{\frac{\triangle X}{X}}{\frac{\triangle P_x}{P_x}} = -\frac{20\%}{-10\%} = 2$$

　このように数値で見れば、価格が1%下落したときに需要量が2%増加することが判明します。導出された数値が1よりも大きいときに、価格変化に対して需要量の反応が大きいことから**「弾力的」**であると表現されます。また、1より小さいときには**「非弾力的」**と表現されます。

補足

　$\triangle P_x$ は、価格の変化を示しています。
　変化分の $\triangle P_x$ を P で割った $\frac{\triangle P_x}{P_x}$ は、「価格の変化率」になります。

● マイナス記号をつけるのは、正値にするためです。

2. 2本の需要曲線を比較する

Key Point
価格弾力性が小さいと需要曲線は急になります。
価格弾力性が大きいと需要曲線は緩やかになります。

水とビールの2本の需要曲線を例にして考えてみましょう。すると、ビールは「**弾力的**」（価格弾力性が大きい）で、水は「**非弾力的**」（価格弾力性が小さい）であることがわかります。

それは、ビールの価格が上昇すると、発泡酒（代替品）に切り替えたり、禁酒したりで、ビールの需要量は減少するからです。

しかし、水は代替品がないので、価格が上昇しても飲まなくてはなりません。

また、ビールは価格の下落とともに需要量は拡大しますが、水は価格が下がっても需要量がそれほど拡大するわけではありません。この関係をグラフ（右図）にしてみます。

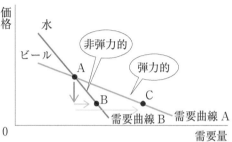

なぜ、原油価格は高騰しやすいのか？

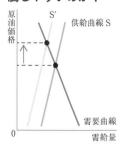

原油は代替品がなく、需要曲線は非弾力的となります。また、供給国も決まっているので、供給曲線も非弾力的になります。

このような背景では、わずかでもグラフが動けば、急激に価格が上昇することになります。

問題　需要の価格弾力性 （択一式）

需要の価格弾力性に関する説明のうち、最も適切なものはどれでしょうか。

a. ある財Aの需要曲線は、右下がりの曲線です。この曲線の接線の傾きが急なところは、緩やかなところよりも需要の価格弾力性は大きいと言えます。

b. ある財Bは非常に顕著な製品差別化がなされています。この財の需要の価格弾力性はほぼ無限大です。

c. ある財Cには代替品が存在しています。このとき、財Cの需要の弾力性は、代替品が存在しない場合よりも大きい。

（中小企業診断士　改題）

■問題の解答・解説

a. × 需要曲線の急なところは弾力性が小さく、緩やかなところは弾力性が大きくなります。

b. × 弾力性が無限大とは、横軸に水平になる需要曲線です。製品差別化があることは価格の変動に左右されないので、価格弾力性は小さくなり、横軸に対して垂直に近づきます。

c. ○ **代替品**が存在していることは、競争が激しく、他の財への転換が可能なため弾力性は大きく、緩やかな需要曲線になります。

代替品

ある財に代わって、効用水準を一定に保てる財です。

レストランに行って「売り切れです」と言われて「代わりに○○ください」と言うことがあります。この○○が代替品になります。

製品差別化

他の製品と違い、機能やデザインなどの面に優れている特色があり、「弁当を買うなら○○店で！」というように顧客のニーズに応えています。

らくらく計算 最適消費量の計算（計算の テクニック）

最適消費量を求める場合、具体的な数式が入った計算問題についても説明しておきます。計算の仕方は 3 通り考えられます。

> **練習問題**
>
> ある消費者の効用関数が、U = XY で与えられています。この消費者の所得が 600 円、X 財の価格が 60 円、Y 財の価格が 30 円のとき、最適な消費量は X 財、Y 財、それぞれいくつになりますか。

例題の解答パターン①

加重限界効用均等の法則を使って解きます。

(1) 予算制約式をつくります。

$600 = 60X + 30Y$ …①

●予算制約式のつくり方は、43 ページ参照。

(2) 効用最大化を示す加重限界効用均等式にあてはめます。

> **加重限界効用均等の法則**
>
> $$\frac{\text{X 財の限界効用}}{\text{X 財の価格}} = \frac{\text{Y 財の限界効用}}{\text{Y 財の価格}}$$

●加重限界効用均等の法則は、53 ページ参照。

X 財の限界効用とは、効用関数を X で微分することで求められます。

$MU_x = (XY)' = 1 \times X^{1-1} \times Y = 1 \times X^0 \times Y = 1 \times 1 \times Y = Y$

XY を X で微分するとき、他の記号 Y は数値と同じように処理します。

Y 財の限界効用とは、効用関数を Y で微分することで求められます。

$MU_y = (XY)' = X \times 1 \times Y^{1-1} = X \times 1 \times Y^0 = X \times 1 \times 1 = X$

XY を Y で微分するとき、他の記号 X は数値と同じように処理します。

●微分の計算方法は、36 ページの「微分のルール」参照。

これらを、法則の中に代入すると、$\dfrac{Y}{60} = \dfrac{X}{30}$

分数の等式はタスキで掛けると等しいので、$\dfrac{Y}{60} \times \dfrac{X}{30}$

$30Y = 60X \quad \rightarrow \quad Y = 2X$ …②となります。

①、②を連立方程式にして計算します。

$$\begin{cases} 600 = 60X + 30Y & \cdots① \\ Y = 2X & \cdots② \end{cases}$$

②を①に代入すると、$600 = 60X + 30 \times 2X = 120X$ から、X = 5。

X = 5 を②に代入すると Y = 10 が求められます。

よって、最適消費計画における X 財の消費量は 5 個、Y 財の消費量は 10 個になります。

●加重限界効用均等の法則を使うパターンは、少し難しいです。

例題の解答パターン②
微分してゼロ（0）とおきます。

(1) 予算制約式をつくります。

$600 = 60X + 30Y$

(2) 効用関数に代入し、微分して0になるようにします。

予算制約式 $600 = 60X + 30Y$ を Y の式にすると、$Y = 20 - 2X$ となり、これを効用関数の中に代入します。

$U = XY$

$\quad = X(20 - 2X)$

$\quad = 20X - 2X^2$

効用が最大になるということは、X で微分して 0 のときなので、

$(20X - 2X^2)' = 20 \times 1 \times X^{1-1} - 2 \times 2 \times X^{2-1}$

$\qquad\qquad = 20 - 4X = 0$

$20 = 4X$ より、$X = 5$ が求められます。

同様に $X = 5$ を予算制約式に代入して、$Y = 10$ を出します。

例題の解答パターン③
コブ＝ダグラス型ならば、**裏ワザ**を使います。

コブ＝ダグラス型は、$U = X^a Y^b$ のように効用関数が右肩の小さな数字（指数）を持った掛け算の形のものです。この問題の効用関数はコブ＝ダグラス型なので、以下のような手順で簡単に求められます。

このような効用関数の場合、指数は何乗を示しているのではなく、その財への支払ったお金（支出額）の「割合」を示していると考えます。

つまり、$U = XY$ の場合は、$U = X^1 Y^1$ と書き換えれば、X 財と Y 財への支出額に占める割合は、1：1 の関係になっているということです。

$U = X^1 Y^1$ とおきます

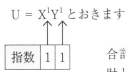

合計は 2 です。これは、所得 600 円を 2 として X 財と Y 財に 1：1 の割合でお金を支払う（支払額）ということです。

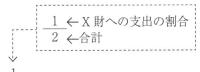

X 財の支出額の割合が $1 \rightarrow \dfrac{1}{2} \times 600 \qquad \div 60 \qquad = 5$

　　　　　　　　　　X財への支出額　　　1個の価格　　　X財の消費量

Y 財の支出額の割合が $1 \rightarrow \dfrac{1}{2} \times 600 \qquad \div 30 \qquad = 10$

　　　　　　　　　　Y財への支出額　　　1個の価格　　　Y財の消費量

以上のような方法でも求めることができます。

「微分して 0 になる」

効用を**最大**にするのですから、グラフ上では傾きが**ゼロ**になっているはずです。

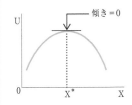

公務員試験のように、択一試験で答えだけ出せばよい場合は裏ワザをお勧めしますが、論文試験など記述で解答を求められた場合は、パターン①の加重限界効用均等の法則を使うほうが理論的だと思います。

●コブ＝ダグラス型でなければ、解答パターン③は使えません。

しかし、解答パターン②は何にでも使えて汎用性が高いものです。

ちょっと、図形を工夫してみましょう。

らくらく計算 需要の価格弾力性(計算のテクニック)

ここでは、需要の価格弾力性についての考え方を身につけます。そして、練習問題を解きながら解法のテクニックを覚えていきます。

練習問題

ある財の需要量をX、価格をPとすると、その財の需要関数が、X = 180 − 4Pで表されるとき、その財の需要量が100の場合の需要の価格弾力性はいくらになりますか。

1. 0.6
2. 0.8
3. 1.0
4. 1.2

（地方上級　改題）

考え方-1　価格弾力性の式をそのまま使った解法

需要の価格弾力性（e）は、価格が1%変化したとき、需要量が何%変化するかを示すツールです。したがって、以下の式で示されます。

$$\text{価格弾力性} = -\frac{\text{需要量の変化率}}{\text{価格の変化率}} = -\frac{\dfrac{\triangle X}{X}}{\dfrac{\triangle P}{P}}$$

●弾力性にマイナス（−）がついているのは、正値で表すための便宜的なものです。

この式を変形すると、

$$-\frac{\dfrac{\triangle X}{X}}{\dfrac{\triangle P}{P}} = -\frac{\triangle X}{\triangle P} \times \frac{P}{X} \text{となります。}$$

(1) まず、問題で与えられている需要量はX = 100なので、これを需要曲線 X = 180 − Pに代入してPを求めます。

X = 100、P = 20。

(2) 次に、$\dfrac{\triangle X}{\triangle P}$ は、価格が変化したときの需要量の変化なので、需要関数のPの前にある数字である − 4になります。

(1)、(2) を式の中にあてはめます。

$$= -\frac{\triangle X}{\triangle P} \times \frac{P}{X} = -(-4) \times \frac{20}{100} = 0.8$$

よって、正解は2になります。

考え方-2　図形を工夫した解法

考え方-1は基本的な式にしたがったものですが、やや複雑ですので、図形を使ったもっと楽な解法を紹介します。

プロセス -1

まず、問題で与えられた需要曲線
を描き、需要量が 100 のときの点を
アとします。

ア点において、図中の A、B、C、
D の長さを把握しておきましょう。

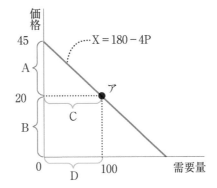

補足

まず、需要曲線の X
に 0 を代入して、需要
曲線が縦軸と交わる点
の高さ 45 を求めてお
きましょう。

プロセス -2

次に、需要の価格弾力性の式と図
を照らし合わせる作業を行います。

需要の価格弾力性

補足

本来の $\dfrac{\varDelta X}{\varDelta P}$ の意
味は、X を P で微分
した値になります。

まず、$-\dfrac{\varDelta X}{\varDelta P}$ の部分は、

図中では $\dfrac{C}{A}$ になります。

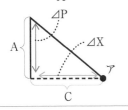

また、$\dfrac{P}{X}$ の部分は、単純に長さ
なので、図中では $\dfrac{B}{D}$ になります。

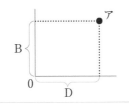

● $\varDelta X$ は X が変化し
た分で、$\varDelta$ のつかない
X は原点からの距離を
表しています。

プロセス -3

ここで需要の価格弾力性を図の長さに置き換えて、改めて式にすると、

$$-\frac{\varDelta X}{\varDelta P} \times \frac{P}{X} = \frac{C}{A} \times \frac{B}{D}$$

図より、C = D になりますから、

$$\frac{\cancel{C}}{A} \times \frac{B}{\cancel{D}} = \frac{B}{A}$$

このように、単純に $\dfrac{B}{A}$ で求めることが可能になるのです。

$$\frac{B}{A} = \frac{20}{45-20} = \frac{20}{25} = 0.8$$

練習問題

需要と供給が、次のように表されています。

$$D = 12 - P \qquad S = \frac{1}{3}P$$

市場均衡点での需要の価格弾力性はいくらになりますか。

1. $\dfrac{1}{3}$ 　　　 2. 1 　　 3. 3

（地方上級　改題）

■練習問題の解答と解説

図によって簡単に解いてみましょう。

まず、需要曲線と供給曲線の交点である市場均衡点を求めます。

$$12 - P = \frac{1}{3}P$$

$$P = 9$$

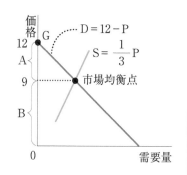

次に、需要曲線と縦軸の交点を求めます。これは、D = 0を代入すると、G点では12になります。ここで、A、Bのそれぞれの長さを求めます。

◆需要の価格弾力性

$$\frac{B}{A} = \frac{9}{12-9} = \frac{9}{3} = 3$$

よって、正解は3になります。

練習問題

ある財の市場の需要曲線が右下がりの直線として与えられているとき、この財の需要の価格弾力性に関する記述として最も適切なものはどれですか。

1. 需要曲線上のすべての点において弾力性は一定です。
2. 需要曲線上を右に移動するにつれ、弾力性は大きくなります。
3. 需要曲線上を右に移動するにつれ、弾力性は小さくなります。
4. 需要曲線上を右に移動するにつれ、弾力性はまず大きくなり、やがて小さくなります。

（中小企業診断士　改題）

■練習問題の解答と解説

文章問題に関しても、図による解法を用いて考え方を見つけられます。

需要の価格弾力性が $\dfrac{B}{A}$ として求められることから、ア点が中点にあるときの価格弾力性は1になります。また、ア点よりも上方に位置するイ点ではAよりもBのほうが長くなり、価格弾力性 $\dfrac{B}{A}$ は1よりも大きくなります。ウ点のように、Aのほうがゥより長いと、価格弾力性 $\dfrac{B}{A}$ は1よりも小さくなります。

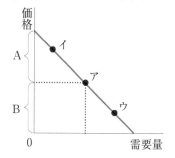

このように、需要曲線は中点よりも上方で価格弾力性（e）は1より大きく、下方で1より小さいという関係があります。したがって、需要曲線の右に移動するにつれ価格弾力性は小さくなるため、3が正解。

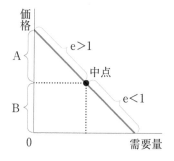

補足

「需要額」は「支出額」と同義です。

練習問題

　ある需要曲線上の任意の点における需要の価格弾力性についての記述で妥当なものはどれですか。ただし、需要曲線は右下がりの直線とします。

1.　需要の価格弾力性が1よりも小さい場合、財の価格が上昇すると需要額は増加します。

2.　需要の価格弾力性が1よりも大きい場合、財の価格が下落すると需要額は減少します。

3.　需要の価格弾力性が1よりも大きい場合、財の価格が上昇すると需要額は増加します。

4.　需要の価格弾力性が1の場合、需要量は価格の影響を受けないので、価格の上昇は需要額を増加させます。

（国税専門官　改題）

■練習問題の解答と解説

　価格弾力性の文章問題のもう1つの出題パターンとして、需要額との関連性を含めたものがあります。

プロセス-1

　需要額とは、実際に消費者が支払う代金のことですから、価格（P）×需要量になり、図中では面積によって示されることがわかります。

プロセス-2

　この面積を調べると1つの法則を見出すことができます。

(1)

　価格弾力性が、1よりも小さい領域（e＜1）では、価格が上昇すれば、面積（需要額）は増加します。

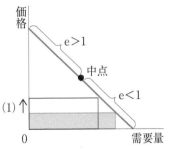

(2)

　価格弾力性が、1よりも大きい領域（e＞1）では、価格が上昇すれば、面積（需要額）は減少します。

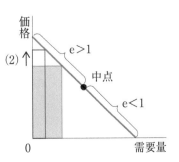

したがって、このような関係から1が正解だと判断できます。

Navigation

最適消費計画

効用水準　予算制約

効用最大の消費量の決定

　所得変化の効果

　価格変化の効果
　　　　代替効果
　　　　所得効果

需要曲線の導出
　↓ 応用
　価格弾力性

↓ 応用
労働供給量の決定

異時点間の消費理論

↓ 応用
無差別曲線の種類

今日は働こうかな？　それとも、遊ぼうかな？

Unit 05

消費者行動　応用論点（2）

労働供給量の決定

Unit05 のポイント

　この Unit では、今まで与えられてきた予算（所得）について考えていきます。

　消費者は、どのように労働を供給して所得を得ようとするのでしょうか？　この Unit では、その論点を明らかにしていきます。

難易度

B　難易度は高難度順に AA、A、B、C で表示。出題率は高出題率順に☆、◎、○、◇で表示。

資格試験別・予想出題率		
国家総合	◎
国家一般	○
地方上級	○
公認会計士	○
国税専門官	◎
外務専門職	○
中小企業診断士	◇
不動産鑑定士	◎

▶ 講義のはじめに

　ここまで学習してきた消費者行動の体系を、より明確にしていく作業を行っていくことになります。

　まず、最初に取り上げるテーマが「所得」です。財（モノ）を購入するためには、やはりお金が必要です。もちろん、アルバイトをしたり、社員として働いたりして、給与を得ることから始まります。

「日本人はとてもよく働く」と、欧米先進国の人は感心して言うらしいのですが、いくらたくさんお金を稼いでも、さすがに 24 時間働き続ける人はいないでしょう。

　そこで、いつものように A 子さんに登場してもらい、具体的にどのようにアルバイトをするのかを「経済学的思考」によって明らかにしていくことにします。

〈日常の事象〉

	経済学的思考
A 子さんは、夢を実現するために、アルバイトをしながら勉学に励んでいます。	1 日 24 時間を、労働を供給する時間（L）と、それ以外の時間に分けます。労働時間以外の時間は、睡眠時間も含めて「余暇」（LE）とします。
24 時間を計画的に考えてスケジュールを組み立てます。	
まず、アルバイトの時間をしっかりと決めていますが、時給が高くなればもう少し長く働いて、今後のために備えておきたいとも思っています。また、勉強と仕事だけではなく、友人と遊びに行ったり、旅行もしたりしてみたいと考えています。	「余暇」は上級財なので、多くの余暇を得たいと思いますが、たくさんの労働を供給することによって所得も得られるので、ジレンマが生まれます。消費者は余暇の時間と労働の時間を最適になるように選択しようとします。

変換する

用語

労働の供給（L）
Labor

余暇（LE）
Leisure

●上級財は所得が増えると消費量が増加する財です。

1. 予算制約線の導出

Key Point
労働供給量の決定における予算制約線は、
所得＝賃金率（時給）×労働時間で導出します。

　消費行動を議論したとき、A子さんにとっての制約は財布の中（予算）でしたが、この労働供給量（労働時間）のテーマでは、「**24時間**」という時間が制約条件になります。それでは、予算制約線を描いてみます。

情報

　試験では「24時間」という制限だけでなく、「365日」という形で出題されることもあります。

考え方のプロセス
プロセス -1

　まず、横軸に**余暇**（LE）を取り、縦軸に所得（Y）を用意します。

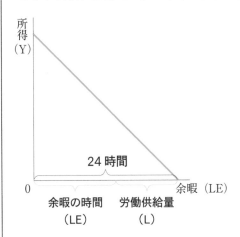

所得
（Y）

24 時間

0　　　　　　　　　　　　　　余暇（LE）

余暇の時間　　労働供給量
（LE）　　　　（L）

　ここで、1日のうち最大限の余暇時間を使っても24時間しかないという制限があります。

　そこで、24時間を余暇の時間と労働供給量（労働時間）に分けます。

プロセス -2

　次に、24時間の中から、労働供給量（労働時間）を決め、市場で与えられた**賃金率**（時給＝1時間あたりの賃金）によって所得を導出します。

つまり、予算制約式は、

$$Y = (24 - LE) \times W$$

所得　　　労働供給量　　　賃金率
　　　　　　　‖
　　　　　　　L

として表せます。

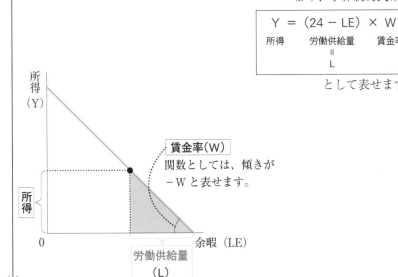

所得
（Y）

賃金率（W）
関数としては、傾きが
－Wと表せます。

所得

0　　　　　　　　　　　　余暇（LE）

労働供給量
（L）

補足

予算制約線の求め方（茂木式・攻略三角形）

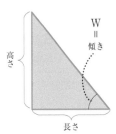

W
‖
傾き

高さ

長さ

長さ × 傾き ＝ 高さ
（ L × W ＝ Y ）
（労働供給量×賃金率＝所得）

プロセス -3

最後に、消費者は、所得と余暇による予算制約線の範囲内で最も高い水準の無差別曲線を選択することになります。

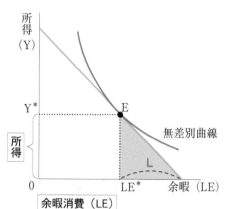

このE点において消費者は、最適な余暇の消費量（LE*）、そして、**労働供給量**（L）と所得（Y*）を決定します。

問題　最適労働供給量（択一式）

家計の効用が、所得Mと余暇hから得られるものとし、効用関数がU = hMで表されます。ここで1日24時間のうち、労働時間とLとし、残りを睡眠時間も含めて余暇時間hとします。このとき、賃金が1時間当たり600円とすると、1日の最適な労働時間における賃金はいくらになりますか。

1.　3,200 円
2.　4,800 円
3.　5,200 円
4.　6,500 円
5.　7,200 円

（国家Ⅱ種　改題）

■問題の解答・解説

最初に予算制約式をつくります。

所得（M）	＝	労働時間	×	1時間当たりの賃金
高さ	＝	長さ	×	傾き

労働時間Lは、24時間から余暇時間hを引いた（24 − h）になります。

ここで導出された予算制約式
　M = 600 × （24 − h）
を効用関数に代入して、微分して0とおきます。

効用関数がU = hMなので、

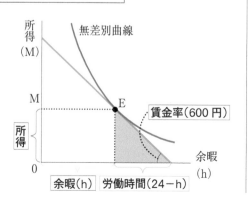

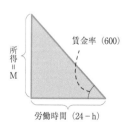

M =（24 − h）× 600
高さ＝長さ×傾き

予算制約式を代入して、

$$U = h \times 600 \times (24 - h)$$
$$= 14{,}400\,h - 600\,h^2$$

$U' = 0$ より、

$$(14{,}400\,h - 600\,h^2)' = 14{,}400 \times 1 \times h^{1-1} - 600 \times 2 \times h^{2-1}$$
$$= 14{,}400 - 1{,}200\,h = 0 \text{ から、} h = 12。$$

余暇の時間は 12 時間なので、予算制約式に代入して、

$$M = 600 \times (24 - 12) = 7{,}200 \text{ 円} \qquad 正解は 5 の 7{,}200 円。$$

2. 賃金率（時給）の変化

Key Point

賃金が上がるということは、余暇の価格が上がるということです。

労働供給量の均衡点は、消費者理論の議論と同じように、価格が変化をしたときに均衡点も変化します。

では、この労働供給の議論の中で、「価格」がどのように用いられるか考えてみます。**賃金率**（時給）は、余暇を 1 時間余計に増加させることによって失う所得分です。このことから、賃金率（時給）は余暇の価格と言ってもよいわけです。

つまり、賃金率（時給）が変化したときの効果を説明する場合、**余暇の価格**が変化した場合と置き換えて説明をすることが可能になります。

それでは、早速、賃金率（時給）変化の効果をプロセスにしたがって、説明していきます。

考え方のプロセス

プロセス -1

予算制約線の傾きは賃金率なので、賃金率が上昇すると、予算制約線の傾きが大きくなります。

プロセス -2（代替効果）

余暇を削って働くわけですから、賃金率（時給）の上昇は、余暇の価格が上昇していることになります。そうなると、労働時間を増やそうとするので、均衡点は E から F へシフトします。

この効果は代替効果であり、代替効果は効用水準を一定として、同じ無差別曲線上で余暇を減らして労働時間を増やそうとします。

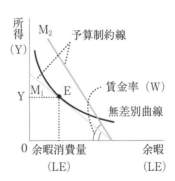

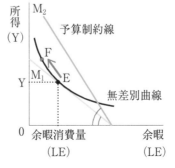

プロセス-3（所得効果）

代替効果によって、F点が実現すると、F点を通る仮の予算制約線を引きます。これは、賃金率上昇後の予算制約線に平行になるようにします。

そして、賃金率上昇が所得の上昇でもあるので、ここで所得効果を示すことが可能になるのです。

余暇は上級財なので、所得の上昇は余暇の消費量を上昇させます。

これが、F点からE′点への動きになります。

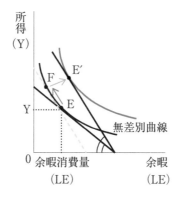

所得効果は、作図上では予算制約線の「平行」シフトです。
（Unit02参照）

プロセス-4（全部効果）

最後に、賃金率の上昇に伴う均衡点の変化を代替効果と所得効果を足し合わせた全部効果で確認します。

賃金率の上昇は、必ず余暇を減少させるように代替効果で移動しますが、所得効果では上級財である余暇を増加させるように動きます。

したがって、代替効果の矢印の向きと所得効果の矢印の向きは逆方向を示すことになります。

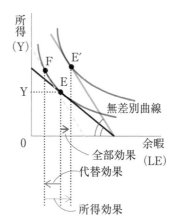

プロセス-4のグラフ上での結論として、賃金が上昇しているにもかかわらず、全部効果で余暇時間を増加させ、労働時間を減少させています。

例えば、時給が800円から1,000円になれば代替効果のほうが大きく、労働時間を増やしますが、時給が1万円から2万円になった場合、代替効果では労働時間を増やそうとしますが、所得効果では余暇時間を増やそうとするはずです（それだけお金があれば、もっと遊びたい？）。

したがって、高所得者層ほど所得効果が大きく、賃金の上昇が余暇時間の増加を促す傾向があります。

ここで分析を行ったグラフは、所得効果による余暇の増加が代替効果による余暇の減少を上回っているために、賃金率の上昇は全部効果として余暇を増加させています。

しかし、代替効果が所得効果を上回れば余暇を減らし、労働時間を増やすものと考えられます。

したがって、一定の法則を示した場合、

代替効果の絶対値＞所得効果の絶対値　ならば、労働時間を増やす
代替効果の絶対値＜所得効果の絶対値　ならば、労働時間を減らす

という結論が出ます。

絶対値をつけるのは、矢印の向きが逆になっているためです。ここでは、単に効果の大きさのみに着目します。

●労働供給曲線に関しては143ページ参照。

問題　労働供給における代替効果・所得効果（択一式）

　右下図において、ある労働者がA点における余暇と所得による効用最大化を決定していたとします。ここで賃金率が上がった場合の変化について、正しい記述はどれですか。

1. 存在するのは所得効果のみになります。
2. 代替効果は所得効果よりも大きくなります。
3. 所得効果は代替効果よりも大きくなります。
4. 所得効果も代替効果も存在しません。

（地方上級　改題）

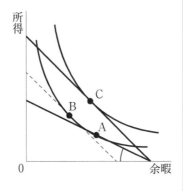

■問題の解答・解説

　代替効果と所得効果の問題の応用形ですが、考え方は最適消費量における価格変化の効果と同じです。

プロセス-1　代替効果

①賃金率の上昇は予算制約線の傾きの上昇を示します。
②そこで、労働者は賃金が上がった分、余暇を減らして労働供給量を増やそうとします。
③まず、最初に代替効果として、効用水準を一定に、同一の無差別曲線上をA点からB点へ余暇を減らして、労働供給量を増やすように働きます。

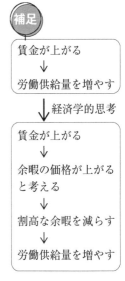

賃金率の上昇は予算制約線の傾きの上昇です

余暇の減少
労働供給量の増加

プロセス-2　所得効果

①所得効果を見るうえで、B点において変化後の予算制約線に平行になるように水平線（図の点線）が記入されています。これは、B点からC点への変更が予算制約線の平行移動である所得効果を観察するために必要になります。
②所得効果では、余暇を増加させ、労働供給量を減少させています。

　2つの効果を比べると、代替効果（A→B）のほうが所得効果（B→C）より大きくなっていることがわかります。
　したがって、2が正解になります。

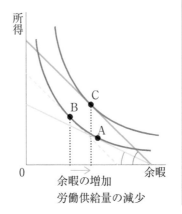

余暇の増加
労働供給量の減少

補足

賃金が上がる
↓
労働供給量を増やす

経済学的思考

賃金が上がる
↓
余暇の価格が上がると考える
↓
割高な余暇を減らす
↓
労働供給量を増やす

豆は、今そのまま食べるか？ 来年収穫のための種として使うか？

Navigation

最適消費計画

効用水準 予算制約

↓

効用最大の消費量の決定
↓ 所得変化の効果
価格変化の効果
　　　代替効果
　　　所得効果
需要曲線の導出
↓ 応用
価格弾力性
↓ 応用
労働供給量の決定
異時点間の消費理論
↓ 応用
無差別曲線の種類

Unit 06　消費者行動　応用論点（3）
異時点間の消費理論

Unit06 のポイント

　消費者理論の中で、ここまでの議論は、持っているお金を一度に全部使い切っていました。

　今度は、この消費が 2 期間（今期と来期）にまたがった場合、消費行動はどのように変化するのかを見ていきます。

難易度

A

難易度は高難度順に AA、A、B、C で表示。
出題率は高出題率順に ☆、◎、○、◇で表示。

資格試験別・予想出題率	
国家総合	☆
国家一般	○
地方上級	○
公認会計士	◎
国税専門官	◎
外務専門職	◎
中小企業診断士	◇
不動産鑑定士	☆

▶ 講義のはじめに

　この Unit では、「貯蓄」という概念について考えていきます。

　例えば、現在の消費をあきらめて、その分を貯蓄すると、それが将来の所得として増加し、かつ将来の消費を拡大させることができると考えられます。このような消費理論を「**異時点間における消費理論**」と言います。

　では、異時点間の消費理論を具体的に説明するために、A 子さんには無人島に行ってもらいましょう。

●異時点間は、異なった時点における」と読んでください。

　例えば、「今期」と「来期」や「現在」と「将来」などで区別します。

無人島でのシナリオ

（仮定）

　A 子さんの今年（現在）と来年（将来）だけの 2 期間だけの消費行動について分析を行います。

　A 子さんが持っている財は、枝豆だけです（かわいそう？）。

　また、貨幣は存在していないものとします。

（分析）

　A 子さんは、持ってる財である枝豆を今食べてもいいし、種として使うことも可能です。この種として使うことを**貯蓄**と言います。

　そして、種として使えば、将来はもっと多くの枝豆の収穫が可能になり収益を得ます。

　この収益率を**利子率**と言います。

（結論）

　A 子さんは、今期は枝豆を全部は食べないで、余った分を種として使い、来期はたくさん実った枝豆を食べることができそうです。

　それでは、このような A 子さんのライフスタイル（？）を経済学的思考で分析していきましょう。

1. 効用最大化行動

Key Point

異時点間の消費理論における予算制約線は、

$$C_1 + \frac{C_2}{1+r} = Y_1 + \frac{Y_2}{1+r}$$ になります。

異時点間の消費理論とは、2期間（今期と来期）における消費理論です。ここでの最大のポイントは、予算制約線をどのようにつくるかです。

まず、今期の消費を C_1、来期の消費を C_2、今期の所得を Y_1、来期の所得を Y_2 とします。

利子率（r）は、ミクロ経済学でもマクロ経済学でも「時間」という要素が含まれています。

考え方のプロセス

プロセス-1

この消費者が今期だけの消費を行う場合、A点まで消費をすることが可能です。

しかし、この消費者が今期の消費をあきらめたとします。つまり、B点まで消費を行って、AB間は**貯蓄**するとします（原点からA点までの長さは、今期の所得になります）。

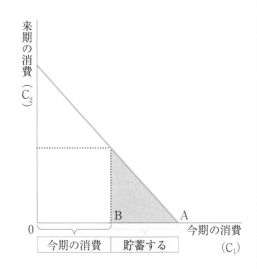

貯蓄は今期の消費をあきらめ、来期の「種」として使うことです。

来期に多くの消費ができるということは「種が実った」と考えます。その倍率が利子率なのです。

プロセス-2

AB間の今期の貯蓄分は、予算制約線の傾きの $(1 + r)$ を掛けた大きさが来期の消費として可能になります。

ここでrは**利子率**と呼ばれます。

例えば、r（利子率）が20%ならば0.2になりますので、貯蓄した分に $(1 + r) = (1 + 0.2) = 1.2$ 倍の大きさで来期の消費が可能になります。

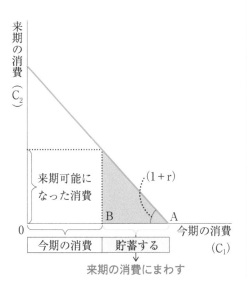

予算制約線の求め方（茂木式・攻略三角形）

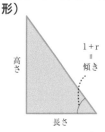

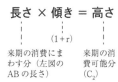

長さ × 傾き = 高さ

	(1+r)	
来期の消費にまわす分（左図のABの長さ）		来期の消費可能分（C₂）

プロセス -3

　このプロセスを計算式で表してみます。今期の消費は、今期の所得で可能ですが、その一部を貯蓄したとします。

　今期の消費：$C_1 = Y_1$（今期の所得）$- S$（貯蓄）…①

　次に、来期の消費 C_2 は来期の所得 Y_2 と今期の貯蓄に $1 + r$（利子率）を掛けた分になります。

　来期の消費：$C_2 = Y_2 + (1 + r) \times S$…②

　①の式を変形して $S = Y_1 - C_1$ とし、②の式の S に代入すると、予算制約式

$$C_1 + \frac{C_2}{1 + r} = Y_1 + \frac{Y_2}{1 + r}$$ が導出されます。

プロセス -4

　次に、最適消費点 E 点はこの予算制約線上で均衡するわけですが、均衡点の場所は個人差があります。

（借り入れ主体の個人）

　右図のような均衡点を持つ個人は、借り入れ主体であることがわかります。

　なぜなら、今期の所得（Y_1）以上の今期の消費（C_1^*）をしてしまっているからです。このような場合では、マイナスの貯蓄が発生してしまうので、来期の消費を減少させてしまう結果になります。

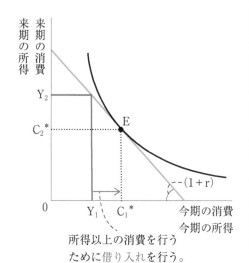

所得以上の消費を行う
ために借り入れを行う。

（貯蓄主体の個人）

　右図のような均衡点を持つ個人は、貯蓄主体であることがわかります。

　なぜなら、今期は今期の所得（Y_1）以下の消費（C_1^*）をすることにより、貯蓄が生まれ、来期は所得（Y_2）以上の消費を可能にするからです。

　このように同じ予算制約線上でも、個人によって均衡点が異なるのが、異時点間の最適消費計画の特徴です。

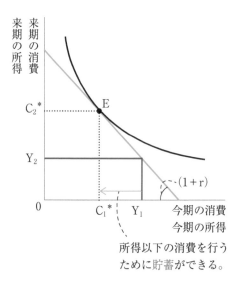

所得以下の消費を行う
ために貯蓄ができる。

補足

　プロセス -1、プロセス -2 では、今期中に得られる所得を 2 期間に分けています。しかし、プロセス -3 以降は来期にも所得が得られることを前提にします。

情報

　プロセス -3 の予算制約式は、計算問題を解く場合、ツールとしては使いにくいので、茂木式・攻略三角形を使った変形型を次ページで紹介しています。

●マイナスの貯蓄とは今期に借り入れを行うことです。

問題　異時点間の消費理論（択一式）

　今期に100万円の収入があり、来期132万円の収入がある個人がいます。この個人は金融機関から20%の利子率で貯蓄や借り入れができます。この個人の効用関数が$U = C_1 C_2$（C_1：今期の消費、C_2：来期の消費）で表される場合、この個人は、いくらの貯蓄または借り入れを行いますか。ただし、異時点間の予算制約式は一般に、

$$C_1 + \frac{1}{1 + r} C_2 = Y_1 + \frac{1}{1 + r} Y_2$$

で示されます。

Y_1：今期の所得
Y_2：来期の所得
r　：利子率

1. 5万円貯蓄します
2. 10万円貯蓄します
3. 貯蓄も借り入れも行いません
4. 5万円借り入れます

（地方上級　改題）

■問題の解答・解説

　難問ですが、プロセスにしたがって確実に解きましょう。最初に、問題文の予算制約式は難しいので、攻略三角形を使って簡単にします。

プロセス -1

　来期の消費（C_2）から予算制約線を導出します（問題文の予算制約式の変形版です）。

```
来期の消費      利子率          今期の貯蓄    来期の所得
   C₂    =   (1 + r)  ×  (Y₁ − C₁)  +  Y₂
 高さ =     傾き    ×     長さ
```

$$C_2 = (1 + r) \times (Y_1 - C_1) + Y_2$$

高さ＝　傾き　×　長さ

今期の貯蓄分に利子率を掛けた分だけ、来期の消費を増加させます。

来期の所得で、来期の消費は可能なので足されます。

プロセス -2

　ここで導出した予算制約式に問題の数値を代入します（単位の万円は省略）。

$$C_2 = 1.2 \times (100 - C_1) + 132$$

　これを整理すると、$C_2 = 252 - 1.2C_1$

これが予算制約式になります。

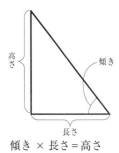

プロセス -3

　最適消費量の計算は3つのパターンがありますが、ここでは「微分してゼロとおく法」を使います。

　予算制約式 $C_2 = 252 - 1.2C_1$ を効用関数 $U = C_1 C_2$ に代入します。

$$U = C_1 (252 - 1.2C_1)$$

$U = 252C_1 - 1.2C_1^2$　これを微分してゼロとおきます。

$U' = 252 \times 1 \times C_1^{1-1} - 1.2 \times 2 \times C_1^{2-1} = 252 - 2.4C_1 = 0$

$2.4C_1 = 252$ より、$C_1 = 105$（万円）となります。

　これは、今期100万円の所得しかないのに、105万円を消費することから、5万円の借り入れを行うことになります。正解は4になります。

補足

茂木式・攻略三角形

傾き × 長さ＝高さ

補足

　今期の貯蓄は、「今期の所得 − 今期の消費」で表されます。

●問題文の予算制約式を展開するよりも、攻略三角形を使ったほうが簡単に解けます。

●計算方法は、82ページの「最適消費量の計算」参照。

Navigation

最適消費計画

効用水準　　予算制約

効用最大の消費量の決定
↓
所得変化の効果

価格変化の効果
　　　　代替効果
　　　　所得効果

需要曲線の導出
↓応用
価格弾力性
↓応用
労働供給量の決定

異時点間の消費理論
↓応用

無差別曲線の種類

もらっても嬉しくない場合もある。

Unit 07 消費者行動　応用論点（4）
無差別曲線の種類

Unit07 のポイント

これまでは右下がりで原点に対して凸型の無差別曲線だけを扱ってきましたが、それ以外の無差別曲線についても考えます。

難易度 **B** 難易度は高難度順に AA、A、B、C で表示。
出題率は高出題率順に☆、◎、○、◇で表示。

資格試験別・予想出題率	
国家総合	☆
国家一般	○
地方上級	◇
公認会計士	☆
国税専門官	○
外務専門職	☆
中小企業診断士	◎
不動産鑑定士	☆

▶ 講義のはじめに

さて、これまでの右下がりで原点に対し凸型の無差別曲線は、仮定として 2 種類の財を消費することによって効用が高くなるという性質が存在していました。

しかし、財の種類は千差万別であり、普段の生活の中でも、もらっても嬉しくない財があるように無差別曲線も財に応じて種類があると考えられます。ここでは、代表的な 8 種類の無差別曲線を取り上げます。

1. 右下がりで原点に対して凸型

Key Point
2 財が代替関係にある場合、無差別曲線は右下がりになります。

右下がりで原点に対して**凸型**の無差別曲線は、X 財と Y 財が**代替関係**にあると考えられます。例えば、ごはんとパンの関係のように、ごはんの消費量が少なくなれば、その分パンを消費することによって、効用水準を一定に保つことが可能になります。

したがって、A、B 点は財の組み合わせは異なりますが、同じ効用水準を示します。

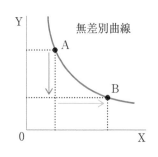

2. 右下がりの直線

Key Point
2 財が完全代替にある場合、無差別曲線は右下がりの直線です。

無差別曲線が右下がりの直線の場合、X 財と Y 財の関係は**完全代替**にあると考えられます。

例えば、X 財と Y 財が 100 円玉と 50 円玉の関係にあった場合、常に交換比率（限界代替率）は一定であり、グラフの形状は直線になるのです。

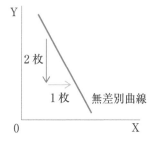

●50 円玉 2 枚と 100 円玉 1 枚の交換比率は不変です。

3. 右上がり

Key Point

一方の財が bads の場合、無差別曲線は右上がりになります。

財を消費して効用を得るということは「もらって嬉しいモノ」です。しかし、財の中には、もらっても嬉しくない、不効用を得るモノもあります。**効用**を得るものを **goods**、**不効用**を得るものを **bads** と名づけます。

例えば、無差別曲線上の A 点で、X 財の bads である騒音を得たとします。この場合、Y 財の goods である大好きなミュージシャンの音楽を聞くことによって、効用水準を一定に保つことが可能になります。

このような両財の関係を作図すると右上がりの無差別曲線になります。

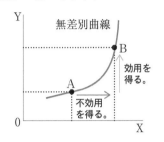

> ### 問題 右上がりの無差別曲線 （記述式）
>
> 消費者が資産を購入する際、資産の持つ 2 つの性質である収益（リターン）と危険の度合い（リスク）をふまえて無差別曲線を導出してください。ただし、この消費者は危険回避者とします。
>
> （不動産鑑定士 改題）

■問題の解答・解説

危険回避者は株式や債券などの資産購入に関して、危険の度合い（リスク）が高くなると、より高い収益率（リターン）を要求することになります。

したがって、A 点と B 点は無差別であり、無差別曲線は右上がりになります。

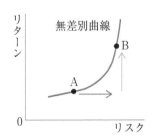

4. 横軸に水平

Key Point

横軸の示す財に全く無関心の場合、無差別曲線は横軸に水平になります。

横軸に**水平な無差別曲線**は、横軸の X 財に全く興味を持っていない場合に描かれます。例えば、X 財を紅茶、Y 財をコーヒーとした場合、紅茶に無関心な場合はいくら数量が増大しても無差別曲線は変化しないことになります。つまり、効用水準には何も影響を与えないということです。

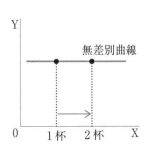

5. 横軸に垂直

Key Point
縦軸の示す財にまったく無関心の場合、無差別曲線は横軸に垂直です。

横軸に**垂直な無差別曲線**は、縦軸の財にまったく興味がないことを示します。

例えば、X財をショートケーキ、Y財をモンブランにした場合、モンブランに興味がない人は1個食べても、2個食べても効用は上がらず、無差別曲線は現状のままになります。

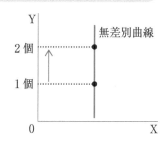

6. L字型

Key Point
2財が補完関係にある場合、無差別曲線はL字型になります。

L字型の無差別曲線はX財とY財が**補完関係**にある場合を示します。

補完関係とは、例えばX財が右手の手袋でY財が左手の手袋のような場合です。2つ同時にそろって初めて有用となるものです。また、同数なければならないので、Y財が1個しかない場合、X財が2個あっても1個は役に立たないので効用水準は上がらず、Y財も同数あって初めて効用水準を上げることが可能になります。

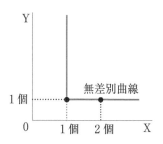

補足

L字型の無差別曲線は同数揃えば、上方へシフトできます。

7. 原点に対して凹型

Key Point
2財を同時に消費するより、1財のみに偏って消費を好む場合の無差別曲線は原点に対して凹の形状になります。

原点に対して**凹型**の無差別曲線は、X財とY財を同時に消費するよりも、どちらか片方の財のみの消費を好む場合が考えられます。

例えば、A点は無差別曲線と予算制約線が接していますが、実は原点に対して凹の形状の場合、A点が最適消費点にはならず、さらにより高い効用の実現が可能になります。

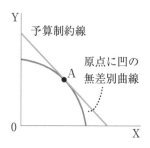

同じ予算制約の中で、B 点を選択することによって、より原点から遠い無差別曲線を選択することが可能になります。しかし、B 点では Y 財のみの消費です。凹型の無差別曲線は X 財または Y 財の一種類の財のみの選好となります。また、無差別曲線が凹型では限界代替率は**逓増**します。

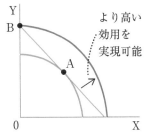

より高い効用を実現可能

補足

限界代替率は無差別曲線の傾きです。

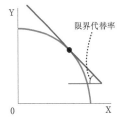

凹型の無差別曲線では、X 財の消費量が増えるほど、無差別曲線の傾きは大きくなることから、限界代替率は逓増する特徴があります。

8. 円形

Key Point
円形の無差別曲線に飽和点が存在します。

円形の無差別曲線の特徴は、円の中心である A 点が飽和点を示します。

例えば、X 財をようかん、Y 財を大福だとします。どんなに甘いものが大好物の人でもやはり限界があります。この限界が飽和点（A 点）として示され、それを超えると効用が減少してしまう傾向があります。

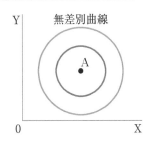

無差別曲線

問題 無差別曲線の種類（択一式）

無差別曲線の形状について、妥当なものはどれですか。

1. 縦軸に心地よいクラシックの音色をとり、横軸に工事現場の騒音をとったときに、クラシック・ファンの A 子さんの無差別曲線は横軸に水平になります。
2. 冷蔵庫にビールと発泡酒を入れている B さんは、毎日交互に飲むのが習慣なので無差別曲線は L 字型になります。
3. 縦軸に紅茶、横軸にコーヒーをとったとき、コーヒーにしか興味を示さない C 子さんの無差別曲線は横軸に垂直になります。
4. 無差別曲線が右下がりの場合、常に限界代替率は逓減します。
5. ボルトとナットのように、同数あってはじめて役に立つような財を代替関係にあると言います。

（地方上級 改題）

■問題の解答・解説

1. クラシックが goods、騒音が bads なので、無差別曲線は右上がり。
2. L 字型の無差別曲線は、右の靴と左の靴のように同数あって役立つ補完関係にある場合です。
3. C 子さんは紅茶をいくら飲んでも効用が高くなりません。
4. 無差別曲線は右下がりでも直線の場合や原点に対して凹型の場合があり、常に限界代替率が逓減するとは限りません。
5. ボルトとナットのような関係を補完関係といいます。

したがって、正解は 3 になります。

らくらく計算 効用関数がコブ＝ダグラス型なら裏ワザの応用可能！

83ページでは、問題文で与えられた効用関数がコブ＝ダグラス型であれば裏ワザを使って簡単に解くことが可能であることを紹介しました。ここでは、その裏ワザが異時点間消費理論にも応用可能であることを紹介します。

●裏ワザはコブ＝ダグラス型の効用関数であれば、異時点間消費理論以外にも労働供給の問題などにも使うことができます。

練習問題

効用関数が以下のように示される家計の2期間モデル（第1期、第2期）を考えます。

$$U = C_1^{0.7} C_2^{0.3}$$

家計は第1期にのみ所得100を与えられ、第1期、第2期における消費 C_1, C_2 に支出します。また、家計は第1期に貯蓄をおこない、その利子率は $r = 0.5$（50%）です。

このとき、家計の効用を最大化する第2期における消費 C_2 はいくらですか。

1. 30　　2. 45　　3. 50　　4. 70　　5. 75

（国家総合職　改題）

異時点間消費の問題について、裏ワザを使ってみます。

プロセス-1 茂木式攻略三角形で予算制約式をつくります

横軸に第1期の消費 C_1、縦軸に第2期の消費 C_2 を用意します。第1期の所得が100でそのお金をすべて第1期の消費に充てるとA点まで消費することが可能です。しかし、すべてを使わないでBの長さだけ消費 C_1 に充てると、その差額である $100 - C_1$ の長さの貯蓄が可能になります。

この長さ（$100 - C_1$）に傾き（1＋利子率）を掛け算したものが高さ（来期の消費）になります。このプロセスを予算制約式にします。

●茂木式攻略三角形

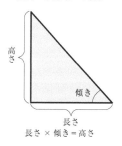

高さ
傾き
長さ
長さ × 傾き＝高さ

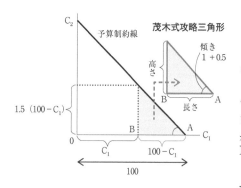

長さ	×	傾き	＝	高さ
↓		↓		↓
貯蓄		利子率		第2期の消費
↓		↓		↓
$(100 - C_1)$	×	$(1 + 0.5)$	＝	C_2

この式を整理して予算制約式にします。

カッコをはずして、整理します。
$$1.5 (100 - C_1) = C_2$$
↓
予算制約式の完成
$$1.5C_1 + C_2 = 150$$

●理論的には正しいとは言えませんが、択一試験のように計算して答えだけ求めれば良い場合には短時間で解答できる有用な手段になります。

プロセス-2 異時点間理論なのに、あたかも通常の財のように計算します

予算制約式は今期の消費を一部諦めて貯蓄にまわせば第2期には1.5倍の消費が可能になるという意味になっていますが、この裏ワザを使うにあたっては、あたかも最初に学習したように一般的な2種類の財（第1財と第2財）と見なして計算をします。

つまり、第1財は1.5円のものを C_1 個購入し、第2財は1円のものを C_2 個購入して、その合計の支出額が150だったと想定します。

> **異時点間消費理論における予算制約式**
> $$1.5C_1 + C_2 = 150$$

↓

まるで通常の消費財の計算のように考えてしまいます。

> **一般的な消費財の予算制約式**
> $1.5C_1 + C_2 = 150$ ·········> 1.5円 × C_1 個 + 1円 × C_2 個 = 150
> 第1財　第2財　支出額　このようにイメージします

プロセス-3 肩の数字が小数でも比率さえわかればラクラク計算

最後に、裏ワザを使って問題の第2期における消費 C_2 を求めます。

①まず、効用関数の肩の数字を確認します。すると、支出額の配分が $0.7 : 0.3$ の割合だとわかります。比率なので、「7:3」と置き換えた方がわかりやすいでしょう。

②支出額全体を $7 + 3 = 10$ として、そのうち「7」を第1期における消費 C_1 に、「3」を第2期における消費 C_2 に使われることになります。

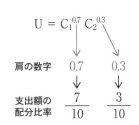

$$U = C_1^{0.7} C_2^{0.3}$$

	肩の数字	0.7	0.3
		↓	↓
	支出額の配分比率	$\dfrac{7}{10}$	$\dfrac{3}{10}$

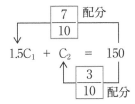

$$1.5C_1 + C_2 = 150$$

支出額の配分
（それぞれの財にいくら支払われるか？）

支出額（150）を2種類の財に、肩の数字の比率で配分していきます。

③第1期の消費には、$150 × \dfrac{7}{10} = 105$ が支出されます。

通常の財のように消費は、1個の価格×消費量なので、
1.5円 × C_1 個 = 105 と考えます。そして消費量 $C_1 = 105 ÷ 1.5 = 70$ を求めます。
$C_1 = 70$ です。

④また、第2期の消費には、$150 × \dfrac{3}{10} = 45$ が支出されます。

考え方は③と同じです。1円 × C_2 個 = 45 となるので、$C_2 = 45 ÷ 1 = 45$。
$C_2 = 45$ です。
以上より、2が正解です。

情報

コブ=ダグラス型の関数で与えられた問題は、国家公務員試験では頻出なので、ストップウォッチを片手に何分でできるか？　試験会場で解くことをイメージして練習をしておきましょう。

生産者行動

生産者について個別論点を学習し、
供給曲線を導出します。

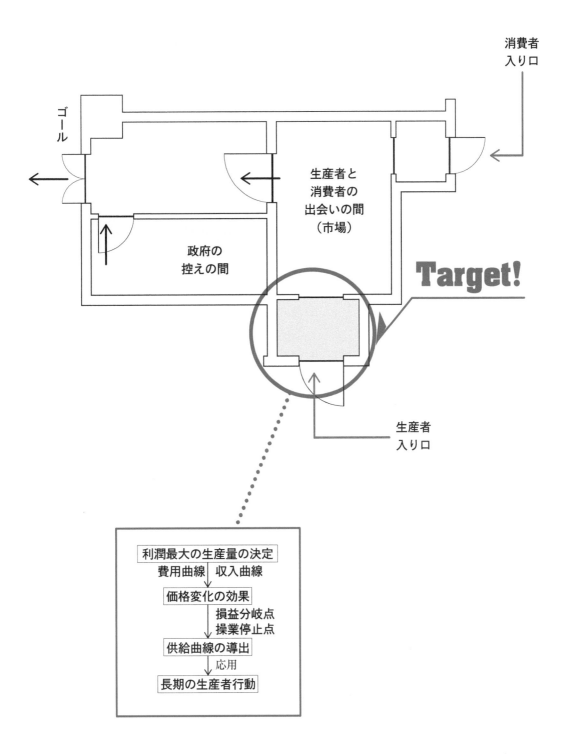

消費者
入り口

ゴール

生産者と
消費者の
出会いの間
（市場）

政府の
控えの間

Target!

生産者
入り口

利潤最大の生産量の決定
費用曲線 収入曲線
価格変化の効果
損益分岐点
操業停止点
供給曲線の導出
応用
長期の生産者行動

いくらつくれば儲かるのか？

Unit 08

生産者行動
利潤最大化計画

Navigation

利潤最大の生産量の決定
費用曲線　収入曲線

価格変化の効果
損益分岐点
操業停止点

供給曲線の導出
応用

長期の生産者行動

Unit 08 のポイント

　第 2 章では、ミクロ経済学において、もう 1 つの入り口から入る生産者について取り上げていきます。

　生産者はどのような行動をとり、何を決定するのかが、この Unit での論点になります。

難易度	難易度は高難度順に AA、A、B、C、で表示。出題率は高出題率順に ☆、◎、○、◇で表示。
C	

資格試験別・予想出題率	国家総合	◎
	国家一般	◎
	地方上級	◎
	公認会計士	◎
	国税専門官	◎
	外務専門職	○
	中小企業診断士	☆
	不動産鑑定士	○

▶ **講義のはじめに**

　第 2 章から、消費者に代わって、生産者の行動について見ていきます。

　世の中には様々な生産者（企業）が存在しています。もちろん、目的や生産している財（モノ）も異なります。

　そこで、経済学では分析を容易にするために、一般的な生産者（企業）の行動を経済学的思考に変換していきます。

〈現実の状況〉

　ここでは、外食産業の企業とします。

　この企業は、お客様の要望にあった様々なメニューを用意しようと研究しています。

　また、各地にある店舗や事業所では、本社から毎日のように「売上目標達成」と「コスト削減」の指令を受けていて、日夜、努力を続けています。

変換

経済学的思考

(1) まず、財の種類がたくさんあると分析が困難になります。

　ここでは 1 種類の財のみを生産していると仮定します。

(2) また、各企業の目的も分析を困難にさせますので、ミクロ経済学では、企業の目的は「利潤の最大化」のみとします。

利潤	総費用

総収入（売上）

　上の図からもわかるように、企業の利潤は、

利潤＝総収入－総費用

として算出されます。

用語

生産者（企業）

　ミクロ経済学上の生産者（企業）は、財（モノやサービス）を供給する存在であり、それは経営者であっても、会社単位でもよいのです。結局は生産を行う単位のことなのです。

1.「利潤」とは何だろう？

「**利潤**」とは、総収入から総費用を引いたものになります。一般的には利益＝収入－費用という算式を思い浮かべます。

経済学では、「生産者の利潤はゼロになって均衡する」という言葉を使います。経済学でいう利潤がゼロの状態とは、一般社会でいう正常な利益は出ている状況です。そこで、この話を議論するうえで重要なテーマとして、「**機会費用**」という概念が必要になります。この機会費用とは、「もし、他の事をやっていたら得られたであろう利益」のことです。

考え方のプロセス
プロセス-1

例えば、A子さんがアルバイトをやめて予備校に通ったとします。そこで支払う授業料がA子さんにとっての費用になるわけですが、経済学ではA子さんが予備校に通うことによって失われる「仕事をする機会」もお金に換算して費用として計上しなければなりません。

したがって、A子さんが半年間仕事を休んで勉強する場合、そのために犠牲にした半年分の給与（仮に1カ月20万円として、20万円×6カ月＝120万円）を費用（＝機会費用）に足し合わせます。

●経済学上の費用には、機会費用が加算されるので会計上の費用とは異なります。

このように、経済学における費用には機会費用が含まれているので「利潤ゼロ」といっても、一般的にいわれる利益は存在しています。

プロセス-2

なぜ経済学ではこのような概念を使う必要があるのでしょう？

例えば、あるパソコン企業の利潤がゼロだとします。その意味は、このパソコン企業が他の産業を行っていたとしても、同じだけの儲けしか得られなかったということです（利益＝機会費用）。

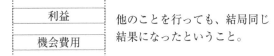

他のことを行っても、結局同じ結果になったということ。

しかし、もし利潤が得られたとしましょう。これは、他の産業を行うより、パソコンの産業のほうが利益が大きいということです。

このような状況になれば、当然、他の産業からも利潤を求めてパソコン産業へ参入することを示唆するのです。

事例

優れたヒット商品をつくって、大きな利潤を獲得しても、やがて、その産業に他社も参入してきます。その結果、供給量の拡大に伴って、正常な利益しか上げられなくなってしまいます。
〈例〉
ノート・パソコン、携帯電話など

2. 費用をグラフにする

　それでは、1種類の財のみを生産するという仮定のもと、費用曲線について説明していきます。費用曲線とは、この財を生産するために必要な費用と生産量（Q）を表した関数です。この費用曲線は、固定費用と可変費用とに分解できます。

利潤 ＝ 総収入 － 総費用

分解する。

固定費用（FC）

　費用の中で固定的な要素にかかる費用です。

　例えば、生産を行うために借りている土地代や建物代になります。

　これらは、常に一定額発生する固定費用になります。

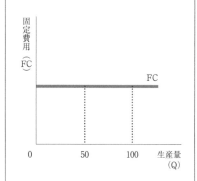

（グラフ上では、生産量が50でも100でも費用は一定）

可変費用（VC）

　費用の中で可変的な要素にかかる費用です。

　例えば、生産者にとって労働者への支払いは、生産量に応じて異なってきます。

　グラフでは可変費用は下図のように逆S字型で描かれます。

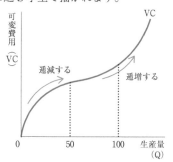

（グラフ上では、生産量が50と100では費用は異なっています）

総費用（TC）は、固定費用（FC）と可変費用（VC）から構成されています。

総費用（TC）＝ 固定費用（FC）＋ 可変費用（VC）

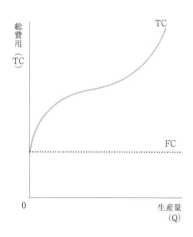

　固定費用（FC）は、生産量がゼロでも発生する費用です。

　そのため、まず、この固定費用分の費用を横軸に対して水平に取ります。

　その固定費用（FC）の上に可変費用（VC）曲線を乗せると、

　固定費用（FC）＋可変費用（VC）＝総費用（TC）

のグラフが描けます。

用語

固定費用（FC）
Fixed Cost

可変費用（VC）
Variable Cost

補足

　なぜ、**可変費用曲線は逆S字型**になるのか？

　これは、生産量が増加するにつれて、生産要素を追加的に投入することによって、企業の分業化、専門化が進み、コスト削減に貢献するので、費用が逓減していきます。

　しかし、ある水準を超えると、いくら生産要素を投入しても生産自体には貢献せずに、管理や運営などに人員を傾けなければならないので、費用は逓増していくことになるからです。

用語

総費用（TC、C）
Total Cost

3. 収入をグラフにする

次に、収入について説明をしていきます。

収入曲線とは、ある財を生産し、販売をすることによって得られた収入と生産量（Q）を表した関数です。

総収入は1つの財しか生産していないと仮定すると、

総収入＝1個あたりの価格（P）×生産量（Q）で表されます。

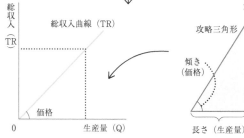

グラフ上では、総収入曲線は、価格×生産量が成立するように描かれます。

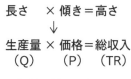

の関係が得られます。

用語

総収入（TR）
Total Revenue

●32ページの「グラフの見方」参照。

4. 利潤最大の生産量の決定

Key Point

生産者の利潤最大の生産量は、限界費用＝価格（限界収入）で決定されます。

競争市場を前提にするならば、財（モノ）の価格は市場で決定されます。そして生産者は、市場で与えられた価格をもとに利潤が最大になるように生産量を決定することになります。

利潤＝総収入－総費用になりますから、総収入曲線と総費用曲線を1つのグラフの中に入れて考察してみます。

補足

競争市場では、価格は市場で決定されるもので、生産者が決定するものではありません。

考え方のプロセス

プロセス-1

利潤は、総収入と総費用の差によって導出されることより、以下のことが判明します。

（1）Q_1における生産量では、費用が収入を上回っていて、赤字経営を行うことになります。

（2）Q_2における生産量では、費用と収入が同じ額になります。

（3）Q_3における生産量では、収入が費用を上回り、黒字経営がなされています。

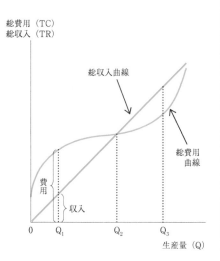

プロセス -2

　グラフから、あまり少ない生産量では、赤字経営が続くことがわかります。

　しかし、ある程度の生産量を実現することによって利潤を獲得することができ、黒字経営が可能になることもわかります。

　ただし、さらに生産量を増やし続けていくと、黒字が小さくなり、赤字経営になってしまうこともわかります。

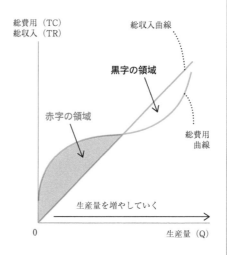

プロセス -3

　最終的に「利潤最大の生産量」は、黒字が最大の部分になります。

　さて、決定された生産量 Q* を見れば、黒字領域が最も膨らんだ部分であることがわかります。

　ここでは、総費用曲線と総収入曲線の傾きが同じになっています。

　したがって、もし「傾きを示したグラフ」を用意できれば、交点として導出することが可能になるわけです。

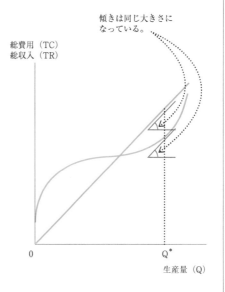

補足

傾きが同じ

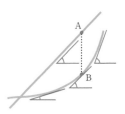

　2つのグラフを見ると、最も膨らんだ部分（黒字が最大になる部分）の接線（A点とB点）だけが、同じ傾きになっています。

プロセス -4

　早速、「傾き」をグラフにしてみましょう。

　ここで、この利潤最大化のプロセスをもっと明確にするために、新しい知識として「**微分**」という作業を行います。「微分」という言葉自身は難解なイメージがありますが、「傾きをグラフにする作業」だと考えてください。

　まず、総費用曲線の「傾き」を見ていきます。

●微分に関しては 36 ページの「微分のルール」参照。

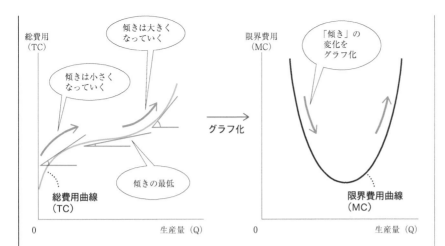

総費用曲線の傾きによって、導出された曲線を**限界費用曲線**（MC）と
いいます。

ここでは、微分することを「傾き」という言葉で表しましたが、経済学
での限界費用の定義は、「生産量を追加的に1単位増加させたときの総費
用の増加分」という難しい言葉で表現されます。

次に、同じように総収入曲線も「傾き」を見ていきます。

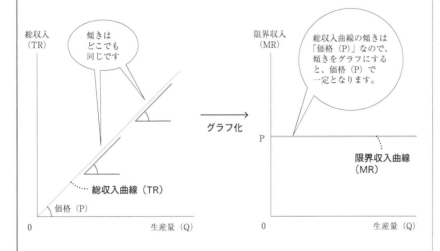

総収入曲線の傾きによって、**限界収入曲線**（MR）が導出されました。
限界収入曲線は、経済学の言葉では「生産量を追加的に1単位増加させ
たときの総収入の増加分」という定義がなされています。

ここで2つの曲線、総費用曲線と総収入曲線の「傾き」をグラフ化させ
てきましたが、これを有効に利用するために、次のプロセスへ進みます。

それでは、グラフを組み合わせてみましょう。

プロセス -5

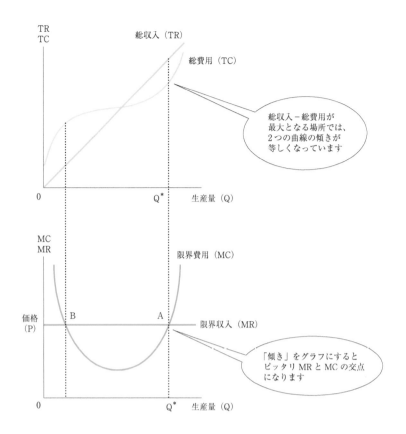

総収入－総費用が最大となる場所では、2つの曲線の傾きが等しくなっています

「傾き」をグラフにするとピッタリ MR と MC の交点になります

A 点は利潤最大点、B 点は利潤最小点（損失最大点）となります。

試験では、計算問題で方程式を解くと、答えが2つ出る場合がありますので、どちらの数値が正解なのかを確認することが必要です。

このように、生産者は利潤最大の生産量の決定を、

価格（P）＝限界収入（MR）＝限界費用（MC）

└── 競争市場の前提

になるように選択することになります。

問題①　利潤最大の生産量（択一式）

　完全競争市場において、ある財を生産している企業 A の総費用曲線が、次のように示されます。

　$C = Y^3 - 6Y^2 + 24Y + 10$（C：総費用、Y：生産量）

　この財の市場価格が 60 円で与えられているとき、この企業の利潤最大の生産量はいくらになりますか。

1.　2	2.　4	3.　6
4.　8	5.　10	

（地方上級　改題）

■問題①の解答・解説

　まず、利潤最大の生産量は価格（P）＝限界費用（MC）で求められます。また、限界費用（MC）は、総費用曲線（C）を微分することによって導出されます。

$Y^3 - 6Y^2 + 24Y + 10$ を微分すると、

$= 1 \times 3 \times Y^{3-1} - 6 \times 2 \times Y^{2-1} + 24 \times 1 \times Y^{1-1} + 10 \times 0 \times Y^{0-1}$

$= 3Y^2 - 12Y + 24 \cdots$①

次に、価格（P）＝ 60…②なので、①と②の方程式を解きます。

$3Y^2 - 12Y + 24 = 60$

$3Y^2 - 12Y + 24 - 60 = 0$

$Y^2 - 4Y - 12 = 0 \rightarrow (Y - 6)(Y + 2) = 0$

$Y = 6$、-2 が求められます。

ただし、-2 は生産量としてあり得ないので生産量は6。正解は3。

●微分計算については
36ページの「微分の
ルール」を参照。

問題②　費用曲線（択一式）

　ある企業の総費用曲線 TC が、次のように与えられています。

　下図において、A 点と B 点での接線の傾きは等しく、C 点での接線の傾きはこれらよりも小さくなっています。また、B 点の接線は原点を通り、TC は B 点以外では、この接線よりも上方に位置しています。このような特徴が見られるこの企業の費用に関する記述として、最も適切なものはどれでしょうか。

1. 限界費用は、生産量が 0 と Y^* との間では逓減し、Y^* より大きい場合には逓増しています。

2. この企業の固定費用は 0 です。

3. 生産量が Y^* より大きくなると、生産の効率がアップすることが予想できます。

4. この総費用曲線をもとにして、限界費用曲線を導出した場合、A 点と B 点の限界費用は等しくなります。

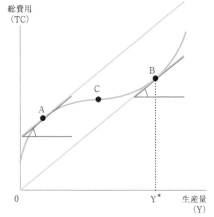

（中小企業診断士　改題）

■**問題②の解答・解説**

1. 問題の総費用曲線は、「0 と Y^* との間」で逓減と逓増の2つの局面を有していますから、逓減しているというのは間違いです。

2. 固定費用は生産量がゼロでも発生する費用なので、固定費用がゼロならば、総費用曲線は原点から描かれます。したがって間違いです。

3. 総費用曲線が逓増する局面では、生産の効率性が悪化します。これは、生産が拡大することによって、企業内では人事課や総務課など生産に直接関係がないコストが生まれ、全体の費用を引き上げる傾向があるからです。

4. 限界費用曲線は、総費用曲線の傾きをグラフ化させたものです。A 点と B 点では傾きが一致するので限界費用は均等です。

　したがって、正解は 4 になります。

Navigation

利潤最大の消費量の決定
費用曲線 収入曲線
↓
価格変化の効果
損益分岐点
↓操業停止点
供給曲線の導出
↓応用
長期の生産者行動

いつ生産をストップさせるべきか？

Unit
09
生産者行動
価格変化の効果

Unit09 のポイント

この Unit では、市場で決定される価格が変化した場合、生産者の生産量にどのように影響を及ぼすのかを分析していきます。

難易度 A

難易度は高難度順に AA、A、B、C で表示。
出題率は高出題率順に ☆、◎、○、◇で表示。

資格試験別・予想出題率	
国家総合	◎
国家一般	◎
地方上級	◎
公認会計士	◎
国税専門官	◎
外務専門職	◎
中小企業診断士	○
不動産鑑定士	○

▶ 講義のはじめに

生産者（企業）の行動の分析でも、やはり「価格の変化」による効果が重要な課題になってきます。

生産者は、プライス・テイカーですから、市場で決定された価格に基づいて利潤が最大になるように生産量を決定します。競争市場では、企業は価格の変動を食い止めることができないために、生産者はそれに応じて生産量を変化させていくことになります。

そして、価格が下落して、利潤を追求できなくなったり、または費用部分も回収できなくなったりしたら、生産をストップさせなければならない状況になってしまうでしょう。

さて、この Unit で分析すべき論点を見ていきましょう。

〈日常的な事象〉

A 企業は、10 万円の家賃を払って、手作り弁当屋を始めました。
　そこで、A 企業はどれくらい販売すれば儲かるのかを検討しました。

また、お弁当の価格変動は激しいので、価格が下がってしまって利潤が出なくなってしまうことも考えました。

もちろん、価格が下がりすぎて、商売ができなくなり、操業を停止しなければならない価格水準も考慮しました。

変換する →

経済学的思考

◆利潤最大化行動
価格（P）＝限界費用（MC）

◆損益分岐点
利潤がゼロ、つまり総収入と総費用が同額になってしまう価格水準を明らかにしていきます。

◆操業停止点
生産すればするほど損失が発生してしまう状況では、もはや生産をストップさせざるを得ません。

1. 平均費用

最初に、「価格変化」の生産量への変化を議論するうえで必要なツールを揃えます。

その1つが「**平均費用**」です。「平均する」ということですから、全体の費用である総費用を生産量で割ることによって、1個（1単位）あたりの費用を導出できるわけです。

■平均費用

$$\text{平均費用（AC）} = \frac{\text{総費用（TC）}}{\text{生産量（Q）}}$$

平均費用（AC）は、グラフ上では「**原点からの傾き**」によって表されます。

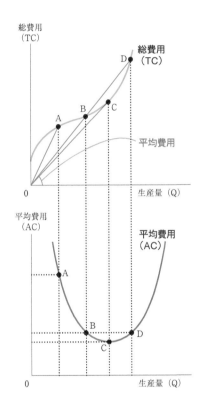

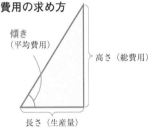

茂木式・攻略三角形による平均費用の求め方

$$\text{傾き}_{（平均費用）} = \frac{\text{高さ}_{（総費用）}}{\text{長さ}_{（生産量）}}$$

平均費用（AC）を原点と総費用曲線（TC）の線分の傾きとしてグラフにすると、左図のようなおわん型になります。

また、B点とD点では原点からの傾きは同じになり、C点では傾きの大きさが最低になります。

さらに、総費用（TC）は固定費用（FC）と可変費用（VC）から構成されていますから、それぞれ**平均固定費用**（AFC）と**平均可変費用**（AVC）を導出することが可能になります。

$$\text{平均固定費用（AFC）} = \frac{\text{固定費用（FC）}}{\text{生産量（Q）}}$$

$$\text{平均可変費用（AVC）} = \frac{\text{可変費用（VC）}}{\text{生産量（Q）}}$$

用語

平均費用（AC）

Average Cost

1個あたりの費用であり、生産量とともに変化します。

補足

茂木式・攻略三角形を使うときの注意点

●平均○○
→原点と任意の点との傾き

●限界○○
→任意の点の接線の傾き

補足

総費用曲線の傾きは「平均費用」という生産量に応じた1個あたりの費用を表します。

これは、傾きが小さいほど低コストでの生産が行われているということです。

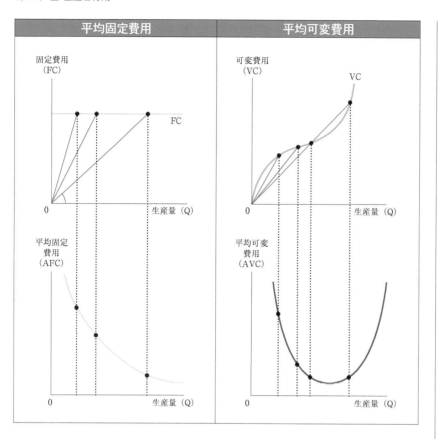

用語

平均固定費用

　これは 1 個あたりの
固定費用であり、生産
量が増加すると減少し
ていきます。

　固定費用は一定額の
ため、生産量が増える
ほど、1 個あたりの負
担する固定費用は小さ
くなっていることを示
しています。

平均可変費用

　これは 1 個あたりの
可変費用であり、おわ
ん型の形状になりま
す。

2. 費用構成

（1）総収入を利潤と総費用に分ける

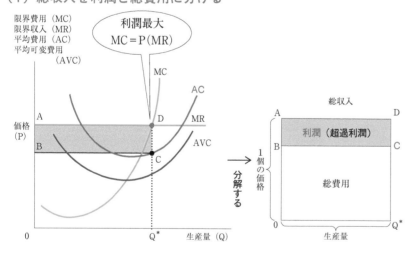

　縦軸を見ると、価格
とは「1 個あたりの収
入」を表し、平均費用
とは「1 個あたりの費
用」を表しています。

　全体の収入や費用は
それに生産量（横軸）
を掛けたものになって
います。

　生産者は、利潤が最大になるように限界費用＝価格（限界収入）で生産量
Q*を決定します。このときの企業にとっての総収入は 1 個の価格（P）×生
産量（Q*）なので、四角形 A0Q*D になります。

　この総収入は、D 点から垂直に線を下ろして平均費用との交点である C
点から上方の四角形 ABCD が企業にとっての利潤部分として表され、C 点
から下方の四角形 B0Q*C が総費用になります。

（2）総費用を固定費用と可変費用に分ける

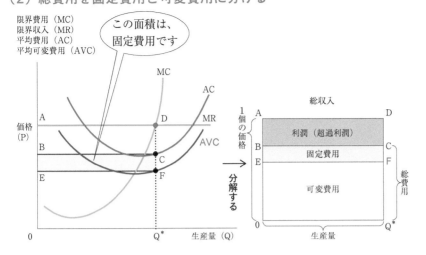

今度は、総収入における総費用を固定費用と可変費用に分解します。

まず、均衡点D点からQ^*に向かって垂直に線を引いたとき、1個あたりの価格に占める総費用はCQ^*の高さで示されます。そして、そのうち、可変費用はFQ^*の高さになり、その差であるCFが固定費用になります。四角形BEFCが総収入における固定費用として表されます。

（3）固定費用の表現

AC（平均費用）とAVC（平均可変費用）の間がAFC（平均固定費用）となるわけですが、この2つの曲線は生産量が増大していくほど間が狭くなっていく特徴があります。

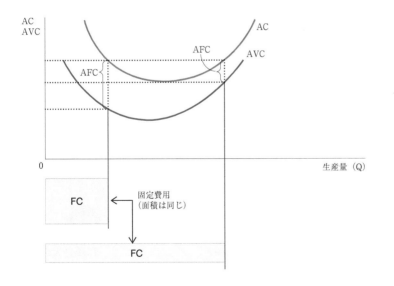

補足

固定費用は、面積によって示されます。

なぜこのような形状になるのでしょうか。これは、固定費用が生産量に関係なく常に一定であるために、生産量が増大すると、1個あたりの費用の中に構成される固定費用分（平均固定費用）が減少することを意味しています。

（4）平均費用と限界費用

　限界費用曲線（MC）は、平均費用曲線（AC）と平均可変費用曲線（AVC）の最低点を通過します。

　これは、平均費用は作図上、総費用曲線の原点からの傾きになっています。また、その傾きが最小になるときは、接線の傾きである限界費用（MC）とも等しくなるからです（欄外の補足のグラフ参照）。

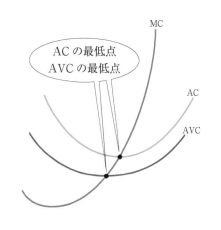

AC の最低点
AVC の最低点

3. 損益分岐点

Key Point

　価格水準が AC＝MC になるとき、超過利潤がゼロになります。この水準が**損益分岐点**であり、そのときの価格を**損益分岐点価格**と言います。

　ここまでに、限界費用や平均費用という生産者行動の分析を行うための道具をそろえました。いよいよ、これから分析に入ります。

　最初の分析として、「**損益分岐点**」を見ていきましょう。生産者はプライス・テイカーとして行動しなければなりません。そのため、生産者は価格水準に対し生産量を変更しなければならなくなるし、その都度、価格の中に構成される利潤や費用が異なってくることを気にしなければなりません。このような前提のもと、競争などが発生し価格水準が下がるプロセスを通じて生産者の行動を考察します。

考え方のプロセス

プロセス -1

　まず、市場で価格水準が P_1 に決定されているとき、生産者は限界費用（MC）と限界収入（MR）が均等になるように生産量（Q_1）を決定します。

　価格 P_1 の水準では右図のように（超過）利潤（色のついた部分）が発生します。

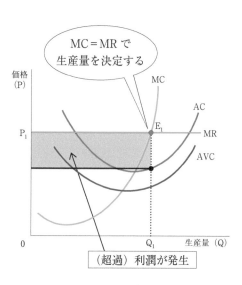

MC＝MR で
生産量を決定する

（超過）利潤が発生

補足

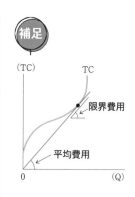

（TC）　TC

限界費用

平均費用

　総費用曲線の原点からの傾き（平均費用）は、ちょうどその接線（限界費用）と一致するときが最小になります。

補足

　可変費用曲線の原点からの傾き（平均可変費用曲線）は、ちょうどその接線（限界費用）と一致するときが最小になります。

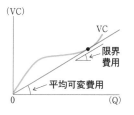

（VC）　VC

限界費用

平均可変費用

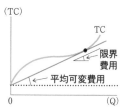

（TC）　TC

限界費用

平均可変費用

補足

利潤最大の生産量

　MC＝P＝MR の式の中で、P＝MR は競争市場ならば決まっているので、MC＝P だけでもよいといえます。

プロセス -2

価格が P_2 の水準まで下落した状態では、生産者は MC ＝ P になるように Q_2 で生産量を決定します。

この P_2 の価格水準では、（超過）利潤はゼロになり、収入（価格×生産量）と費用（平均費用×生産量）が均等になっています。

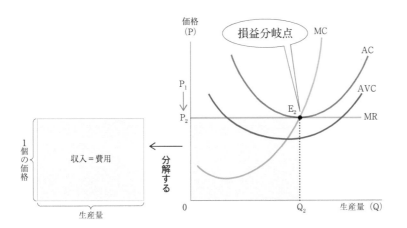

このような点 E_2 を**損益分岐点**といい、このときの価格水準 P_2 を**損益分岐点価格**といいます。

損益分岐点では、P ＝ AC ＝ MC が成立し、利潤がゼロになるために、これ以上、価格が下がれば、生産者は損失を計上することになります。

問題　損益分岐点のグラフ読解 （択一式）

ある企業の総費用曲線が右のように示されています。

固定費用が 0F のとき、この企業の損益分岐点はどれでしょうか。（ただし、D 点における接線の傾きは財の価格に等しくなっています）

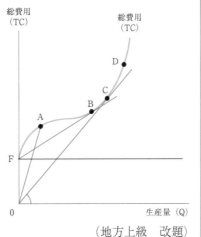

1. A
2. B
3. C
4. D

（地方上級　改題）

■問題の解答・解説

損益分岐点では、AC（平均費用）＝ MC（限界費用）が成立しています。平均費用は原点と総費用曲線（TC）を結んだ線分の傾きです。限界費用は接線の傾きとして示されるため、C 点ではその２つの傾きが同じになっていることから損益分岐点であることがわかります。

したがって、正解は３になります。

（補足）

損益分岐点という言葉は社会人であれば、1度は聞いたことのある言葉でしょう。

主に売上（収入）がコストと同じになるときに使います。

しかし、経済学上では P（価格）＝ AC（平均費用）というように、単価ベースで考えます。P（価格）は1個あたりの収入であり、AC（平均費用）は1個あたりの費用ということです。

（補足）（関連）

超過利潤ゼロ

経済学上での損益分岐点では、会計学上ならば、正常な利益が計上されています（107ページを参照）。

●B 点では平均可変費用（可変費用曲線の原点からの傾き）と限界費用（接線の傾き）が等しいので、操業停止点になります（次ページ参照）。

●D 点では接線の傾き（限界費用）と財の価格（P）が等しくなっているので利潤最大点になります。

4. 操業停止点

Key Point

　価格水準が AVC ＝ MC 以下では、生産者は固定費用すら回収できなくなり、生産者は生産をストップさせることになります。この水準が**操業停止点**であり、その価格水準が**操業停止点価格**です。

　生産者行動の分析における最終的な目標は「供給曲線」を導出することです。供給曲線は価格と生産量の関係ですから、どの価格水準ならば生産をストップさせなければならないのかを明らかにします。

　そこで、損益分岐点価格では、利潤がゼロになりましたが、果たしてそれが生産をストップさせる根拠になるのかどうかを先に検討していきます。

生産のストップ

　生産者は価格を決定できないので、市場で価格が下がって採算がとれなければ、生産をストップしなければなりません。

考え方のプロセス

プロセス -1

　損益分岐点価格が P_2 の水準では、生産者は Q_2 で生産量を決定します。

　この P_2 においての価格水準では、超過利潤はゼロになり、収入（価格×生産量）と総費用が等しくなっています。

　損益分岐点価格のもとでは、固定費用は全額回収されています。

プロセス -2

　価格が損益分岐点を下回った P_3 では、もはや利潤は発生しません。そこで生産者は生産をストップさせるべきかどうかを検討します。

　まず、グラフ上でこの価格水準での収入を分解します。

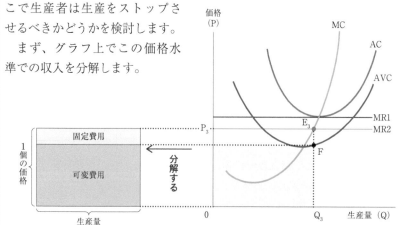

グラフのポイント

　損益分岐点価格から操業停止点価格に市場価格（P）が下落するときに、費用は増減しません。つまり、費用曲線（MC、AC、AVC）を変化させることなく、限界収入曲線（MR）のみが下方へシフトしていきます。

　ここで、価格水準 P_3 では固定費用の一部が回収できていることに着目します。固定費用は、生産量がゼロでも発生する費用であり、今、価格

水準がP₃で生産をストップすると固定費用の全額が損失として計上されることになります。

つまり、P₃では利潤は発生していませんが、固定費用の一部が回収できているので、生産をストップさせるよりも損失が小さいと考えられます。

生産をストップさせる　　　　　　生産をストップしない

固定費用が全額損失	＜	損失額が小さくなる
		固定費用の一部を回収

したがって、生産者は固定費用がわずかでも回収される限り、生産を続けると考えられます。

補足

土地代や家賃のような固定費用は、企業が生産を行わなくてもかかる費用です。

プロセス -3

価格水準がP₄（MC = AVC）まで下がれば、固定費用の回収すらできなくなり、さらにそれ以下の価格水準では可変費用も回収できなくなります。そのために生産を続けることは、損失の拡大につながります。

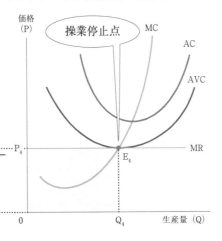

このようなMC = AVCの水準を**操業停止点**（企業閉鎖点）と呼び、そのときの価格水準（P₄）が**操業停止点価格**になります。つまり、企業の生産をストップさせる水準として表されます。

補足

P = AVCでは、企業にとって生産を行っても行わなくても同じ状況です。

P＜AVCなら、生産は行いません。

プロセス -4

Key Point
短期供給曲線は、P ≧ AVC となります。

このプロセスを通じ、AVCよりも上方の価格水準で生産を行うことから、この部分に該当する限界費用曲線が**短期供給曲線**になります。

AVC以下では生産しないので、短期供給曲線はゼロになります。生産は行いませんが、経済学ではP₄と原点の間も短期供給曲線の一部と考えます。

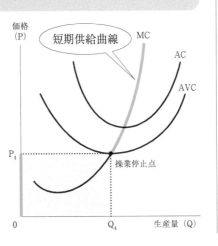

●図中の太線（青色）が短期供給曲線です。

問題①　操業停止点の生産量（択一式）

　総費用曲線が下記の式で表されているときの操業停止点の生産量を求めてください。

$$TC = y^3 - 6y^2 + 15y + 30$$

1.　2
2.　3
3.　4
4.　5

（国家Ⅱ種　改題）

■問題①の解答・解説

解法パターン -1

　操業停止点は限界費用（MC）＝平均可変費用（AVC）＝価格（P）が成立しています。

　そこで、問題文の総費用（TC）より、限界費用と平均可変費用を求め、連立方程式をつくれば解法が可能になります。

　手順

①限界費用を求めます。

TC（総費用）＝ $y^3 - 6y^2 + 15y + 30$

を微分すると、

$(TC)' = 1 \times 3 \times y^{3-1} - 6 \times 2 \times y^{2-1} + 15 \times 1 \times y^{1-1} + 30 \times 0 \times y^{0-1}$

MC（限界費用）＝ $3y^2 - 12y + 15$

●微分の計算は36ページの「微分のルール」参照。

②平均可変費用を求めます。

TC（総費用）＝ $\underbrace{y^3 - 6y^2 + 15y}_{\text{可変費用}}$ ＋ $\underbrace{30}_{\text{固定費用}}$

　総費用を可変費用と固定費用に分解します。平均可変費用は可変費用を生産量 y で割ります。

$$AVC = \frac{VC}{y} = y^2 - 6y + 15$$

③ MC ＝ AVC の方程式をつくります。

$3y^2 - 12y + 15 = y^2 - 6y + 15$ を整理して、

$2y^2 - 6y = 0$ とします。

この式より、

$y(y - 3) = 0 \rightarrow y = 0、3$

　0は該当しないので、生産量は3となります。つまり、正解は2となります。

補足

総費用（TC）
　生産量（y）の関数
　→**可変費用**
　生産量（y）に依存することなく一定値
　→**固定費用**

解法パターン -2

確かに、パターン-1での方程式はグラフをイメージすると操業停止点では MC と AVC の交点になっていますから、正しい考え方ですが、グラフを見るともう1つの重要なヒントが存在しています。

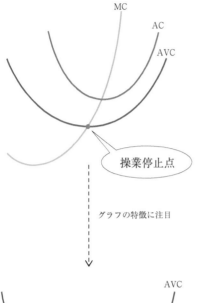

操業停止点

グラフの特徴に注目

まず、限界費用曲線（MC）は必ず平均可変費用曲線（AVC）の最低点を通過することから、この両曲線が交わる操業停止点は AVC の最低点になります。

補足

そもそも微分は「傾き」をグラフ化するので、最大点や最小点は微分するとゼロになります。

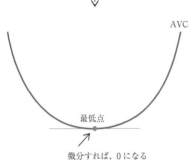

最低点

微分すれば、0になる

最低点は接線の傾きがゼロになることから、平均可変費用曲線を微分して0とおけば生産量が求められます。

●グラフをイメージして、解答へのプロセスを組み立てることができます。

損益分岐点の生産量の場合

↓

グラフ上の場所を確認

↓

平均費用曲線（AC）の最低点

↓

平均費用曲線（AC）を微分して、イコールゼロ（= 0）とおきます。

操業停止点の生産量の場合

↓

グラフ上の場所を確認

↓

平均可変費用曲線（AVC）の最低点

↓

平均可変費用曲線（AVC）を微分して、イコールゼロ（= 0）とおきます。

$AVC = y^2 - 6y + 15$ を微分します。

$(AVC)' = 1 \times 2 \times y^{2-1} - 6 \times 1 \times y^{1-1} + 15 \times 0 \times y^{0-1}$

$(AVC)' = 2y - 6$

$2y - 6 = 0$（傾きがゼロ）

$2y = 6$

$y = 3$

このように、視点を変えれば容易に生産量を求められます。

問題②　生産の実施・中止（択一式）

　右図は、競争市場下のある企業のそれぞれの短期の平均費用曲線、平均可変費用曲線、限界費用曲線を表したもので、A、B、Cはいずれかにあてはまります。（X…生産量）

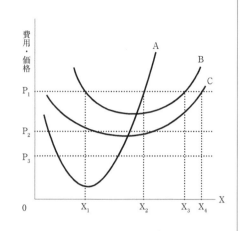

　この企業が利益最大化行動を前提として生産量を決定しているとき、A〜Fの記述のうち、妥当なもののみをすべて挙げているものはどれですか。

A．財の価格がP_1のとき、この企業はX_2だけ生産します。

B．財の価格がP_1のとき、この企業はX_3だけ生産します。

C．財の価格がP_2のとき、利潤は負となるため、この企業は生産を行いません。

D．財の価格がP_2のとき、利潤は負となりますが、この企業は生産を行います。

E．財の価格がP_3のとき、この企業は生産を行わず、利潤はゼロです。

F．財の価格がP_3のとき、この企業は生産を行いますが、利潤はゼロです。

1．A、D　　　2．A、F　　　3．B、C
4．B、E　　　5．D、F

（国家Ⅱ種　改題）

■**問題②の解答・解説**

　図中のグラフの状況を把握し、問題文の正誤判定ができるように整理していきましょう。

プロセス-1

　問題にあるA、B、Cはそれぞれ左上から限界費用曲線、平均費用曲線、平均可変費用曲線になります。短期においては、費用曲線は変化することなく、価格（P）の変化に伴って利潤が最大になるようなP＝MCの水準で生産量（X）を決定することになります。

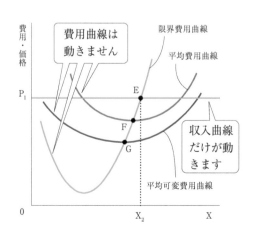

●問題文に書かれている「短期」というのは生産設備が一定ということなので、市場での価格が変更されても費用曲線はシフトしません。（Unit 10 参照）

例えば、市場で価格 P_1 が与えられれば、P = MC より生産量 X_2 が決定されます。この生産量は損益分岐点（F）よりも価格（収入）が大きいので「正」の利潤が発生していることがわかります。

プロセス -2

F 点は損益分岐点なので、この水準では利潤は「ゼロ」となり、これより価格が下回るともう負の利潤しか発生しないことになります。

しかし価格が P_2 の水準のように操業停止点（G）より大きい範囲であれば固定費用の一部は回収されるため生産は続行します。

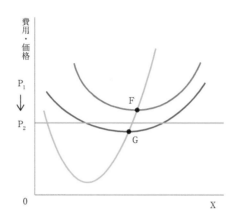

プロセス -3

G 点は操業停止点なので、この水準を下回った場合、利潤は当然に「負」であり、固定費用は全額回収されず、可変費用ですら回収できなくなっています。

したがって生産すればするほど損失が膨れ上がるので生産を中止したほうが望ましいことになります。

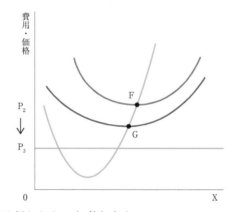

つまり、図の P_3 の価格では生産は行われないと考えます。

したがって、選択肢では A と D が妥当であり、1 が正解になります。

●損益分岐点価格では、利潤がゼロ、それよりも価格が高ければ利潤は正、低ければ利潤は負になります。

●固定費用の一部が回収されている場合、利潤はなくても生産ストップによる固定費用の全額損失を回避するため、生産を続けざるを得ないのです。

もっと効率的な生産が可能になる。

Unit
10

生産者行動

長期の生産者行動

Unit10 のポイント

Unit09 までの短期における企業の行動に加えて、長期的な企業の行動や産業全体の均衡について考察していきます。

Navigation

利潤最大の消費量の決定
費用曲線　収入曲線
価格変化の効果
損益分岐点
操業停止点
供給曲線の導出
↓応用
長期の生産者行動

▶ 講義のはじめに

この Unit では、これまで取り扱ってきた費用曲線にもう 1 つのスパイスを加えます。

まず、総費用曲線は逆 S 字型になるので、生産量が増大していけば、1 個あたりのコストはかからなくなってきます（費用は逓減）が、生産量がある水準を超えると 1 個あたりのコストはそれまでとは異なり多くかかってきます。

実際の社会では、多くの生産者が大きな生産を実現させていて、このような費用が非効率的になっていく状態を回避しているものと考えられます。

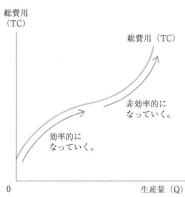

難易度は高難度順に AA、A、B、C で表示。
出題率は高出題率順に ☆、◎、○、◇で表示。

難易度
AA

資格試験別・予想出題率
国家総合　　　○
国家一般　　　○
地方上級　　　☆
公認会計士　　◎
国税専門官　　☆
外務専門職　　☆
中小企業診断士　◇
不動産鑑定士　◎

1 個あたりのコスト
→グラフの傾きを追ってみましょう。

実は、Unit09 までに扱ってきた総費用曲線は、短期総費用曲線と呼ばれ、一定の**生産設備**のもとで行われる費用と生産量の関係を表します。

一定の生産設備というのは、1 つの工場で限られたスペースしかないのですから、当然に生産量が増えれば作業する人も材料も増えて、生産効率が悪化していきます。こうしたことを回避するために、生産者は生産設備を変更します。

つまり、モノがどんどん売れ、それに応じて生産を増大しなければならない場合、既存の設備で生産するよりも、生産設備を拡大したほうが効率的な生産が可能になると考えられるからです。

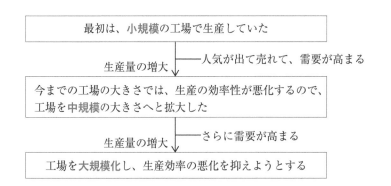

1. 短期と長期

Key Point
固定的生産要素が存在するのが短期で、存在しないのが長期です。

生産者の費用は、**短期費用**と**長期費用**という2つに分類できます。「短期」、「長期」という用語を用いているので、時間的な長さの違いのように思えますが、実際は固定的な生産要素の有無で分けています。

固定的な生産要素がある場合は**短期**、固定的な生産要素がなく、すべてが可変的な生産要素になっている場合を**長期**といいます。つまり、**生産設備**が一定である場合は短期であり、生産設備を小規模、中規模、大規模というように、設備そのものが変更可能な場合は長期と考えます。

したがって、長期費用ではすべてが可変費用となるように描かれ、固定費用が存在しない形になります。

補足

長期では、家賃や土地代なども生産規模に応じて可変的になります。

2. 長期総費用曲線の導出

Key Point
長期総費用曲線は短期総費用曲線の**包絡線**となります。

長期総費用曲線は、短期総費用曲線をもとに導出できます。

考え方のプロセス

プロセス-1

小規模生産設備の場合の短期総費用曲線を STC1 とします。

この規模では、生産量が Q_1 であれば費用を最小にすることが可能ですが、それ以上の生産を余儀なくされた場合は、この小規模設備では生産の効率性が悪化します。

プロセス-2

そこで、生産の非効率を回避するために、生産規模を中規模へ変更します。これで短期総費用曲線は STC2 になり、生産量

は Q_2 まで生産効率を上げられます。しかし、Q_2 の生産量を超えれば生産の効率性は悪化することになり、生産設備を大規模へ変更する（STC3）必要性が出てきます。

プロセス-3

このように、それぞれの生産設備の規模において、短期総費用曲線が存

補足

STC（短期総費用曲線）

Short-run Total Cost

LTC（長期総費用曲線）

Long-run Total Cost

総費用(TC)

これ以上生産すると効率が悪化する
↓
生産設備の拡大

LTC

STC3

STC1 STC2

C

B

A

0　　Q_1　　Q_2　　Q_3 (Q) 生産量

在しますが、A 点、B 点、C 点というそれぞれの規模で特定の点を結ぶことによって、長期総費用曲線（LTC）を導出することが可能になります。長期総費用曲線の特徴は、それぞれの生産設備の規模に応じた短期総費用曲線（STC）の**包絡線**になっているということです。また、長期総費用曲線は、**固定的な生産要素が存在しない**ので、固定費用がなく、原点からの曲線になります。

3. 長期平均費用曲線

Key Point
長期平均費用曲線は短期平均費用曲線の**包絡線**となります。

長期の平均費用曲線は形状も導出過程も基本的には短期の場合と同じです。

$$LAC = \frac{長期総費用（LTC）}{生産量（Q）}$$

短期平均費用は、それぞれの生産設備の規模に応じて何本でも描くことが可能ですが、長期平均費用曲線は 1 本しかなく、短期平均費用曲線（SAC = AC）の包絡線になります。

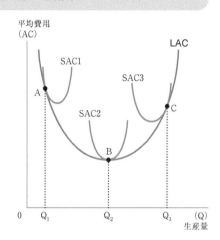

4. 長期限界費用曲線

Key Point
長期限界費用曲線は短期限界費用曲線よりもゆるやかになります。

長期限界費用曲線（LMC）は、これまで扱ってきた短期限界費用曲線（SMC = MC）と同じように、長期総費用曲線の各点の接線の傾きによって導出されます。

しかし、それゆえに**包絡線にはなりません**。

右図のように、短期限界費用曲線（SMC）は、それぞれの生産設備の規模に応じて、平均費用曲線の最低点を通過するように描かれますが、長期限界費用曲線には、注意すべき点が 2 つあります。

まず、短期限界費用曲線（SMC）よりも、長期限界費用曲線のほうがゆるやかなカーブになります。これは、長期費用が生産設備の規模を自由に変

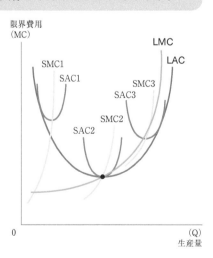

包絡線

ある曲線が、すでに与えられているすべての曲線と接するように描かれたものです。

ちょうど、長期総費用曲線は、短期総費用曲線を包み込むように作図されます。

●短期総費用曲線（STC）は、生産設備の規模に応じて無数に描くことができます。

LAC（長期平均費用曲線）

Long-run Average Cost

長期平均費用曲線の導出は、短期平均費用曲線の導出法と同様に長期総費用曲線上の任意の点と原点を結んだ傾きになります。

長期平均費用曲線（LAC）は短期平均費用曲線（SAC）の包絡線であって、SAC の最低点を結んだものではありません。この関係は試験によく出題されます。

LMC（長期限界費用曲線）

Long-run Marginal Cost

SMC（短期限界費用曲線）

Short-run Marginal Cost

更できることから、費用が逓増し、非効率的な生産を回避しているからです。

また、LAC が右下がりのとき、LMC は必ず LAC の下方に位置し、LAC が右上がりのとき、LMC は必ず LAC の上方に位置するような関係になります。

問題　長期費用 （択一式）

　長期における費用曲線に関して、妥当なものはどれですか。

1. 長期平均費用曲線は、各短期平均費用曲線の最低点を結んだものです。

2. 長期総費用曲線は、固定的生産要素の存在を前提にしているために、生産規模に応じて無数に描くことができます。

3. 長期平均費用曲線は、長期総費用曲線上の任意の点と原点を結んだ勾配に等しく、長期平均費用曲線は各短期平均費用曲線の包絡線となります。

4. 長期限界費用曲線は長期総費用曲線の任意の点の接線の勾配に対応し、長期限界費用曲線は各短期限界費用曲線の包絡線です。

5. 長期平均費用曲線の最低点は短期平均費用曲線の最低点に対応し、長期限界費用曲線の最低点も短期限界費用曲線の最低点に対応します。

（地方上級　改題）

■**問題の解答・解説**

　問題文にグラフはありませんが、必ずグラフをイメージして考えることが大切です。

1. 長期平均費用曲線は、短期平均費用曲線の包絡線になります。これは最低点ではなく、任意の点と接することになります。

2. 短期総費用曲線は、固定的生産要素の存在を前提にしており、生産規模に応じて無数に描くことができますが、長期総費用曲線は固定的生産要素がなく、1本しか描けません。すべて可変費用と考えますので原点からの曲線になります。

3. 平均費用曲線は短期でも長期でも、グラフ上での導出法は、原点と総費用曲線の任意の点との線分の傾きになります。

4. 限界費用曲線は短期でも長期でも、グラフ上での導出法は、任意の点における接線の傾きになります。そして、長期限界費用曲線は長期総費用曲線の接線の傾きに対応するのであって、短期限界費用曲線の包絡線にはなりません。

5. 長期平均費用曲線の最低点は、短期平均費用曲線の最低点に対応します。しかし、長期限界費用曲線の最低点は、短期限界費用曲線の最低点には対応しません。

　したがって、正解は3となります。

限界費用曲線と平均費用曲線の関係

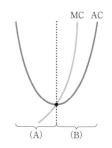

（A）AC が逓減しているとき、MC は必ず AC の下方にあります。

（B）AC が逓増しているとき、MC は必ず AC の上方にあります。

　試験にもよく出題されますが、グラフをイメージできれば簡単に理解できます。

長期における費用

● 包絡線になる
　├長期総費用曲線
　└長期平均費用曲線
● 包絡線にならない
　└長期限界費用曲線

5. 長期産業均衡

Key Point

長期平均費用＝長期限界費用＝価格の場合、**長期産業均衡**となります。

長期における企業の行動の中で最も重要なことは、その産業全体として、どのようなメカニズムが作用し、何が決定するかということです。

これを以下のプロセスを通じて説明していきます。

考え方のプロセス

プロセス -1

生産者は、LMC = P（= MR）になるように生産量 Q_1 を決定します。このときの均衡点である A 点を見ると、四角形 P_1CBA の**超過利潤**が発生していることがわかります。

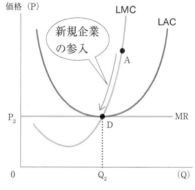

プロセス -2

しかし、超過利潤が発生していると、新規に生産者が参入してくることが考えられます。

新規参入企業によって、市場全体での生産量は拡大し、超過供給により価格は引き下げられます。

この価格の下落は、**新規参入企**業の進出により、元の企業の超過利潤がゼロ（D 点）になるまで続きます。

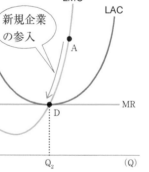

プロセス -3

価格水準が P_2 まで下がったときに、超過利潤がゼロになるため、新規の参入はストップし、P_2 以下の価格になれば、その産業に参加している生産者はその市場から退出することでしょう。この P_2 という価格水準は参入も退出もないということであり、Q_2 という生産量も動かない水準だということになります。

このような D 点を**長期産業均衡点**といい、長期産業均衡の条件は、**P = LMC = LAC** が成立することになります（グラフ上では、LAC とLMC の交点であり、その交点は LAC の最低点でもあります）。

考え方は、**損益分岐点価格**を求めたときと同じです。

（補足）

超過利潤は面積によって示されます。

（補足）

費用には短期と長期がありますが、収入にはありません。

（補足）

市場全体の生産量が拡大することは、1 社あたりの生産量は少なくなっています。
（$Q_1 \rightarrow Q_2$）

（用語）

長期産業均衡

生産者の参入や退出がなくなることによって、産業全体の生産量が変化しなくなり、そのことは個々の生産者にとっても生産量が変化しなくなることを意味しています。

プロセス-4

このプロセスを通じて、長期供給曲線を導出することが可能になります。

長期供給曲線は、長期限界費用曲線の右上がりの部分であり、長期平均費用曲線の最低点よりも上方の部分になります。

問題 長期産業均衡価格（択一式）

完全競争市場において、ある産業のすべての企業の費用関数は同一であり、各企業の総費用曲線が次のように示されたとします。

$$C = X^2 + 5X + 4 \quad (X：生産量)$$

このとき、長期均衡が成立している場合、財の価格はいくらでしょうか。妥当なものを選んでください。

1. 4　　　　　　2. 6　　　　　　3. 9
4. 12　　　　　5. 18

（国税専門官　改題）

■問題の解答・解説

長期産業均衡が成立している場合、長期平均費用（LAC）と長期限界費用（LMC）の交点で生産量が求められます。

$$LAC = \frac{LTC（長期総費用）}{X（生産量）} = X + 5 + \frac{4}{X}$$

$$
\begin{aligned}
LMC &= (LTC)' \\
&= 1 \times 2 \times X^{2-1} + 5 \times 1 \times X^{1-1} + 4 \times 0 \times X^{0-1} \\
&= 2X + 5
\end{aligned}
$$

LAC = LMC より、

$$X + 5 + \frac{4}{X} = 2X + 5$$

この式の両辺に X を掛けて、

$$X^2 + 5X + 4 = 2X^2 + 5X$$

この式を変形させて、$X^2 = 4$

$X = 2$　となります。

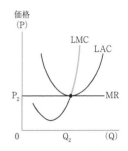

まず、ここで長期均衡における生産量（X）が求められます。

LMC = LAC = P より、長期均衡における生産量（X = 2）を LMC または、LAC に代入して価格を求めます。

$$
\begin{aligned}
LMC &= 2X + 5 \\
&= 2 \times 2 + 5 \\
&= 9
\end{aligned}
$$

長期均衡における価格は9になります。したがって、正解は3です。

 補足

長期供給曲線は、LAC ≦ P という形でも表すことができます。

長期産業均衡点より下方では生産を行いませんが、P_2 と原点の間も長期供給曲線の一部と考えます。

●微分計算については、36 ページの「微分のルール」参照。

完全競争市場

第2章で導出した需要曲線と供給曲線を使って、
「望ましい市場」について学習します。

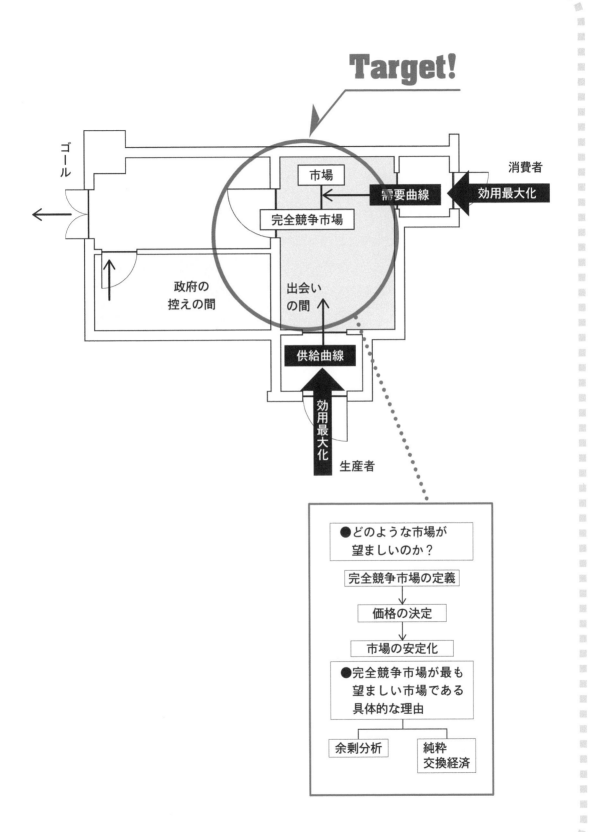

Navigation

- ●どのような市場が
  望ましいのか？

  ┌─────────────┐
  │ 完全競争市場の定義 │
  └─────────────┘
        ↓
  ┌─────────┐
  │ 価格の決定 │
  └─────────┘
        ↓
  ┌─────────┐
  │ 市場の安定化 │
  └─────────┘

- ●完全競争市場が最も
  望ましい市場である
  具体的な理由

  ┌──────┐ ┌──────┐
  │ 余剰分析 │ │ 純粋   │
  │   │ │ 交換経済 │
  └──────┘ └──────┘

難易度	難易度は高難度順にAA、A、B、Cで表示。
C	出題率は高出題率順に☆、◎、○、◇で表示。

資格試験別・予想出題率		
国家総合		◎
国家一般		◎
地方上級		◎
公認会計士		○
国税専門官		○
外務専門職		○
中小企業診断士		○
不動産鑑定士		☆

価格はどのように決まるのか？

Unit 11　完全競争市場
価格の決定

Unit11 のポイント

　これまでの講義の中で、消費者の効用最大化行動を通じて需要曲線を導出し、生産者の利潤最大化行動を通じて供給曲線を導出してきました。

　今度はこの2つの曲線を1つのグラフの中に描き、同時分析を行います。この分析は消費者と生産者が参加する市場そのものの分析であり、どのような市場が最も望ましいのかを明らかにします。

▶ **講義のはじめに**

　皆さんは日常生活の中で、サンマが豊漁だとニュースが流れれば、サンマの値段が下がることが容易に想像できると思います。

　サンマはナマモノですから、そのままでは腐ってしまいます。そこで、魚屋さんはいつもより安くしてたくさん売ろうとするし、消費者もいつもより多く買おうと考えるはずです。

　また、今年はあまりサンマが獲れなかったというニュースが流れれば、サンマの値段が高くなるだろうと思います。それでもサンマが食べたいという人は、多少値段が高くてもサンマを買おうとするはずです。

　もちろん、その場合は魚屋さんはいつもより高い値段でサンマを売るはずです。

　このように、まるで神が存在するかのように需要と供給のバランスがとれるようになり、適正な価格が決定するのです。このような機能を市場メカニズムといいますが、この Unit では、そのメカニズムについて分析を行うことになります。

実際に起きたこと ─────────→

経済学的思考
完全競争市場の条件を確認する。
需要と供給のメカニズムについて検討する。

「神の見えざる手」

　アダム・スミスは、消費者や生産者が自己の利益だけを考えて行動するだけで、需要と供給のバランスが自動的に調整されることを、神の見えざる手によってコントロールされる市場メカニズムであると、1776年に刊行した「諸国民の富」の中で示しました。

（補足）

　自己の利益だけ考えての行動（私利の追求）とは、消費者は効用最大化、企業は利潤最大化を前提にしたものです。

1. 市場の需要曲線

Key Point

　市場に参加している消費者の需要曲線の水平和は、市場の需要曲線になります。

　市場全体を分析するにあたって、第1章で導出した個人の需要曲線を**市場の需要曲線**にバージョン・アップさせます。これは、市場に参加している消費者の需要曲線の**水平和**として導出されます。

　例えば、イチゴの市場にA子さんとB男さんの2人の消費者が参加したとします。個人の需要曲線は個々のイチゴの選好によって異なった傾きになっているはずです。

　また、A子さんも、B男さんもプライス・テイカーとして行動しているので、市場で与えられた価格にしたがって、効用最大の需要量を決定することになります（市場価格はP_0とします）。

　したがって、A子さんの需要量とB男さんの需要量を水平に足し合わせたものとして市場の需要曲線が導出されることになります。

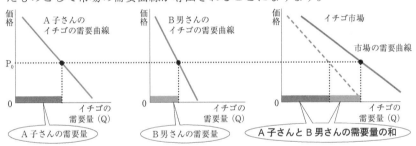

水平和
　水平に足し合わせることです。

プライス・テイカー
　価格を市場で与えられたものとして行動するものであり、「価格受容者」ともいわれます。

　消費量と需要量は同義です。

2. 市場の供給曲線

Key Point

　市場に参加している生産者の供給曲線の水平和は、市場の供給曲線になります。

　市場の供給曲線の導出に関しても、需要曲線と同様に第2章で導出した個別の生産者の供給曲線を水平に加えたものとなります。

　また、各生産者は、プライス・テイカーとして行動するために、市場で決定された価格水準P_0にしたがって利潤最大の生産量を決定します。

　例えば、イチゴの生産者はA社とB社の2社だけの場合、市場の供給曲線は下図のように水平に足し合わせて導出されます。

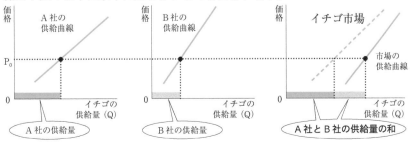

　生産量と供給量は同義です。

　このUnitから「消費量」を「需要量」、「生産量」を「供給量」に換えて使用しています。

3. 完全競争市場の条件

Key Point

完全競争市場では、消費者（需要者）と生産者（供給者）はプライス・テイカーとして行動します。

これまでの消費者や生産者の行動は、市場で決定された価格に基づいて消費量や生産量を決定してきました。このように市場が価格を決定するような力を持っている場合を競争市場と呼んできましたが、この競争市場を2つに分類します。

まず1つは**完全競争市場**というものであり、下枠の4つの条件がすべて満たされたものです。Unit10までの議論で使用してきた競争市場は、この完全競争市場を前提にしていました。もう1つは、この4つの条件のうち、1つでも満たされない場合であり、**不完全競争市場**と言います。

完全競争市場における4つの条件

（1）消費者と生産者はプライス・テイカー

市場に参加する消費者と生産者は、市場で決定される価格を「与えられたもの」として行動します。一物一価とも表現します。

（2）多数の需要者と供給者の存在

市場には多数の消費者と生産者がいて、自由に**参入・退出**ができます。これは、超過利潤を持った産業が存在すれば、その超過利潤がなくなるまで新規の企業が参入すると考えられます。

（3）財の同質性

完全競争市場では、そこで扱われる財はすべて同質であるという仮定があります。例えば、同じラーメンでも具やサービスが少しでも異なれば財の同質性は満たされません。サンマやジャガイモなどのように、個々の財に差がない場合を想定します。

（4）情報の完全性

売り手と買い手は、お互いに情報が完全に通じていて、買い手は常に最も安く販売している売り手の存在を知り、すぐにそこに買いに行くことが可能であるものとします。日常的には、多少高くても家の近くの店に買いに行ったりすると思いますが、このような行動は考えないことです。

なぜ、こうした完全競争市場の条件がいちいち必要になるのでしょう。

実は、完全競争市場の条件は非常に重要なテーマであり、この条件が満たされた完全競争市場こそが、ミクロ経済学が目指す最も効率的な市場となるのです。つまり、政策を考えるうえで何らかの論拠が必要になりますが、この完全競争市場が最も**規範的**で**望ましい市場**なのですから、この条件を目指すような政策ならば有効と考えられるのです。

完全競争に近づけるように、政策を行う。

用語

消費者＝需要者であり、生産者＝供給者です。

事例

実際の経済の中では、商品の材料表示によって、競争を促進させることがあります。通信市場などは規制を撤廃して、多くの企業が参入できるようにすることで価格の安定をはかっています。

情報

ミクロ経済学の記述や論文試験では、よく政策面のことも問われます。

ミクロ経済学では、最も規範的な市場として完全競争市場というものが存在するので、それを基準に政策の是非を考えるように論文構成をすることになります。

4. 価格調整メカニズム

Key Point

完全競争市場では、価格調整メカニズムが機能し、均衡価格と均衡の需給量が決定します。

完全競争市場において、消費者行動から導出した市場の需要曲線と生産者行動で導出した市場の供給曲線を描き、どのように価格が決定するのかを見ていきます。

まず、価格水準が P_1 の水準では**超過需要**が発生し、価格を引き上げます。また、価格水準が P_2 の水準では**超過供給**が発生し価格を引き下げます。

このような価格調整メカニズムを通じて価格は P_0 に決定します。

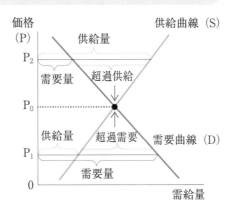

145 ページの「ワルラス的調整過程」参照。

この P_0 で決定された価格に基づいて消費者、生産者はそれぞれ消費量や生産量を決定することになります。

完全競争市場では、市場で均衡価格（P^*）と均衡需給量（Q^*）が決定されます。これは、市場の機能が働き、価格が伸縮的に動くために、**超過需要**（売れすぎ）や**超過供給**（売れ残り）のない最も効率的に資源が配分された状態になります。

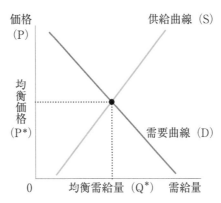

用語

$*$ はアスタリスク、またはスターと呼びます。決定したときに右肩につけます。

このように、完全競争市場で決定される価格は最も望ましく、この価格以外で決定される価格の存在は、価格の歪みから生じる問題によって、消費者か生産者のいずれかが余計な負担を受けることになります。

また、実際の経済では政府は市場に対して競争を促すような政策ばかり行うわけではありません。航空会社やタクシー会社のように、競争を促進しすぎればかえって安全性の面が無視され、消費者を危険な目に遭わせる可能性もあるからです。

したがって、特定の産業においては参入規制を行い、安全性の確保を重要視する場合もあります。

政策 ─────────────▶ 実際の市場

産業形態に応じて
望ましい状態の確保に努める。

5. 需要曲線のシフト

Key Point
需要曲線は、所得の増大や商品人気が高まると右へシフトします。

第1章では、消費者行動によって、需要曲線を導出してきましたが、需要曲線は、価格と需要量（消費量）の関係を表しています。

ここで、もし価格変化以外の原因で需要量が拡大したとき、それは需要曲線の線上を動くのではなく、需要曲線が右へシフトすることになります。

それでは、価格以外のどのような理由で需要量が増大するのかを考察していきます。

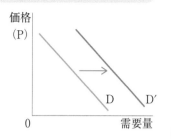

価格(P)／需要量

●グラフの見方は18ページ参照。

〈需要曲線が右へシフトする要因〉

1	所得が増大することにより、需要量が増大した場合
2	その商品の人気が上昇し、人々の需要が高まった場合

これらの要因は比較的スムーズにイメージできると思います。

3	その財の価格は変化していませんが、**代替財の価格**が上昇し、その財の需要が高まった場合

例えば、パンとごはんは**代替関係**にあります。ごはんの価格が上昇した場合、パンの価格は不変でも相対的に割安になったパンへの需要が高まります。

4	その財の価格は変化していませんが、**補完財の価格**が下落し、その財の需要が高まった場合

例えば、ゲーム機の本体（ハード）とそのゲームソフトは**補完関係**にあります。したがって、ゲーム機の本体（ハード）の価格が下落した場合、たとえゲームソフトの価格は不変でも需要は高まることになります。

補足

需要曲線は1つの財のみの価格と需要量の関係を表しています。

しかし、消費者は2種類の財を購入することが前提になっています。そこで、他の財との関係である「代替財」と「補完財」の場合を考慮することになります。

問題① 需要曲線のシフト（択一式）

右下の図は、財Xに関する需要曲線（D）と供給曲線（S）について示したものです。均衡点がAからBに変更されたとき、この変化をもたらした原因として妥当なものはどれですか。

1. 財Xと補完関係にある財の価格上昇。
2. 財Xと代替関係にある財の価格下落。
3. 財Xと代替関係にある財の価格上昇。
4. 財Xの生産量上昇。
5. 財Xを供給している企業数増加。

（中小企業診断士、地方上級　改題）

価格／需給量

■問題①の解答・解説

財Xと代替関係にある財の価格の上昇は、相対的に割安になった財Xの需要を増加させます。したがって、正解は3になります。

問題② 代替効果（代替関係・補完関係）と所得効果（択一式）

3つの財、X財、Y財、Z財を消費する家計を考えます。X財、Y財はともに代替財、Y財、Z財はともに補完財とします。また、X財は劣等財ですが、Y財、Z財は正常財であるとします。いま、Y財の価格のみ低下したとします。このとき、文中のア〜カに妥当なものはどれですか。

X財の需要は、代替効果からみると ア し、所得効果からみると、 イ します。Y財の需要は、代替効果からみると ウ し、所得効果からみると、 エ します。Z財の需要は代替効果からみると、 オ し、所得効果からみると カ します。

	ア	イ	ウ	エ	オ	カ
1.	減少	減少	減少	減少	減少	増加
2.	減少	減少	増加	増加	増加	増加
3.	減少	増加	増加	減少	減少	減少
4.	増加	減少	増加	減少	増加	減少
5.	増加	増加	減少	増加	減少	増加

（市役所上級 改題）

■問題②の解答・解説

プロセス-1

問題文をみて、価格効果（代替効果・所得効果）に関する問題なので、77ページのような図を描いて解答の道順を整理する必要がありますが、この問題では代替財、補完財の関係も示しているので、少し改良版をつくってみましょう。まず、Y財の価格をP_Yとし、代替効果について考えます。

代替効果 各財の影響を組み立てていきます

①Y財はX財と**代替関係**

直接的な影響
Y財の価格が下がればY財の需要量は増加します。

間接的な影響

Y財 X財

Y財の価格が下がって、Y財の需要が増加すると割高になったX財の需要は減少します。

②Y財はZ財と**補完関係**

直接的な影響
Y財の価格が下がればY財の需要量は増加します。

間接的な影響

Y財 Z財

Y財の価格が下がって、Y財の需要が増加すると、その需要に誘引されてZ財の需要も同時に増加します。

補足

代替関係とは、ラムネとサイダーの関係のように、ラムネの価格が下落し需要が増えれば、代わり（サイダーの代替関係である）にサイダーの需要が減少します。

補足

補完関係とは、車とガソリンの関係のように、車の価格が下落し需要が増えれば、同時に使用される（車の補完関係である）ガソリンの需要が上昇します。

プロセス -2

次に、Y 財の価格（P_Y）が低下した場合の価格効果を、プロセス -1 で代替関係、補完関係を加味した代替効果の部分を組み入れて図をつくっていきます。

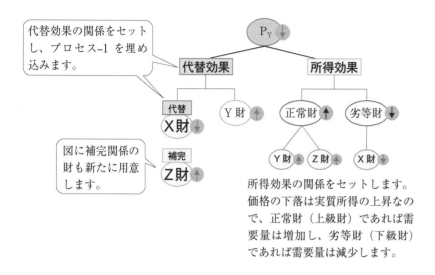

> **補足**
>
> 問題文に合わせて言葉が変更されていますが同じ意味です。
> ①上級財→正常財
> ②下級財→劣等財

プロセス -3

価格効果の図が完成すると、問題文ではどのように解答することを求められているのかを確認します。そして、問題文で指示されているように、X 財、Y 財、Z 財の需要の変化を、そのまま図からピックアップしていきます。

図の矢印を見ると、X 財は代替効果で需要量は減少し所得効果でも減少しています。Y 財と Z 財は代替効果で需要量は増加し所得効果でも増加しています。この状況通りの解答は 2 のみになります。正解は 2 です。

●価格効果の図を完成させることが最初の作業で、その後で問題文の指示を照合させていきます。

6. 供給曲線のシフト

Key Point
供給曲線は、生産性が向上すると右（右下）へシフトします。

第2章では、生産者行動によって供給曲線を導出してきました。この供給曲線は、価格と供給量（生産量）の関係を表しています。価格が上がれば、供給量は増大するので右上がりの形状になります。

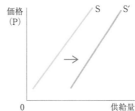

もし価格変化以外の原因で供給量が拡大したとき、それは供給曲線上を動くのではなく、供給曲線が右へシフトすることになります。

〈供給曲線が右へシフトする要因〉

1	生産コストが下落（原材料の下落、賃金の下落）した場合
2	技術革新が起こった場合
3	市場に参加する企業の数が増えた場合

〈供給曲線が上方へシフトする要因〉

1	コストが上昇する場合、特に税が課せられた場合

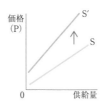

従量税の場合
従量税とは、生産量に賦課される税金で1個あたり何円という形で示されます。このような税金は、グラフ上では供給曲線を平行に上方シフトすることになります。

従価税の場合
従価税は、価格に従って課せられる税金です。消費税は代表的な従価税です。このような税金は、グラフ上では供給曲線の傾きが急になりながら上方へシフトします。

問題　需要曲線・供給曲線のシフト（択一式）

完全競争市場において、ある財の需要曲線と供給曲線のシフトに関して妥当なものはどれですか。

1. 技術革新によって生産費の削減が図られたとき、供給曲線は右下へシフトしますが、需要曲線はシフトしません。

2. 所得の上昇は需要曲線を左方向へシフトさせますが、供給曲線はシフトしません。

3. この財の人気が高くなると需要曲線は左下へシフトしますが、供給曲線はシフトしません。

4. この財に従量税が課せられると需要曲線は右へシフトしますが、供給曲線はシフトしません。

5. この財の代替財の価格が上昇した場合、供給曲線は左にシフトしますが、需要曲線はシフトしません。

（国税専門官　改題）

補足　情報

そもそも供給曲線は、限界費用曲線なので、コストが上昇すると上方へシフトします。

供給曲線のシフトは、試験では税金が課せられた場合を扱う問題がほとんどです。

●グラフはなく文章だけの問題ですが、グラフをイメージして問題を解く習慣をつけると力がつきます。

■問題の解答・解説

2. 所得の上昇は需要曲線の右へのシフト。3. 人気が出て需要が増大すると需要曲線が右へシフト。4. 従量税が課せられると供給曲線が上へシフト。5. 代替財の価格の上昇によって、この財の価格は変化しなくても需要が増大することになり、需要曲線は右へシフト。

したがって、正解は1になります。

7. 均衡点が存在しないケース

Key Point

市場の均衡点が存在しない場合は、均衡価格がゼロの場合と、均衡取引量がゼロの場合があります。

これまでの議論では、必ず均衡点が存在していましたが、次にあげる2つのグラフのように均衡点が見出せない財も世の中にはあります。

まず、均衡価格が存在しないようなケースです。これは、どの価格水準でも常に供給量が需要量を上回っているような場合であり、たとえ価格がゼロだとしても供給量のほうが大きい状態にあります。

このような財は、例えば「空気」のようなケースであり、**自由財**と呼ばれ、均衡価格はゼロになります。

また、均衡需給量が存在しない場合として右図のような需要曲線と供給曲線が考えられます。これは、常に消費者が払える金額よりも生産するために必要なコストが上回ってしまうケースです。

例を挙げれば、宇宙旅行などの高額商品が該当し、均衡取引量はゼロになります。

均衡価格が存在しないケース

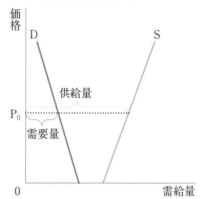

均衡需給量が存在しないケース

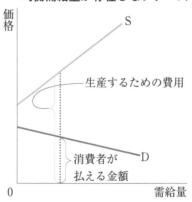

問題　様々な需要曲線・供給曲線 (択一式)

　下図のア～エのような需要曲線 (D) と供給曲線 (S) が示されています。

　このグラフに対応するような財はどのようなものが妥当と考えられるか選んでください。

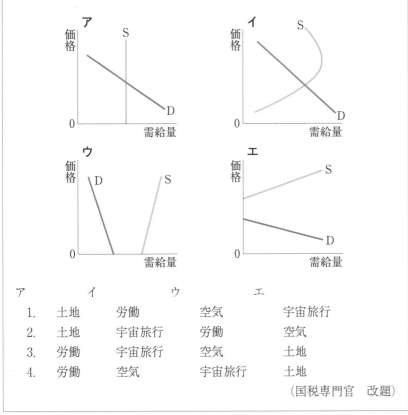

	ア	イ	ウ	エ
1.	土地	労働	空気	宇宙旅行
2.	土地	宇宙旅行	労働	空気
3.	労働	宇宙旅行	空気	土地
4.	労働	空気	宇宙旅行	土地

（国税専門官　改題）

■問題の解答・解説

　初めてみる形状もあると思いますが、選択肢にある財の例をもとに、肩の力を抜いてイメージできれば解答が見つけられます（一種の頭の体操のような問題です）。

ア．供給曲線 (S) が垂直であるということは、供給量が一定という意味です。そのような財の例としては、土地が当てはまります。

イ．労働の需要と供給を考えると、縦軸の労働の価格を「賃金」と読めます。すると、労働の供給曲線が賃金の上昇に対して反転している理由がわかります。それは、賃金の上昇で生活が豊かになると、労働時間（供給量）を減らして余暇の時間を増やすように行動するためです。

ウ．これは、どのような価格水準でも供給量が需要量を上回っている財です。つまり、0円でも供給可能なことから自由財であり、選択肢では、空気が該当します。

エ．このグラフはどのような取引でも、常に供給価格が需要価格を上回ってしまい、消費者がほしいと思っても全く手が出ない商品になると思われます。したがって、選択肢にある宇宙旅行が該当します。

　以上の検証から、正解は1になります。

労働供給曲線

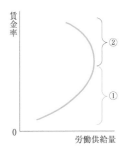

　賃金が低い水準では①代替効果の絶対値が所得効果の絶対値よりも大きくなり、労働供給量は増加しますが、賃金が高くなり、②代替効果の絶対値が所得効果の絶対値よりも小さくなれば労働供給を減らそうとします（92ページ参照）。

　したがって、個別の労働供給曲線は上図のように後方屈曲型になります。

常に均衡するとは限らない？

| Unit 12 | 完全競争市場 |

市場の安定化

Unit12 のポイント

この Unit では、均衡点がどのような調整過程を経て実現するのかを考察していきます。

▶ 講義のはじめに

完全競争市場において、均衡点が決定し、そこで価格と取引量が決定する仕組みが前回の Unit でしたが、その均衡点はいきなり決定するわけではありません。決定に至るまでのアンバランスな状態からどのような調整過程を経て 1 点に落ち着いていくのかについて考察していきます。どのような調整があるのか、ミクロ経済学では 2 つの説明の手法があります。

〈2 つの調整過程の考え方〉

	経済学的思考
	調整過程の種類
1. テレビなどで証券取引所の場面を見たことがある人はすぐにイメージできると思いますが、株式の売りと買いは目まぐるしく動いています。 　これが、需要と供給のメカニズムが機能している現場の姿なのです。実は需要があればすぐに供給がなされているという特徴があります。 　こうした株式のように瞬時に需要と供給の調整メカニズムが機能し、均衡してしまうのが 1 つ目のパターンです。	1. ワルラス的価格調整 →瞬時に調整する。
2. 次に住宅や生鮮食料品のように需要に関してすぐに反応しても、すぐに供給が追いつかず、たとえ増産は可能だとしても供給に時間がかかるものがあります。 　このような調整過程のパターンが 2 つ目です。	2. マーシャル的数量調整 →調整に時間がかかる。
その他の調整として、農産物のように供給に一定の時間が必要なケースの調整メカニズムがあります。	その他 くもの巣理論

Navigation

- どのような市場が望ましいのか？

完全競争市場の定義
↓
価格の決定
↓
市場の安定化

- 完全競争市場が最も望ましい市場である具体的な理由

余剰分析　　純粋交換経済

難易度　難易度は高難度順に AA、A、B、C で表示。
A　出題率は高出題率順に☆、◎、○、◇で表示。

資格試験別・予想出題率		
	国家総合	○
	国家一般	○
	地方上級	☆
	公認会計士	○
	国税専門官	◎
	外務専門職	○
	中小企業診断士	○
	不動産鑑定士	○

1. ワルラス的調整過程

Key Point

ワルラス的調整過程は、超過需要や超過供給が価格を変動させ、需給の均衡がなされます。

ワルラス的調整過程は、これまで見てきた価格調整メカニズムのことで、この理論の先駆者、レオン・ワルラスの名前からつけられました。

考え方のプロセス

プロセス-1

価格が P_1 のとき、市場の需給はアンバランスな状態です。P_1 の価格水準では、需要量が供給量を超えていて超過需要が発生しているからです。

この超過需要の状態は、売り手は価格を引き上げても売れるという見通しから、価格上昇の傾向が E 点まで続くと考えられます。

買い手が「ほしい！」と思うものは、どうしても価格が上昇していきますが、どこまでも上昇し続けることはなく、需給のバランスが取れた点で均衡していきます。

プロセス-2

価格が P_2 のときも需給はアンバランスな状態です。供給量が需要量を超えて超過供給が発生しています。

この超過供給とは、つくりすぎ、またはモノがあり過ぎる状態ですので、売り手は売れ残りになるのを恐れて価格を引き下げようと考えます。価格の下落は、E 点まで続きます。

売り手が余ったモノを安売りしようとした場合でも、需給が一致する点まで価格が下がって均衡します。

プロセス-3

ワルラス的調整過程

人気歌手のコンサートとなれば、限りある席に大人数が殺到しますから、超過需要の状態になっ

需要＞供給	超過需要	価格が上がる
需要＜供給	超過供給	価格が下がる

ているはずです。しかし、チケット価格は据え置きして販売しています。これは、会社の信用などがあってのことかもしれませんが、実際にはプレミアがついて、ネットや金券ショップでは高値で取り引きされています。こちらのほうの価格調整メカニズムが機能しているといえます。

補足

ワルラス的調整過程は、需要曲線と供給曲線の水平差が価格を変動させると考えます。

補足

ワルラス的調整過程はワルラス的価格調整過程とも呼ばれ、需要・供給が働く卸売市場や株式市場などに見られる価格の調整によって均衡を達成するメカニズムです。

ワルラス的調整では、プロセスにしたがって均衡点Eが実現しますが、この調整過程の特徴は、価格の変動によって瞬時に需要量や供給量が変更されていることにあります。

例えば、需要量にあわせて生産しようとしても時間がかかる財には、この調整過程は当てはまらず、株式やすでに出来上がった在庫品のみの取引を考察するうえで有用になります。

2. マーシャル的調整過程

Key Point
マーシャル的調整メカニズムは、市場において需要価格と供給価格に差が生じているとき、生産量の拡大・縮小を通じて需給の均衡がなされます。

マーシャル的調整過程は、住宅や食品など供給（生産）に時間がかかる財を分析するうえで有用となります。マーシャル的調整過程は、需要価格と供給価格の差によって、需要量や供給量が変更されるという考え方であり、以下のプロセスで考察していきます。

補足

マーシャル的調整過程はマーシャル的数量調整過程とも呼ばれ、生産者が価格をベースに数量を調整して均衡するものです。

考え方のプロセス

プロセス -1

右図において、供給量が50個のとき、需要者が払ってもよいと考える金額は150円です。この150円を**需要価格**といいます。

また、この50個の供給量のときの**供給価格**は100円だとします。（この供給価格とは、供給曲線の導出でも述べたように限界費用です）。

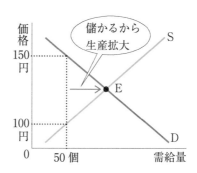

供給量が50個のとき、需要価格が供給価格を上回っています。これは需要者が払ってもよいと思う金額のほうが大きいということで、生産者は儲けが期待できると考えて、供給量を拡大させます。

このような調整メカニズムは、均衡点Eまで続くと考えられます。

プロセス -2

次に、供給量が140個のとき、需要者が払ってもよいと考える需要価格は100円であり、供給価格の150円を下回ってしまいます。

これでは、150円のものが100円でしか売れないのですから、生産者にとっては損をすることになります。

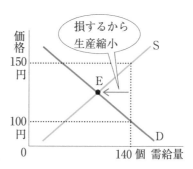

したがって、生産者は供給量を減らそうと考えるはずです。

このような調整過程は、均衡点Eまで続きます。

マーシャル的調整過程

　このようにマーシャル的調整はワルラス的調整とは異なり、需要価格と供給価格の差によって需給量が調整されます。

需要価格＞供給価格	供給の拡大
需要価格＜供給価格	供給の減少

3. 安定条件

Key Point

　ワルラスの安定条件は横で分析し、マーシャルの安定条件は縦で分析します。

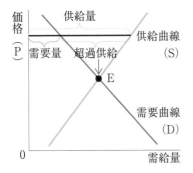

ワルラス的安定

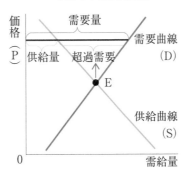

ワルラス的不安定

情報

　安定、不安定の判別問題では、右上がりの需要曲線や右下がりの供給曲線などが出題されますが、なぜそのような形状なのかを問うことはなく（考えるだけ時間の無駄です）、均衡点に近づくかどうかだけが論点になります。

　安定条件というのは、均衡点からアンバランスな状態になったときに、はたして元の均衡点に戻るか否かを分析した際に、均衡点に再び戻ってくるのならば「**安定**」、均衡点からどんどん離れていくような状態であれば「**不安定**」と言います。右上図を見れば、右上がりの需要曲線と右下がりの供給曲線の場合、超過需要が発生し価格が上昇すると均衡点からどんどん遠ざかっていくことがわかります。したがって、右上図はワルラス的に不安定だと考えます。

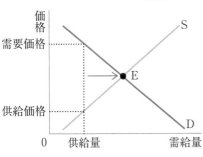

マーシャル的安定

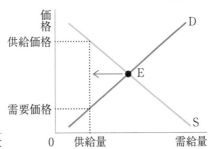

マーシャル的不安定

　右上図の右上がりの需要曲線と右下がりの供給曲線のケースでは、供給価格＞需要価格のとき、供給量を減少させるので均衡点Eから遠ざかっていきます。

　したがって、右上図はマーシャル的に不安定になります。

問題　安定、不安定（択一式）

下の1から3のグラフの中で、ワルラス的には安定であるが、マーシャル的には不安定なものはどれですか。

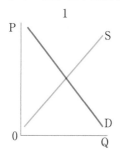
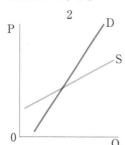
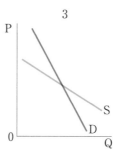

1. 1
2. 2
3. 3
4. 1と3
5. 2と3

（地方上級　改題）

■問題の解答・解説

ワルラス的安定、不安定を判別する問題は、択一式の問題では比較的出やすく、理論よりも解き方を知っていれば容易にできます。正解は2。

ワルラス的安定の判別法

プロセス-1	→	プロセス-2
グラフの均衡点より上に補助線を引きます。		Sの長さ＞Dの長さであれば「安定」。逆は「不安定」。

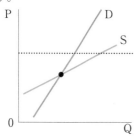
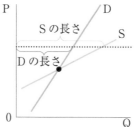

マーシャル的安定の判別法

プロセス-1	→	プロセス-2
グラフの均衡点より左に補助線を引きます。		Dの長さ＞Sの長さであれば「安定」。逆は「不安定」。

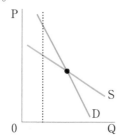
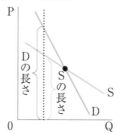

情報

試験では、かなり機械的に解くことになりますが、理論的にしっかり裏打ちされた知識を持っていると、応用がききます。

補足

ワルラス的安定の判別法として均衡点より下に補助線を引いて、「Dの長さ＞Sの長さ」となった場合も「安定」となります。

逆は「不安定」。

補足

マーシャル的安定の判別法として均衡点より右に補助線を引いて、「Dの長さ＜Sの長さ」となった場合も「安定」となります。

逆は「不安定」。

4. くもの巣理論

Key Point

くもの巣理論の安定条件は、供給曲線の傾きの絶対値が需要曲線の傾きの絶対値よりも大きいとき「安定」と判別されます。

これまでの調整過程として挙げられたワルラス的調整とマーシャル的調整以外の調整メカニズムとして、**くもの巣理論**があります。

これは、農作物や畜産物など需要と供給に一定の時間的経過が必要な財に用いられます。例えば、養殖ハマチの価格が高くなったので、生産者は養殖ハマチの生産にとりかかりますが、養殖をスタートさせてから販売するまでに時間がかかるような場合がこの理論の背景になります。

また、分析における仮定として、マーシャル的調整過程を前提に、今年度の供給量を前年度の価格に依存して決定するものとします。

考え方のプロセス

プロセス -1

最初の供給量を Q_0 だったとします。このとき、需要価格が P_1 であるために、生産者は高い価格で売れることから儲かると考えて、P_1 に対応するように供給量を Q_1 まで増大させます（これは、マーシャル的調整と同じ発想です）。

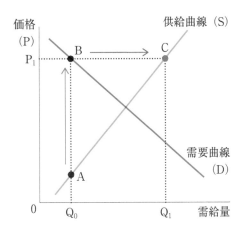

プロセス -2

プロセス -1 で供給量を増大させますが、その結果 BC の長さの分だけの超過供給が発生するために、価格が C から D の高さの分だけ引き下げられることになります。

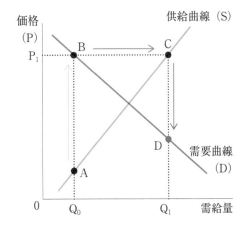

プロセス-3

　供給量が Q_1 のもとでは、供給価格＞需要価格ですので、このままの状態では、生産者は損をしてしまいます。したがって、供給量をDからEまで減少させます。

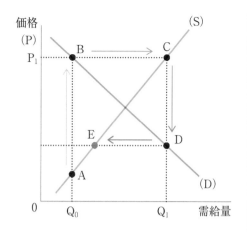

プロセス-4

　E点での状況は、プロセス-1と同じです。また振り出しに戻って、同じように調整過程が働くと考えれば、まるでくもの巣のようにグルグル回りながら均衡点へ向かっていくことがわかります。

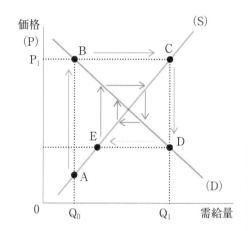

　このようなくもの巣理論はすべての場合で成立するわけではなく、需要曲線と供給曲線の傾きによって、**収束**と**発散**の2つの場合に分けられます。ゲーム感覚で作図していただくとわかりますが、左下図は供給曲線のほうが需要曲線より急なカーブで描いた場合であり、スタート地点はどこからでも結構ですので作図していけば均衡点へ向かっていきます。したがって、均衡価格へ収束することから、くもの巣調整において安定であると考えます。

　しかし、右下図のように需要曲線を急なカーブにした場合、発散してしまい均衡点からどんどん離れ、くもの巣調整において不安定になります。

補足

「**収束**」は均衡点へグルグル回って向かっていく状態。
「**発散**」はグルグル回って均衡点から遠ざかっていく状態。

くもの巣調整の安定

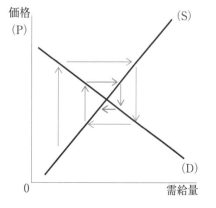

くもの巣調整の不安定

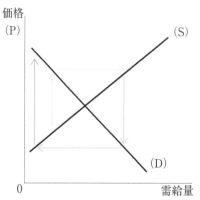

単純に「急なカーブ」という表現を使いましたが、これは、需要曲線と供給曲線の傾きが逆方向を示しているので、プラスの傾きとマイナスの傾きになっています。

そこで、くもの巣安定の判別が単に傾きの大きさだけを比べるということなので符号を統一する意味で絶対値を用いるのです。

したがって、くもの巣理論における安定条件の判別法は、

供給曲線の傾きの絶対値＞需要曲線の傾きの絶対値	安定
供給曲線の傾きの絶対値＜需要曲線の傾きの絶対値	不安定

となります。

問題　くもの巣理論（択一式）

　次の1から3の図で、くもの巣理論における市場均衡が安定的になるのはどれですか。

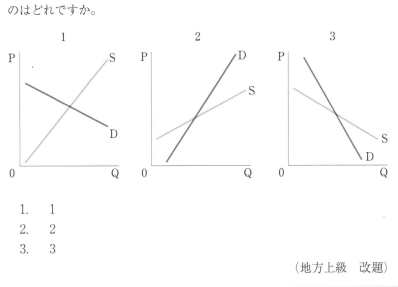

1.　1
2.　2
3.　3

（地方上級　改題）

■**問題の解答・解説**

　くもの巣理論では、それぞれのグラフの傾きを確認し、「絶対値」という概念を用いて、単純に傾きの大きさだけを比較します。

　供給曲線の傾きの絶対値のほうが、需要曲線の傾きの絶対値より大きければ安定になります。

　したがって、正解は1になります。

不安定な場合

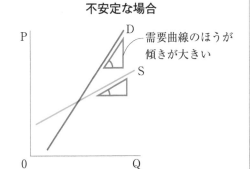

需要曲線のほうが傾きが大きい

面積で市場の良し悪しを判断する。

Navigation

●どのような市場が
　望ましいのか？

　完全競争市場の定義

　価格の決定

　市場の安定化

●完全競争市場が最も
　望ましい市場である
　具体的な理由

余剰分析　　純粋
　　　　　　交換経済

Unit 13 完全競争市場 余剰分析

Unit13 のポイント

　このUnitでは、完全競争市場が望ましい市場であるという価値の判断を行っていきます。例えば、独占企業が存在した場合、それと比較して、完全競争市場がどのくらい望ましいのかという判断を、「余剰」という概念を用いて分析していきます。

難易度　難易度は高難度順にAA、
B　A、B、Cで表示。
　　　　出題率は高出題率順に
　　　　☆、◎、○、◇で表示。

資格試験別・予想出題率	
国家総合	◎
国家一般	◎
地方上級	☆
公認会計士	○
国税専門官	◎
外務専門職	○
中小企業診断士	○
不動産鑑定士	☆

▶ **講義のはじめに**

　これまでの均衡価格や均衡需給量の決定などの点や線の世界から、面の世界へ拡大させていきます。この面の世界によって完全競争市場がどのくらい望ましいのか考察していきます。それには余剰という測定の基準を定めることになります。

〈考え方〉

　消費者と生産者が「市場」という出会いの場で会い、そこで取引が生まれます。

　取引を行う理由は、もちろんお互いにとって利益（儲け、便益）があるからです。

　では、お互いどれくらい利益があるのかを明らかにしていきます。

経済学的思考

（1）消費者の考え方
　A子さんはお昼休みに 1,000 円出して焼肉定食を食べようと思ったら、700 円だったので「儲けた」と心の中で思った。

→

（1）消費者余剰
　取引によって、消費者が払っても良いと考える金額から実際の金額を差し引いた部分。

（2）生産者の考え方
　B 企業は、1,000 円で焼魚定食を販売していて、これを製造するコストが600 円だったので 400 円儲かった。

→

（2）生産者余剰
　取引によって受け取った金額とそれを生産するのに要したコストの差額。

↓

　これらの余剰を合計した総余剰の面積によって、価値判断、つまり望ましい経済を考察していきます。

1. 消費者余剰

Key Point

消費者余剰は、需要曲線と縦軸と価格線で囲まれる三角形の面積として表せます。

消費者余剰とは、消費者が買わずに済ますより、それを購入するほうがよいと考えた場合、払ってもよいと思う最高金額と実際に支払った金額の差額のことです。

右図において、需要曲線の高さは消費者が購入に関して払ってもよいと考える金額であり、価格Pとの垂直差が払ってもよい金額と実際に払う金額の差です。そして三角形APEの面積が消費者余剰を表します。

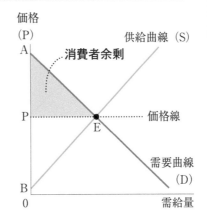

では、具体的に導出のプロセスを見ていきましょう。

考え方のプロセス

プロセス-1

消費者が受ける余剰（儲け、便益）を具体的に表します。

焼肉定食のランチを4人の消費者が注文しようとします。

焼肉定食の価格が700円のとき、A子さんは払ってもよいと考える金額が1,000円なら300円の余剰、B男さんは払ってもよいと

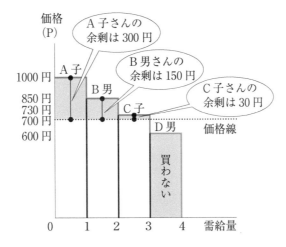

考える金額が850円なら150円の余剰、C子さんは払ってもよいと考える金額が730円なら30円の余剰を得るので注文しようと考えます。

D男さんは、払ってもよいと考える金額が600円だったので、注文しないことになります。

以上のように、購入者の余剰の合計は300円 + 150円 + 30円 = 480円となり、これが消費者余剰になるわけです。

プロセス-2

プロセス-1の考え方から、消費者余剰は価格が下がるほど大きくなる性質があります。また、市場全体ではプロセス-1の棒グラフの数がもっと増えていくので、結局、消費者余剰は、需要曲線と縦軸と価格線で囲まれる三角形の面積で表されます。

補足

プロセス-1のもとでは、消費者余剰は階段状の面積になりますが、これは市場に4人しか消費者がいない場合です。

実際の市場には不特定多数の消費者がいますので、階段状の部分はなくなり、三角形の面積になるということです（ワープロで斜線を描いて、拡大して見るとギザギザの線になっています。このような例をイメージしてください）。

2. 生産者余剰

Key Point

　生産者余剰は、供給曲線（＝限界費用曲線）と縦軸と価格線で囲まれる面積として表せます。

　生産者余剰とは、生産者が供給して販売した金額から、その製品の生産に要したコストを引いた部分をいいます。

　そもそも供給曲線は限界費用曲線なので、生産者にとって受け取りたい金額を表しています。

　したがって、実際の価格と受け取りたい金額の差額が生産者余剰として三角形PBEになっています。

　これも、具体的にプロセスを追って考察してみましょう。

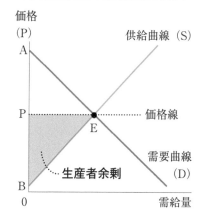

考え方のプロセス

プロセス -1

　供給曲線は限界費用曲線であり、価格が１個あたりの収入を表しています。すると、生産者余剰とは単純に「利潤」であるという答えが出ますが、もう少し限界費用について調べてみましょう。

生産量	0 個	1 個	2 個	3 個	4 個
費用構成					
固定費用	100 円	100 円	100 円	100 円	100 円
可変費用	0 円	50 円	100 円	150 円	200 円
総費用	100 円	150 円	200 円	250 円	300 円
限界費用	50 円	50 円	50 円	50 円	

　例えば、4個の生産を行う場合、上記のように費用の構成をまとめてみます。

　ここで、固定費用は100円ですが、可変費用として1個あたり50円必要になるとします。すると、4個生産したときの可変費用は200円になります。

　また、限界費用は1個多くつくるのに追加的にかかった費用ですから、1個多く生産するごとに50円の金額がプラスされていきます。

　したがって、4個生産したときの限界費用の集合は200円になります。これは可変費用と同じになっています。

　このように、限界費用が可変費用と同じ性質であることより、供給曲線（限界費用曲線）の下側の面積は、可変費用を表していると考えられます。

プロセス -2

価格（P）×生産量（Q）で求めた総収入は、供給曲線（限界費用曲線）によって上の面積の生産者余剰（三角形 P_1BE）と下の面積の費用（四角形 $B0Q_1E$）に分かれます。

この費用はプロセス -1 より「可変費用」を表していることによって、生産者余剰とは、単に利潤ではなく「固定費用＋利潤」を表しているということになります。

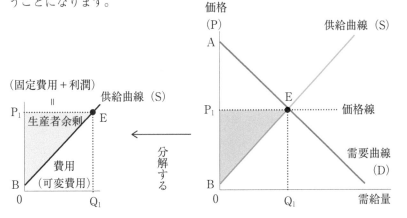

用語　補足

生産者余剰は、ビジネス社会では、**粗利**（あらり）、粗利潤（あらりじゅん）と呼ばれています。

この正体は、利潤＋固定費用であり、収入から可変費用のみが引かれたものです。

長期における生産者の行動では、費用を固定費用と可変費用に分けないため、生産者余剰は単純に生産者の「利潤」部分になります。

3. 完全競争市場の効率性

Key Point

完全競争市場は、市場均衡において総余剰が最大となり、これは、完全競争市場が最も効率的な資源配分を達成することを意味します。

下図のように、完全競争市場では価格 P_1 と需給量 Q_1 が決定されます。このときの消費者余剰は三角形 AP_1E、生産者余剰が P_1BE になります。このことから、市場全体では、三角形 ABE だけの余剰をもたらすことになり、その面積が総余剰（社会的余剰）となります。

市場の効率性を判断するうえで、完全競争市場における総余剰の面積が最大になることから、最も効率的な資源配分が達成されているという結論が出ます。

この Unit の余剰分析は、このような面積によって、市場の効率性を比較し、その良し悪しを見ていこうとするものです。

完全競争市場の場合が面積が最大で、それ以外の場合は必ず面積はこれよりも小さくなります。

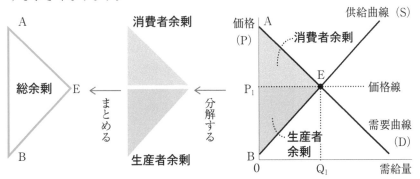

4. 税金の効率性

Key Point
課税の実施は厚生の損失（税の超過負担）を生み出す場合があります。

完全競争市場の経済において、政府が課税する場合、市場にどのような変化をもたらすのかを考察していきます。

日常生活の中で、様々な税金があることは皆さんご存じだと思います。例えば、A 子さんはアルバイトをして、その給与から引かれる税金として所得税があります。また、アルバイトの帰りにコンビニに寄って大好きなアイスクリームを買った場合には消費税を払います。

一般的に課税法には、所得税のように支出や生産には無関係に徴収される直接税と、消費税のように支出時や生産時に徴収される間接税があります。ここでは、間接税について取り上げていきます。

 補足

直接税は、納税義務者と納税負担者が同一の税です。
間接税は、納税義務者と納税負担者が異なる税です。

考え方のプロセス
プロセス -1

まず、間接税として財 1 個に a 円という課税を実施したとします。

ここでは、政府は生産者に対して課税し、生産者は 1 個生産するたびに a 円の税金を払っていきます。

したがって、生産者の限界費用（供給曲線）は課税前と比べて a 円だけ増加することになります。これはグラフでは供給曲線が a 円分上方へシフトして描かれます。

また、均衡点は E 点から F 点に移ることによって価格も P_1 から P_2 へ上昇します。

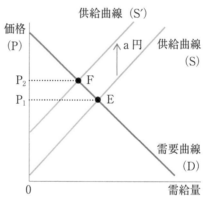

 関連 補足

間接税は、従量税と従価税に分類されます（141 ページ参照）。
ここでは、従量税の場合を扱っているので、供給曲線は平行に上方シフトします。

プロセス -2

次に、この課税による政府の税収（租税収入）について考えます。

1 個あたり a 円の税金がかかり、それに生産量を掛けた面積の大きさが政府が受け取る金額になります。

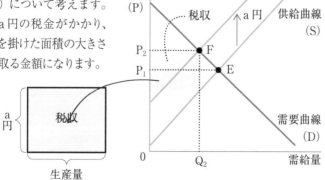

さらに、課税されることによって価格が引き上げられるために、消費者余剰も生産者余剰も減少することになります。

プロセス -3

　この税収は、政府の余剰部分であり、総余剰を構成する１つになります。

　したがって、総余剰の面積は、消費者余剰＋生産者余剰＋税収（政府の余剰）となります。

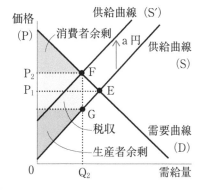

　厚生の損失は、「死荷重」または「死重的損失」という場合もあります。

消費者余剰　＋　生産者余剰　＋　税収　＝ 総余剰　　＝厚生の損失

　すると、完全競争市場における総余剰の面積よりも三角形 FGE だけ小さくなることがわかります。

　この三角形 FGE の面積を**厚生の損失**と呼びます。これは、課税によって価格が上昇し、市場での需給量が減少し、それが原因で発生しているもので、資源配分が非効率であることがわかります。

問題　課税による厚生の損失（択一式）

　ある財に対する需要曲線と供給曲線が次のように示されています。

（需要曲線）$P = 150 - D$　　（P：市場価格）

（供給曲線）$P = S$

　この財に１単位あたり 30 の従量税を賦課したときに生じる厚生の損失はいくらになりますか。

1.　210　　　　　2.　225　　　　　3.　235

4.　1,800　　　　5.　3,600

（地方上級　改題）

■問題の解答・解説

　まず、問題文の D と S の記号を需給量の Q に置き換えます。

　需要曲線 $P = 150 - Q$　…①

　供給曲線 $P = Q$　…②

課税後の供給曲線は、

　$P = Q + 30$　…③になります。

①と③より F 点は $P = 90$、$Q = 60$。

$Q = 60$ を②に代入して G 点の $P = 60$。

①と②より E 点の $Q = 75$

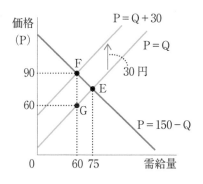

厚生の損失の面積

$$\frac{底辺 \times 高さ}{2}$$

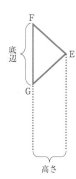

　したがって、三角形の面積＝底辺×高さ÷２なので、数値をあてはめます。三角形 FGE の面積は、$(90 - 60) \times (75 - 60) \div 2 = 225$

　したがって、正解は 2 となります。

> **問題　税収における租税負担率** (択一式)
>
> 　完全競争市場において、X 財の需要曲線が P = 10 − 2X、供給曲線が P = 6X で与えられています。ここで、P は X 財の価格、X は X 財の数量を表します。
>
> 　X 財の生産者に対して、財 1 単位あたり 4 の従量税が課せられたとき、課税後の均衡における消費者と生産者の租税負担割合の組み合わせとして正しいのはどれですか。
>
> | | 消費者 | 生産者 | | 消費者 | 生産者 | | 消費者 | 生産者 |
> |---|---|---|---|---|---|---|---|---|
> | 1. | $\dfrac{1}{2}$ | $\dfrac{1}{2}$ | 2. | $\dfrac{2}{3}$ | $\dfrac{1}{3}$ | 3. | $\dfrac{1}{4}$ | $\dfrac{3}{4}$ |
> | 4. | $\dfrac{2}{5}$ | $\dfrac{3}{5}$ | 5. | $\dfrac{3}{5}$ | $\dfrac{2}{5}$ | | | |
>
> （国家 II 種　改題）

■問題の解答・解説

　税収は、買い手にとっては価格の上昇、売り手にとっては収入の減少（図では価格の下落として描かれます）というマイナス要因になりますが、その税負担は下図のように、①消費者の負担、②生産者の負担になります。

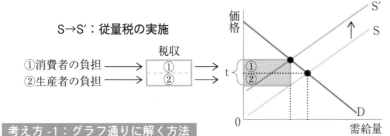

S→S′：従量税の実施

①消費者の負担　──→

②生産者の負担　──→

税収

● 各負担額は、面積で把握されます。

考え方 -1：グラフ通りに解く方法

　需要曲線と供給曲線の連立方程式から、四角形で表現される税収から消費者負担額、生産者負担額を求め、その割合を求めていきます。

$$\begin{cases} P = 10 - 2X & \cdots\cdots 需要曲線 \cdots （1） \\ P = 6X & \cdots\cdots 課税前の供給曲線 \cdots （2） \\ P = 6X + 4 & \cdots\cdots 課税後の供給曲線 \cdots （3） \end{cases}$$

　↓ 連立方程式から、図中の各点を求めます。

（1）、（2）の連立方程式から、

　オ点では、$P = \dfrac{15}{2}$　$X = \dfrac{5}{4}$

（1）、（3）の連立方程式から、

　ウ点では、$P = \dfrac{17}{2}$、$X = \dfrac{3}{4}$

　エ点は、$X = \dfrac{3}{4}$ を（2）に代入

して、$P = \dfrac{9}{2}$、$X = \dfrac{3}{4}$

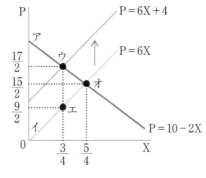

● この問題は、最初から「P =〜」の形になっていますが、必ず需要曲線と供給曲線を確認して、「P =〜」の形にしてから計算しましょう。

　各負担額の面積を求めるのですが、四角形の底辺の長さが一致しているので、簡便に面積ではなく高さの比のみで確認します（財 1 個あたりの比で見ることになります）。

消費者負担：$\dfrac{17}{2} - \dfrac{15}{2} = \dfrac{2}{2} = 1$

生産者負担：$\dfrac{15}{2} - \dfrac{9}{2} = \dfrac{6}{2} = 3$

　消費者負担と生産者負担はそれぞれ 1：3 となり、全体の税収をそれらを足し算した合計の「4」とした場合、

消費者負担：$\dfrac{1}{4}$　　生産者負担：$\dfrac{3}{4}$

となります。したがって、正解は 3 になります。

考え方 -2：茂木式攻略三角形を応用する方法

　需要曲線と供給曲線の連立方程式から、四角形で表現される税収から消費者負担額、生産者負担額を求め、その割合を検証してみます。

プロセス -1：税の負担額の割合

　税収の負担額は面積によって求められますが、考え方 -1 のように底辺の長さは一致しているので、高さ（1 個あたりの負担額）をみます。すると、需要者と供給者の負担に対する比は次のように表せます。

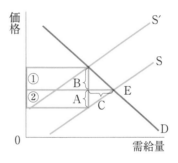

$$\frac{消費者の負担額}{生産者の負担額} = \frac{B}{A}$$

プロセス -2：グラフの傾きの割合について

　需要曲線、供給曲線の傾きを比に表します。

需要曲線の傾き $= \dfrac{高さ}{長さ} = \dfrac{B}{C}$　　　供給曲線の傾き $= \dfrac{高さ}{長さ} = \dfrac{A}{C}$

$$\frac{需要曲線の傾き}{供給曲線の傾き} = \frac{\dfrac{B}{C}}{\dfrac{A}{C}} = \frac{B}{C} \div \frac{A}{C} = \frac{B}{C} \times \frac{C}{A} = \frac{B}{A}$$

> 分数の割り算は、逆数の掛け算になります。

　このように、消費者の負担額と生産者の負担額の割合は、需要曲線の傾きと供給曲線の傾きの割合と等しくなります（ただし、符号がプラスかマイナスかに関係なく、単に大きさだけを見るので絶対値とします）。

　　消費者の負担額：生産者の負担額
　　＝需要曲線の傾きの絶対値：供給曲線の傾きの絶対値

　　または、$\dfrac{消費者の負担額}{生産者の負担額} = \dfrac{需要曲線の傾きの絶対値}{供給曲線の傾きの絶対値}$

プロセス -3：一発で解答できます

　問題文を見て、需要曲線の傾きの絶対値 2 と供給曲線の傾きの絶対値 6 の比なので、税負担額の比は 1：3 になります。選択肢の中で 1：3 になっているのは 3 の選択肢だけなので、これで 3 が正解だとすぐに判明します。

補足

茂木式攻略三角形

① 長さ × 傾き ＝ 高さ

② 傾き ＝ $\dfrac{高さ}{長さ}$

$P = 10 - \underline{2}X$
　　需要曲線の
　　傾きの絶対
　　値は 2

$P = \underline{6}X + 4$
　　供給曲線の
　　傾きの絶対
　　値は 6

text

5. 二重価格政策

Key Point

二重価格による低価格政策はかえって厚生の損失を拡大させます。

二重価格制度の例としては、コメに対する米価政策などが挙げられます。これは、生産者から高い価格で買い取り、消費者に安い価格で提供し、その差額を政府が補助金でカバーする政策です。このような政策もやはり市場の非効率性を生む結果になります。

事例

「二重価格政策」の典型的な例は、1942 年から約 50 年間続いた米価政策が挙げられます。

問題　二重価格（択一式）

　コメの需要曲線と供給曲線が以下のように示されています。政府がこの市場に介入し、均衡価格より高い価格 P_2 で生産者から買い取り、均衡価格より低い価格である P_1 で消費者に販売した場合の厚生の損失は、どのように示されますか。

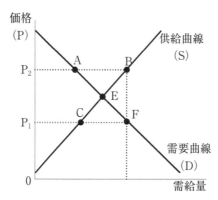

1. $\triangle$ AEB
2. $\triangle$ BCF
3. $\triangle$ AFB
4. $\triangle$ ECF
5. $\triangle$ BEF

（地方上級　改題）

■**問題の解答・解説**

　消費者余剰や生産者余剰は拡大させることができますが、その差額を政府が補助金によってカバーしなければなりません。

　補助金の額は、生産者の収入と消費者の支出額の差額になりますから、四角形 P_2P_1FB の大きさが、総余剰からマイナスされることになります。

補足

　税収は総余剰にプラスされ（政府の余剰）、補助金は総余剰からマイナスされます。

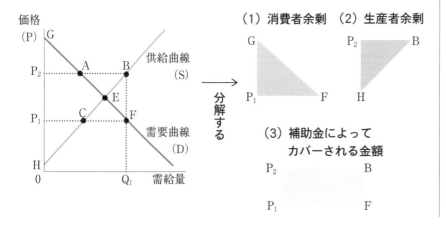

（1）消費者余剰　（2）生産者余剰

分解する

（3）補助金によって
　　カバーされる金額

したがって、総余剰の面積の導出は、

総余剰＝消費者余剰＋生産者余剰－補助金によってカバーされる額

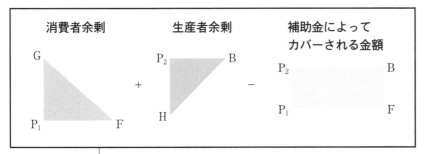

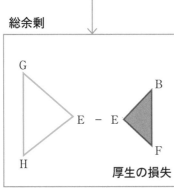

総余剰

厚生の損失

「税金」は政府の余剰として総余剰に加算されますが、「補助金」は総余剰からのマイナスになります。

二重価格を設定した場合の総余剰は、左図のように示され、完全競争時でコメが取引されるより△BEFだけ小さくなり、これが厚生の損失になります。したがって、正解は5になります。

このように、政府の介入による価格のコントロールよりも市場にまかせたほうが効果的であることから、「規制緩和」などが叫ばれています。

政府の介入が必ずしも良い結果になるとは限らないということです。

経済の基本は物々交換にあり！

Unit
14

完全競争市場
純粋交換経済

Unit14 のポイント

前 Unit の余剰分析では 1 種類の財のみを扱ってきましたが、この Unit では 2 種類の財（X 財、Y 財）を扱い、完全競争市場が最も望ましい市場であることを明らかにしていきます。

1 種類の財のみを扱う余剰分析のような手法を部分均衡分析と言い、2 種類以上の複数の財を同時に扱う手法を一般均衡分析と言います。

純粋交換経済は、この一般均衡分析の代表的な論点になり、「パレート最適」という考え方を用いて資源配分の効率性を説明していきます。

▶ 講義のはじめに

完全競争市場が最も望ましい市場であることを余剰分析以外の手法によって、考察していきます。

分析方法の 1 つとして**純粋交換経済**があります。消費者しか存在しないような市場を仮定し、消費者同士が「交換」（取引）を行うことで、もっと自己の効用水準を高めることができるという内容のものです。

〈考え方〉

A 子さんと B 男さんは、同じ授業（経済学と民法）を受けていますが、それぞれ得意不得意が正反対の状態です。

○ A 子さんは、経済学が得意で、民法が苦手です。
○ B 男さんは、民法が得意で、経済学が苦手です。

ここで、何も規制がなく自由な環境だと、私利を求めて A 子さんと B 男さんは「交換」を行うことになります。

つまり、A 子さんは得意の経済学を教える代わりに B 男さんから苦手の民法を教えてもらい、B 男さんは得意の民法を教える代わりに苦手な経済学を A 子さんから教えてもらうことが考えられます。

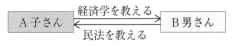

このような取引によって、お互いの成績が上がり、満足度が高まることになります。

Navigation

● どのような市場が望ましいのか？

完全競争市場の定義

価格の決定

市場の安定化

● 完全競争市場が最も望ましい市場である具体的な理由

余剰分析　　純粋交換経済

難易度　難易度は高難度順に AA、A、B、C で表示。
AA　出題率は高出題率順に ☆、◎、○、◇で表示。

資格試験別・予想出題率		
国家総合		☆
国家一般		☆
地方上級		○
公認会計士		☆
国税専門官		☆
外務専門職		◎
中小企業診断士		◇
不動産鑑定士		◇

経済学的思考

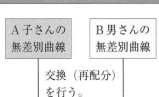

A 子さんの無差別曲線	B 男さんの無差別曲線

交換（再配分）を行う。

お互いにとって、効用水準を高めることができる。

補足

無差別曲線は、2 種類の財の組み合わせを示し、原点から離れるほど効用水準が高いと表現されます。

● この Unit では、生産者がいなくても消費者間だけで交換を行うことによって、高い満足度を得ようとする行動を学習することになります。

1. 純粋交換経済におけるシナリオ

Key Point

各消費者は交換（再配分）を行うことによって効用を高めることができます。

純粋交換経済とは、消費者しか存在していない市場を想定し、そこで交換を繰り返すことによって、効率的な資源配分が達成されるという考え方です。このことを以下のプロセスによって具体化させていきます。

仮定として、市場には2人の消費者しかいません（これをA子さんとB男さんとします）。また、生産者はいないので市場にある財の総量はA子さんが持っている分とB男さんが持っている分だけであり、財の種類は2種類（X財、Y財）だとします。

交換前の保有量を**初期保有量**と呼び、Wを用いて表します。

A子さんの初期保有量 $W_A = X_A + Y_A$

B男さんの初期保有量 $W_B = X_B + Y_B$

この式は、2人ともX財とY財の2種類の財を持っていて、A子さんの持っているX財の数量を X_A、Y財の数量を Y_A とし、B男さんの持っているX財の数量を X_B、Y財の数量を Y_B とします。

市場のX財の数量は、A子さんの持っている分とB男さんの持っている分だけなので、

X財の総量 $= X_A + X_B$

Y財の総量 $= Y_A + Y_B$

となり、他からは一切入手できない状況を仮定します。

それでは、A子さんとB男さんが私利を追求する結果、市場（出会いの広場）においてどのような取引が生まれ、どのように効用の度合いが変化していくのかを考察していきます。

考え方のプロセス

プロセス -1

最初にA子さん、B男さんの初期保有量をお互いの無差別曲線上に定めます。A子さんはX財をたくさん持っていて、B男さんはY財をたくさん持っています。

そこで、私利を追求することは、もっと高い効用を求めることであり、取引によってそれが実現できると考えます。

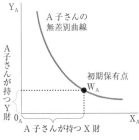

$X_A = $ A子さんが持つX財
$Y_A = $ A子さんが持つY財

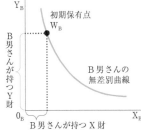

$X_B = $ B男さんが持つX財
$Y_B = $ B男さんが持つY財

● 0_A…A子さんの原点
0_B…B男さんの原点

プロセス -2

A子さんはX財と交換にB男さんからY財を得ることによって、より高い無差別曲線が実現できます。

B男さんはY財と交換にA子さんからX財を得ることによって、より高い無差別曲線が実現できます。

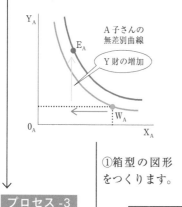

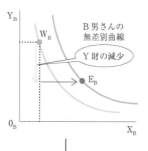

①箱型の図形をつくります。

②このB男さんの無差別曲線を180度回転させて、A子さんの無差別曲線に貼りつけます。

③合成します。

プロセス -3

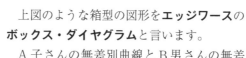

B男さんの無差別曲線をA子さんの無差別曲線に合わせ、両者の初期保有点をW点とし、交換を繰り返し再配分を行うことによって得た均衡点E点が求められることになります（一発でE点で決まるというより、小出しにしていきながら、徐々にE点が実現されていくイメージです）。

レンズ型になっている部分

初期保有点 W

上図のような箱型の図形を**エッジワースのボックス・ダイヤグラム**と言います。

A子さんの無差別曲線とB男さんの無差別曲線は「**レンズ型**」になっていますが、このレンズ型の内部であれば、お互い交換を繰り返して（再配分）効用水準を高めることができます（その行き着く先を**コア**と言います）。

また、お互いの原点から最も離れている水準の無差別曲線を選択しようとしたとき、両者の無差別曲線が背中合わせになるE点が求められます。

E点では、これ以上にA子さんの効用水準を高めようとするとB男さんの効用が下がってしまい、逆にB男さんの効用水準を高めようとするとA子さんの効用水準が下がってしまう状態になっています。

つまり、「他の消費者の効用を減少させずに、もう一方の消費者の効用を高めることができない状況」であり、この状況を**パレート最適**（**パレート効率**）が実現したと言います。

補足

物々交換をイメージ

2人が自分の持っているモノ同士を交換することによって、最も高い効用を得ることをイメージします。

用語 **補足**

再配分

例えば、ある農家が1種類の作物をつくっていて、自分では消費しない分を市場に売りにいって自分が食べたいモノと交換してくると、市場によって再配分がなされたと表現されます。

用語 **補足**

パレート最適の実現

最も効率的、活用的に資源配分が達成された状態。「他の消費者の効用を減少させずに、もう一方の消費者の効用を高めることができない状態」を言います。

例えば、ホットドッグを2人の兄弟でちょうどうまく分けられたとしましょう。

兄の取り分 ┊ 弟の取り分

もし、兄のほうを少しでも大きくしようものなら、弟のほうは小さくなってしまいます。

つまり、弟の取り分を減少させずに、兄の取り分を増やすことはできないギリギリで均等を達成しているのが、このパレート最適のイメージです。

2. 契約曲線

Key Point

　契約曲線上では、2人の無差別曲線の限界代替率が等しくパレート効率的な配分の集合になります。

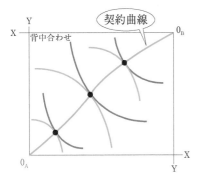

| A 子さん | B 男さん |

↓ 交換を繰り返す

パレート最適が実現する

A 子さんの　＝　B 男さんの
限界代替率　　　限界代替率

完全競争市場が
最も効率的な市場となる。

　上図のように、両者の限界代替率が等しく、パレート効率的な配分の軌跡を**契約曲線**と言います。この曲線の線上はすべて最適な資源配分が達成されています。

　交換を繰り返すことによって実現したパレート最適点は、最も効率的な資源配分を実現させています。両者の無差別曲線が背中合わせになり、1点で接するということは、両者の無差別曲線の傾きである**限界代替率**が等しくなっているともいえます。

　完全競争市場では、A 子さんも B 男さんもプライス・テイカーとして行動しますから、効用最大の消費量を価格比＝限界代替率になるように決定しているはずです。

　価格は市場で決定されているために A 子さんが直面している価格比も B 男さんが直面している価格比も等しくなっています。ということは、A 子さんの限界代替率と B 男さんの限界代替率が等しくなっていることを意味しているのです。つまり、完全競争市場ではパレート最適が実現していることを裏づけています。

補足

パレート最適

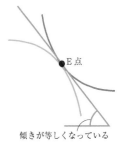

E 点

傾きが等しくなっている

個人 A の　＝　個人 B の
限界代替率　　　限界代替率

補足

　競争市場では、パレート最適になることを**厚生経済学の基本定理**といいます。

問題① 契約曲線 (択一式)

　右図はエッジワースのボックス・ダイヤグラムを示しています。契約曲線に関する妥当な記述はどれですか。

1. 契約曲線は2個人の効用が同じになるような財の配分の集合を表しています。
2. 契約曲線は右上にいくほど2個人の効用を足し合わせた値が大きくなります。
3. 契約曲線は2個人の効用が公平になるような財の配分の集合を示しています。
4. 契約曲線は、もはや一方の効用を減少させずに他方の効用を高めることができない財の配分の集合を示しています。

（市役所上級　改題）

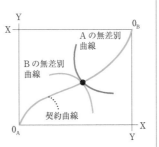

（図中では、原点 0_A からは個人 A に、原点 0_B からは個人 B に配分される X 財と Y 財の量が示されています）

■**問題①の解答・解説**

　契約曲線は、2個人の無差別曲線がちょうど背中合わせになる点の軌跡です。

　このことは、一方の効用を高めるために無差別曲線を原点から遠い位置にしようとすると、背中合わせになるために、もう一方の無差別曲線を低めなければならないはずです。つまり、問題文の「もはや一方の効用を減少させずに他方の効用を高めることができない財の配分の集合」が契約曲線の説明するものになるので、4が正解になります。

問題② 純粋交換経済（択一式）

　2個人A、Bだけの経済におけるエッジワースのボックス・ダイヤグラムです。図中の点W、P、Rについて妥当なものはどれですか。

（CC′は契約曲線、Wは初期保有点、Uaは個人Aの無差別曲線、Ubは個人Bの無差別曲線）

1.　R点はパレート最適な配分であり、P点よりも社会厚生の観点から望ましい。
2.　R点はパレート最適な配分であり、W点よりも社会厚生の観点から望ましい。
3.　P点はパレート最適な配分であり、W点よりも社会厚生の観点から望ましい。

（地方上級　改題）

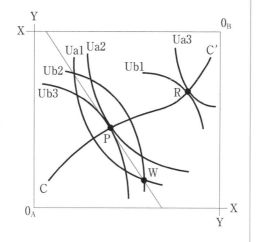

情報

　純粋交換経済の問題は、外見上では難しく感じますが、パターン化されているので、容易に解答できる場合が多いです。

■**問題②の解答・解説**

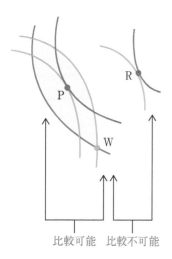

比較可能　比較不可能

〈プロセス-1〉

　レンズ型の内部であれば、社会厚生の観点から望ましさが比較可能です。

　→ W点からP点へはお互いの無差別曲線を上方へシフトさせており、より高い効用水準を実現させています。

〈プロセス-2〉

　レンズ型の外であれば、社会厚生の観点から望ましさの比較ができません。

　→ P点からR点、または、W点からR点では、一方の効用水準を上げるために、もう一方の効用水準を下げなければならず、社会厚生の観点から比較することはできません。

以上から、3が正解になります。

問題③ 契約曲線と無差別曲線 (択一式)

次の文は、エッジワースのボックス・ダイヤグラムに関する記述です。文中の空欄ア〜エに該当する語句の組み合わせとして妥当なものはどれですか。

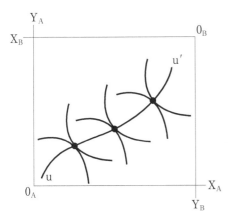

(この図は、X 財と Y 財を一定量保有する 2 人の消費者 A、B が、市場で財を交換するときの X 財の存在量を横軸、Y 財の存在量を縦軸としています)

上図において、uu′ は、消費者 A、B の無差別曲線が互いに接する点の軌跡となっており、 ア といいます。uu′ 上の点では、A、B の個人の イ が等しく、uu′ 上を右上に移動すると、消費者 B の効用が ウ し、消費者 A の効用が エ します。

	ア	イ	ウ	エ
1.	効用可能曲線	限界効用	上昇	上昇
2.	効用可能曲線	限界代替率	上昇	低下
3.	契約曲線	限界代替率	上昇	低下
4.	契約曲線	限界代替率	低下	上昇

(地方上級 改題)

 補足

個人 A、B の無差別曲線が互いに接する点

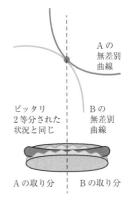

個人 A、B の無差別曲線が互いに接する点では、パレート最適な状態です。したがって、ホットドッグの配分を例にすると、個人 A の取り分を多くする(個人 A の無差別曲線を原点から遠ざける＝効用水準を上げる)と個人 B の取り分が少なく(個人 B の無差別曲線を原点に近づける＝効用水準を下げる)なります。

■問題③の解答・解説

〈契約曲線〉

uu′ は、無差別曲線が背中合わせに接しているパレート効率的な点の軌跡になっていることから契約曲線になります。

〈パレート効率的な点〉

この背中合わせで接している状態とは、無差別曲線の傾きである限界代替率が等しくなっているということです。

〈無差別曲線の特徴〉

uu′ が右上に移動すれば、消費者 B にとって無差別曲線が原点に近づくことになり効用水準は下がります。しかし、消費者 A にとっては、原点から遠ざかることによって効用水準は上昇することになります。

以上から、4 が正解です。

不完全競争市場

完全競争市場の条件が満たされない不完全競争市場。
そこでは、どのような行動が考えられるのかを
明らかにしていきます。

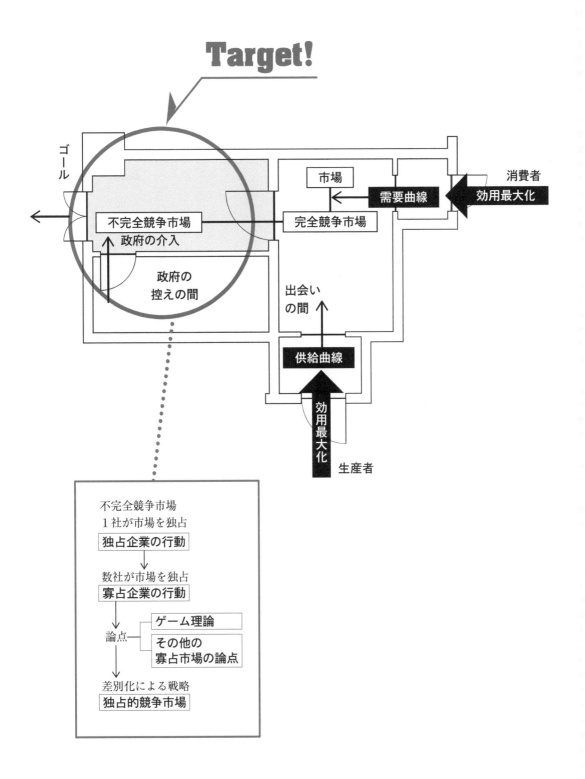

独占企業の製品は、なぜ値段が高くなるのか？

Unit
15

不完全競争市場
独占企業の行動

Unit15 のポイント

この Unit では、完全競争市場の条件のうち、①多数の需要者・供給者の存在と②企業の参入および退出が自由であるという 2 つの条件を満たせない独占企業の行動について考察していきます。

独占企業は、市場に 1 社しかないので、自ら価格を決定する**プライス・メイカー**として行動し、その市場では他社の参入は認められず、参入障壁は極めて高くなります。このような状況下で、独占企業がどのように生産量や価格を決定するのかが論点になります。

> ▶ **講義のはじめに**

これまでの完全競争市場における生産者の行動では、生産者はプライス・テイカーとして、市場で与えられた価格にしたがって生産量を決定しましたが、独占企業の場合には、自社が市場価格を決定する価格支配力（**プライス・メイカー**）があるのです。

すると、どんな価格で販売すればよいだろうか？　という疑問が出てきます。

〈考え方〉

A 企業は、自動車市場において独占企業だとします。

ここで、A 企業は何も考えずに適当な価格を設定したのでは儲けが出ません。そこで、どのくらい売れるものかを需要サイドから抽出しなければなりません。

自動車の需要曲線にしたがえば、あまりにも高い価格や低い価格を設定したのでは、収入が大きくならないことがわかります。

そこで、まずA企業は独占企業として行動するために、価格設定と収入においてどのような「法則」があるのかを見出していきます。

次に費用に関しては、競争企業が車をつくろうが、独占企業が車をつくろうが、同じ費用構成です。ここでは完全競争市場で用いた費用曲線を使います。

最後に、「収入－費用」をもとに、独占企業の利潤最大化行動と価値判断を考察していきます。

経済学的思考

需要曲線にしたがって、販売量（生産量）を決定します。

価格

高い価格
低い価格

需要曲線

0 　　　　　　　　　　需要量

あまり　売れるが
売れない　収入は
　　　　少ない

価格 { 収入 }

生産量
（需要に合わせて生産する）

高い価格	あまり売れない
低い価格	売れるが収入は少ない

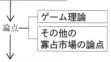
Navigation

不完全競争市場
1 社が市場を独占
独占企業の行動

数社が市場を独占
寡占企業の行動

論点 ── ゲーム理論
　　　　その他の
　　　　寡占市場の論点

差別化による戦略
独占的競争市場

難易度
A

難易度は高難度順に AA、A、B、C で表示。
出題率は高出題率順に☆、◎、○、◇で表示。

資格試験別・予想出題率	
国家総合	◎
国家一般	☆
地方上級	◎
公認会計士	◎
国税専門官	◎
外務専門職	○
中小企業診断士	◎
不動産鑑定士	○

補足

「独占」には、生産者が 1 社しかいない供給独占と、消費者が 1 個人しかいない需要独占があります。

用語

プライス・メイカー

価格支配力を持っているということ。

補足

需要曲線にしたがって生産量を決定する

独占企業は市場需要曲線上の価格と生産量の組み合わせも選択します。

これは需要曲線を**逆**から読むことから**逆需要関数**と呼ばれます。

1. 総収入曲線の導出

Key Point

　総収入曲線は、需要曲線にしたがって販売したときを想定して導出します。

　独占企業は、完全競争市場における企業と同様に利潤が最大になるように生産を行います。したがって、利潤＝収入－費用の算式より、収入と費用の2つのツールをもって分析が可能になります。

　しかし、独占企業は完全競争市場における企業のように市場で与えられた価格に対して生産をした分だけの収入を得るわけではなく、需要曲線にしたがって生産量と価格を決定していきます。

　では独占企業の総収入曲線はどのように導出されるのかを考察します。

考え方のプロセス

プロセス-1

　最初に、ある独占企業が**直面する需要曲線**を用意します。需要曲線は価格が下がれば需要量が増大するという一定の法則を示していますが、これを独占企業サイドから考えてみます。

　すると、P_1 円では、Q_1 個売れ、P_2 円では Q_2 個売れることになります。

　つまり、独占企業が受け取る収入は面積で表すことが可能になります。

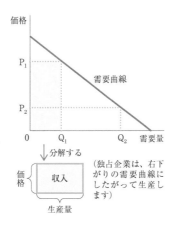

補足

直面する需要曲線

　例えば、自動車の独占企業は、常に自動車市場の需要曲線に直面しているということです。

プロセス-2

　次に、需要曲線にしたがって生産した場合、生産量と収入の関係から総収入曲線を導出していきます。収入は、価格×生産量なので、生産量を増大していったときの収入（面積）をグラフにします。すると、生産量を増大させれば収入は大きくなりますが、ある点を境に、収入は減少するように作用していることがわかります。

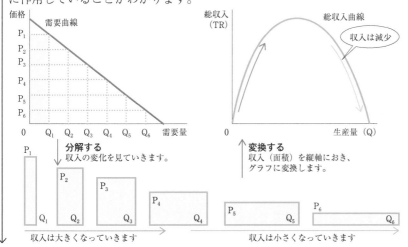

プロセス -3

独占企業における総収入曲線が導出されました。

このグラフの特徴は見ての通り、おわんをひっくり返したような形状です。グラフ上に最も高い箇所があり、収入が最大になる生産量を求めることができます。

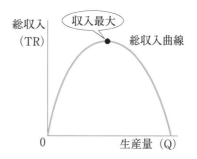

関連

「収入が最大になる生産量」については、194 ページの「売上高最大化仮説」参照。

2. 利潤最大の生産量の考え方

Key Point

独占企業も利潤最大化を目指し、「総収入−総費用」が最大になるように生産量（Q*）を決定します。

ここで独占企業における利潤最大の生産量の決定の構造を、経済学的思考によって確認していきます。

最初に、下の左図において利潤＝総収入−総費用なので、総収入曲線と総費用曲線を1つにまとめて作図します。

費用に関しては、完全競争市場と同じものになります。なぜなら、独占企業になるからといって費用構成が変化するわけではなく、収入の考え方だけが異なるからです。

そして、グラフ上、総収入と総費用の差が最も大きくなる生産量に決定します。

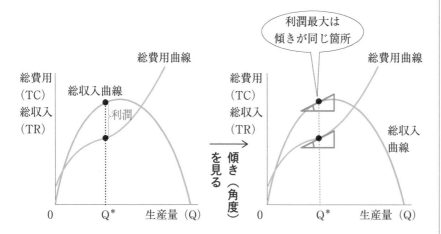

関連

総費用曲線については 108 ページ参照。

上の右図のように利潤最大の生産量（Q*）は、「総収入−総費用」が最も大きい場所になります。

ここでは特に定規をあてて無理に測らなくても、総費用曲線と総収入曲線の傾きが同じになっているはずです。

したがって、両グラフの傾きをグラフにする作業を行えば、利潤最大の生産量をもっと明確に見出すことができます。

3. 限界収入曲線の導出

Key Point

独占企業の限界収入曲線は右下がりの直線になります。

総収入曲線の傾き（難しい言葉では微分）を追跡しながら、限界収入曲線を導出していきます。

生産量を1つずつ増加させていくと、だんだん傾きが小さくなっていき、頂点では傾きがゼロになり、その後は傾きが大きくなっていきます。

この傾きの「向き」が逆になっていることに注意しましょう。右上がりの曲線で示した傾きはプラス、右下がりで示した傾きがマイナスで表示されます。これは、生産量を増加させていくと、プラスの傾きが小さくなっていき、頂点では傾きがゼロ、その後はマイナスの傾きが大きくなっていくということです。

この一定の法則にしたがったグラフが、右図の限界収入曲線になります。

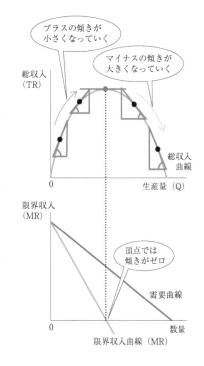

4. 限界収入曲線と需要曲線の関係

Key Point

限界収入曲線の傾きは、**需要曲線の2倍**になります。

需要曲線から限界収入曲線まで導出してきましたが、独占企業を含め、不完全競争市場の分析を行うとき、この2つの曲線は切っても切れない密接な関係を持っています。例題を解きながら、ある法則を見つけます。

例題

需要曲線が P = − 2D + 16 のとき、限界収入曲線（MR）を示してください。（P：価格、D：需要量）

需要にしたがって、販売するのですから D を生産量の Q とおきます。

P = − 2Q + 16　…①

総収入は、価格（P）×生産量（Q）なので、

総収入（TR）＝（− 2Q + 16）× Q = − 2Q² + 16Q

この総収入を微分したものが、限界収入なので、

$(TR)' = − 2 × 2 × Q^{2−1} + 16 × 1 × Q^{1−1} = − 4Q + 16 = (MR)$

限界収入（MR）＝ − 4Q + 16　…②になります。

需要曲線と限界収入曲線の関係は、式の①、②を見ればわかるように、**傾きが2倍**になるだけという法則があることが判明します。

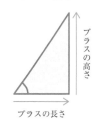

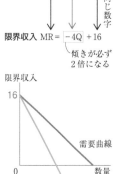

5. 利潤最大の生産量と価格の決定

Key Point

独占企業の利潤最大化条件は、MC ＝ MR ＜ P となります。

分析材料がそろったところで、独占企業における**利潤最大の生産量の決定条件**を考えていきます。また、生産量が決まれば、需要曲線をもとに価格も決定することになります。

総収入と総費用の差額が最も大きくなっている箇所は傾きが等しいので、限界費用曲線と限界収入曲線の交点 E となり、生産量 Q* が決定します。

次に、生産量 Q* から、真っ直ぐ上の需要曲線上にある G 点にポイントを定めます。

その G 点を**クールノーの点**と言い、生産量に対応する価格水準 P* を決定します。

したがって、完全競争市場の生産量のように、MC ＝ MR ＝ P_0 ではなく、MC ＝ MR ＜ P* となっていることがわかります。

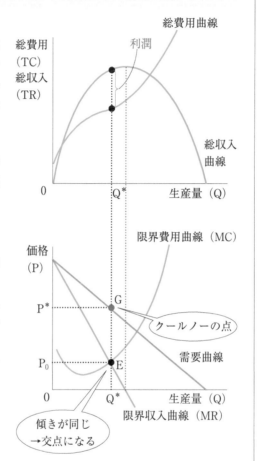

限界費用曲線の導出については 111 ページ参照。

独占企業も競争市場の企業も費用曲線は同じ形状になります。
独占企業は収入曲線のみが異なることに注意しましょう。

G 点の導出
生産量に応じた価格の決定は、需要曲線上で対応されます。

MC ＝ MR ＝ P
完全競争市場における生産者（企業）の利潤最大の生産量の決定式です（112 ページ参照）。

問題① 独占価格 （択一式）

ある企業が完全独占として利潤最大化を行ったとします。この場合の独占価格は、市場の生産量を実現する際に要した限界費用（MC）□□□□なります。

文中の空欄に当てはまる適切なものはどれですか。

1. より小さく
2. と等しく
3. より大きく

（中小企業診断士　改題）

■問題①の解答・解説

完全競争市場であれば限界費用と価格は等しくなりますが、独占価格は、限界費用よりも大きくなります。正解は 3 です。

問題②独占価格の計算（択一式）

ある独占企業の利潤最大の生産量と価格を求めてください。

ただし、需要曲線 D = 50 − P、総費用曲線（TC）= 10X であり、D：需要量　P：価格　X：供給量とします。

1. 生産量 20、価格 20　　　　2. 生産量 30、価格 20

3. 生産量 20、価格 30　　　　4. 生産量 30、価格 30

（地方上級　改題）

■問題②の解答・解説

利潤最大の生産量は MC = MR なので、需要曲線をもとに限界収入曲線、総費用曲線から限界費用を求める方程式をつくっていきます。

D = 50 − P（P =に書き直します）

P = 50 − D（需要量と同じだけ生産するので X に置き換えます）

P = 50 − X

総収入（TR）＝価格（P）×生産量（X）より

TR =（50 − X）× X = 50X − X^2

これを微分して、

MR = 50 − 2X（単純に需要曲線の傾きの2倍としても OK です）

次に、総費用（TC）= 10X を微分して、限界費用を求めます。

MC = 10

最後に、MC = MR より

10 = 50 − 2X　→　X（生産量）= 20 となります。

価格の決定はクールノーの点を経由することから、生産量 20 を需要曲線の P = 50 − X に代入すると、P（価格）= 30 となります。

正解は3です。

●微分の計算方法については 36 ページの「微分のルール」参照。

6. 独占利潤

Key Point

独占企業における超過利潤（独占利潤）は、参入企業がないために、長期的に維持されます。

生産者の収入を利潤部分と費用部分に分けるのが平均費用（AC）の役割（第2章参照）でしたが、これは独占企業の場合も同様です。

また、位置関係については、平均費用曲線（AC）の最低点を通過するように限界費用曲線（MC）が描かれるような位置関係を示します。

総収入はP*×Q*の面積となり、AC より上方の四角形 P*FHG の面積が超過利潤（**独占利潤**）となり、新規参入がないために長期的に維持されることになります。

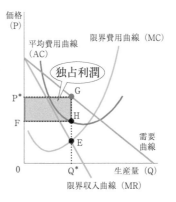

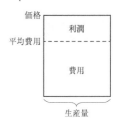

価格＝1個あたりの収入

平均費用＝1個あたりの費用

7. 余剰分析

Key Point

独占企業が存在した場合、厚生の損失が発生するために**政府の介入**が行われます。

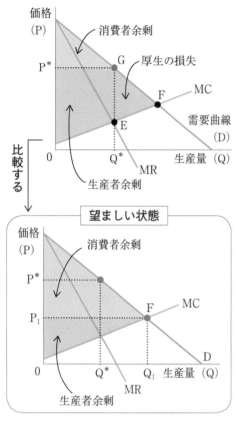

独占市場における余剰分析を行います。

ここでは、グラフをわかりやすくするために限界費用曲線（MC）を直線で描きます。

まず、独占価格P^*において価格線（P^*G）より上方が消費者余剰、下方が生産者余剰になり、この両者を足し合わせたものが総余剰となります。

したがって、完全競争市場と比較すると三角形 GEF の分だけ小さくなり、これが厚生の損失になっていて、資源配分が**非効率的**であることが示されます。

この状況をもっと明確にするために望ましい状態（完全競争市場）と比較できるようにします。

消費者余剰と生産者余剰だけ比較すると、競争市場では消費者余剰を拡大させ、独占市場では生産者余剰を拡大させています。

つまり、競争市場は消費者にとってメリットがあり、生産者にとってはデメリット面があることは否めません。

通常は市場に参加しているすべての企業の限界費用曲線を足し合わせて供給曲線を導出しますが、独占企業は1社だけなので、ダイレクトに限界費用曲線が供給曲線と考えます。そして、上の図において、需要と供給が一致するF点において、望ましい価格P_1が実現されます。

望ましい状態における余剰分析では、生産量はQ_1であり、厚生の損失がなく、総余剰の面積が最大になっています。また、独占企業の生産量を比較すると、明らかに**独占企業は過小に生産**（Q^*とQ_1の比較）が行われ、望ましい価格よりも高い価格（P^*とP_1の比較）が設定されていることがわかります。

〈政府の介入〉

独占企業の存在は、過小生産によって厚生の損失を生み出す非効率的な市場が形成されることから、政府の市場への介入が考えられます。**独占禁止法**などの法令によって、1社しかない独占企業を**企業分割**などをさせて1社から数社にすることで、競争が生まれ、適正な価格と生産量が実現できると考えられます。

8. 差別価格

Key Point

差別価格戦略とは、需要の価格弾力性の大きい市場に対して、より安い価格を設定することです。

ファミリーレストランがランチメニューを充実させたり、ディナーをより安い価格で提供したりして、お客を獲得しようとする場合があります。

ファミリーレストランは独占企業ではありませんが、その地域ではある程度の価格支配力を持つと仮定します。

ランチの市場は価格弾力性が大きく、割引率以上にお客を増やし、増益が可能になると考えられます。

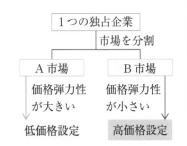

作図上、弾力性が大きい場合は需要曲線が緩やかなカーブになります。価格が下がれば需要が敏感に反応し、需要量が拡大する状況ということです。そこで、ランチ価格 P_1 を用意し、通常の時間帯の価格 P_2 との差別化を図ることになります。また、上図では限界費用曲線（MC）を水平に描いていますが、これはランチとディナーの価格は違っていても商品自体は同じものなので、同じ費用で生産されたものであることが理解しやすいように便宜的に扱っています。

このように独占企業は2つの価格を設定し、双方の市場において利益を得たほうが、1市場1価格の場合より大きな利益を得られるのです。

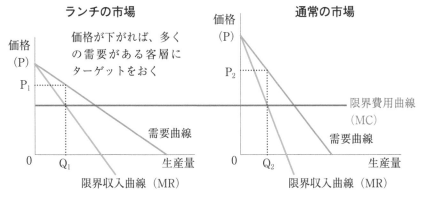

ランチの市場　　　　　　　　　通常の市場

価格が下がれば、多くの需要がある客層にターゲットをおく

問題① 差別価格 （計算問題）

独占企業が2つの市場を持っており、おのおのの市場における需要曲線は、$P_1 = 90 - 5Q_1$、$P_2 = 190 - 20Q_2$ です。この企業の生産費が $TC = 50 + 30 (Q_1 + Q_2)$ のとき、この企業のそれぞれの市場での生産量を求めてください。

（P_1：第1市場の価格、Q_1：第1市場での生産量、P_2：第2市場の価格、Q_2：第2市場での生産量、TC：総費用）

（不動産鑑定士、地方上級　改題）

補足

需要の価格弾力性が大きい

需要曲線が緩やかになり、価格が下がると大きく需要が拡大します。

需要の価格弾力性が小さい

需要曲線は急なカーブになり、価格が下がっても、それほど需要量は変化しません。

情報

なぜ定食セットは安いのか？

食堂のメニューで単品で注文するお客は、そのものにこだわりがあり、価格弾力性が小さいので割高にしても注文します。

ところが、セットメニューを注文するお客は、そのものにこだわりがあるのではなく、単に価格が安くなれば注文をするという性格なので弾力性が大きいのです。

したがって、定食セットは注文が多くなるので、お店は十分な利益を確保できると考えられます。

■**問題①の解答・解説**

需要曲線の傾きを2倍にして、限界収入曲線（MR）を求めます。

第1市場について　→　$P_1 = 90 - 5Q_1$ より $MR_1 = 90 - 10Q_1$

第2市場について　→　$P_2 = 190 - 20Q_2$ より $MR_2 = 190 - 40Q_2$

次に、市場は異なっても、結局は同じ生産費で商品提供しているので、総費用（TC）$= 50 + 30(Q_1 + Q_2)$ の中の $(Q_1 + Q_2)$ をQとし、$TC = 50 + 30Q$ と置き換えます。

さらにこれを微分します。

$$(TC)' = MC = 50 \times 0 \times Q^{0-1} + 30 \times 1 \times Q^{1-1}$$
$$= 30$$

同じ生産費で商品提供

例えばレストランだと、ランチとディナーは価格が異なっても、同様に生産（同じキッチン）されているので、生産費（費用）は同じということです。

●微分の計算については36ページの「微分のルール」参照。

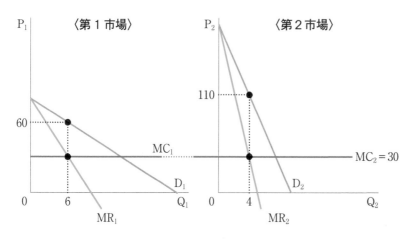

※価格を求めるときは、生産量を需要曲線に代入します。

第1市場は MC = MR より、$30 = 90 - 10Q_1$

$$10Q_1 = 60$$
$$Q_1 = 6$$

第2市場は MC = MR より、$30 = 190 - 40Q_2$

$$40Q_2 = 160$$
$$Q_2 = 4$$

となります。

したがって、正解は第1市場での生産量は6、第2市場での生産量は4となります。

第1市場、第2市場の生産量は MC = MR で求められますが、価格はそれぞれの市場の需要曲線に生産量（Q_1、Q_2）を代入して求めます。

問題② 差別価格と弾力性（択一式）

ある独占企業がA、B 2つの市場に同じ財を供給し、差別価格戦略を行った場合、この2つの市場における弾力性、均衡価格、独占度に関する次の記述のうち、妥当なものはどれですか。

ただし、限界費用は一定です。

1.　A市場とB市場の弾力性が異なったとしても、限界費用が一定である限り、2つの市場の均衡価格は等しくなります。したがって、限界費用が一定ならば、独占度も等しくなります。

2.　A市場の弾力性がB市場より大きいとき、A市場での均衡価格は
B市場での均衡価格より小さくなります。したがって、弾力性が大き
い市場の独占度は大きくなります。

3.　A市場の弾力性がB市場より小さいとき、A市場での均衡価格は
B市場での均衡価格より小さくなります。したがって、弾力性が小さ
い場合の独占度は小さくなります。

4.　A市場の弾力性がB市場より小さいとき、A市場での均衡価格は
B市場での均衡価格より大きくなります。したがって、弾力性が小さ
い市場の独占度は大きくなります。

（市役所上級　改題）

■問題②の解答・解説

　独占企業は、価格支配力があるために市場で同一価格を設定できます。し
かし、差別価格戦略として条件が異なる市場に分割し、異なった価格設定に
よって大きな利潤の獲得を目指す場合があります。

　例えば、同じコストで生産するものでも深夜割引料金や学割などを設定し
ます。これは単に安売りをするわけではなく、弾力性が大きい市場と小さい
市場とに別料金を設定した戦略です。正解は4です。

プロセス-1（需要の価格弾力性）

〈弾力性の小さい市場──A市場〉　　〈弾力性の大きい市場──B市場〉

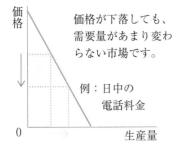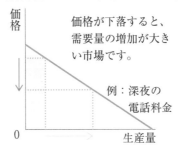

プロセス-2（価格の設定）

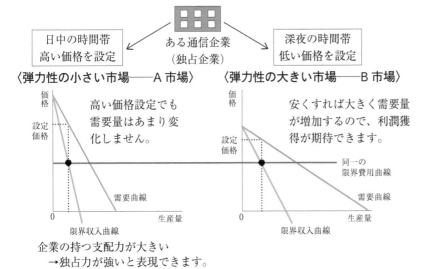

企業の持つ支配力が大きい
　→独占力が強いと表現できます。

補足

●日中の電話料金
　料金が高くても安くても、使用量にそれほど変化がないために、企業は高い料金にするはずです。

●深夜の電話料金
　料金が安くなると急激に使用量が増えるので、多少低い価格でも十分に採算がとれると考えられます。

※携帯電話の各種料金プランも差別価格戦略と考えられます。

同一の限界費用
　独占企業が差別価格戦略を用いて異なった価格を設定しますが、日中の時間帯でも、深夜の時間帯でもかかるコストは同じはずです。

どうしてどの新聞も同じ値段なのか？

Unit
16

不完全競争市場
寡占企業の行動

Unit16 のポイント

　市場を数社で独占している場合を**寡占市場**と言います。この Unit では、寡占企業がどのように行動するのかを分析します。独占企業とは異なり、同じモノをつくる生産者が少数ですが存在しているので、常に相手の出方を気にしながら行動しなければなりません。

　この Unit では、寡占企業で見られる価格の硬直性について取り上げます。

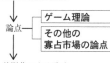
Navigation

不完全競争市場
1 社が市場を独占
独占企業の行動

↓

数社が市場を独占
寡占企業の行動

↓ 論点 ── ゲーム理論
　　　　　　その他の
　　　　　　寡占市場の論点

↓

差別化による戦略
独占的競争市場

難易度
B

難易度は高難度順に AA、A、B、C で表示。
出題率は高出題率順に ☆、◎、○、◇で表示。

資格試験別・予想出題率	
国家総合	○
国家一般	○
地方上級	☆
公認会計士	○
国税専門官	☆
外務専門職	○
中小企業診断士	○
不動産鑑定士	◎

▶ 講義のはじめに

　寡占企業における企業の行動パターンを取り上げます。

　例えば、新聞社が 3 社しかないと想定します。この場合、独占企業と同様に市場での影響力は強く、他の生産者が参入できないことから、**プライス・メイカー**（価格支配者）として行動することになります。

〈考え方〉

　A 新聞社と B 新聞社、C 新聞社は、寡占企業とします。

行動パターン

●**非価格競争が激化する**

　もし、1 社が価格の引き下げを行えば、他社も価格を下げる行動に出ると考えられますが、お互い共倒れになる可能性もあります。このリスクがわかっていれば、価格競争以外の戦略を考えようとします。

　例えば、この 3 社は価格の引き下げ競争ではなく、広告・宣伝、販促などを工夫することで、他紙との差別化を図ろうと考えます。

　さらに、特定の数社しかないことから、**カルテル**などの協調が進み、お互いの利潤を確保するために価格が硬直的になってしまう可能性もあります。

　このように現実の世界でイメージしても、寡占市場では**価格が硬直的**になってしまう傾向があることがわかります。

経済学的思考

価格競争への対応の仕方

(1) 寡占企業の A 社が、価格を引き上げた場合、B・C 企業はその動きに追随しないほうがシェアを拡大できます。

価格
引き上げ

A 新聞社 ── 競合関係 ── B 新聞社　C 新聞社

A 社が持つ
需要を奪う

(2) 寡占企業の A 社が、価格を引き下げた場合、B・C 企業はそれに追随しないとシェアを取られてしまいます。

価格
引き下げ

A 新聞社 ── 競合関係 ── B 新聞社　C 新聞社

A 社に自社の
需要を奪われる

用語

カルテル

　寡占市場にある同一業種の企業が、価格や生産量などについて協定を結ぶことによって、競争を行わず、利益を確保しようとすること。

1. 屈折需要曲線の導出

Key Point

　寡占市場では、競争相手企業の価格の引き上げには**静観**し、価格の引き下げには**追随**します。

　市場に数社しかない寡占企業において、何らかの理由があって費用が増加したり、減少したりしても価格が変動しないケースがみられます。このように、価格が硬直的になることを説明するものが**屈折需要曲線**です。

　この屈折需要曲線を説明するために、A寡占企業と**競合**する他の寡占企業に分けて考えると、次の仮定が存在します。この競合関係にある両者間では、A寡占企業が価格を引き上げた場合、競合する他の寡占企業は価格を引き上げない（**静観**する）と考えます。これは、A寡占企業が持っていたシェアを奪い取るチャンスだからです。

　反対に、A寡占企業が価格を引き下げた場合には、競合する他の寡占企業も価格を引き下げてくるはずです（**追随**する）。これは、自分たちのシェアをA寡占企業に奪われては困るからです。

早速、この仮定を用いて屈折需要曲線の導出をしていきます。

考え方のプロセス
プロセス -1

　寡占企業は、独占企業同様にプライス・メイカーとして行動するので、右下がりの需要曲線を用意します。需要曲線の法則を考えれば、E点で価格の上昇とともに需要量は減少するはずです。

　しかし、寡占市場の場合、A寡占企業の価格引き上げに対して他の競合企業は価格を据え置き、A寡占企業のシェアを奪っていきます。そのために需要量の減少幅はもっと大きくなると考えます。

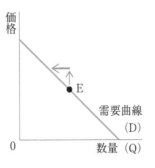

　右図において、A寡占企業の価格の上昇によって、他の競合企業に奪われる需要も含めたトータルで減少した需要量の大きさをF点で示し、新しい需要曲線（d）を用意します。

　価格の上昇によって、A寡占企業だけの需要量が減少することになります。

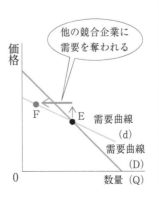

　屈折需要曲線の理論は、寡占市場における特徴で、価格の硬直性を説明するものとしてアメリカのP.スウィージーによって示されました。

●寡占企業は、市場の支配力があるので、プライス・メイカーとして行動します。

プロセス -2

　今度は、A寡占企業が価格を引き
下げた場合について考えていきます。
需要曲線の法則にしたがえば、価格が
下がればG点まで需要量が増えます。
そして、他の競合企業が価格引き下げ
に追随してこなければ競合企業の需要
も奪い取れるのでH点まで需要を伸
ばせます。

　しかし、他の競合企業も需要を奪わ
れないために対抗して、値下げをして
くるので、A寡占企業の需要量の拡
大はG点までになります。

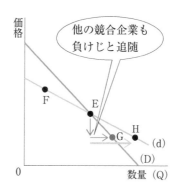

プロセス -3

「競合企業は、価格引き上げには静観
し、価格引き下げには追随する」こと
を前提にした分析を行いました。その
結果、A寡占企業はF点とG点を通
過する需要曲線になり、右図のように
E点で折れ曲がった屈折需要曲線が導
出されます。

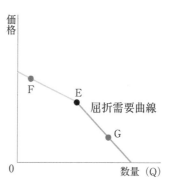

プロセス -4

　さらに、屈折需要曲線における限界
収入曲線を描いていきます。

　限界収入曲線（MR）は、Lから J
までの部分は需要曲線（d）の Lから
Eの部分に対応していて、K から M
の部分に関しては需要曲線（D）の E
からRに対応したものになっていま
す。

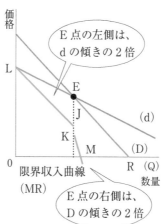

関連

　限界収入曲線と需要
曲線の関係は173ペー
ジ参照。

プロセス -5

　プロセス-4にしたがって、限界収
入曲線（MR）を導出すると、E点の
下方J点からK点まで**不連続部分**が
存在することになります。

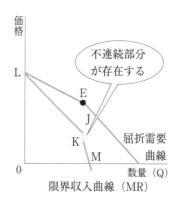

2. 価格の硬直性

Key Point
寡占市場には、管理価格的な価格の硬直性が存在します。

右図のように、E 点で屈折している需要曲線の場合、限界収入曲線には不連続部分があります。寡占企業は利潤最大化のため限界費用（MC）＝限界収入（MR）で生産量を決定しますが、このとき限界費用（MC）の水準が限界収入曲線（MR）の**不連続部分**と交差している限り、生産量は Q_0、価格は P_0 に対応することになります。

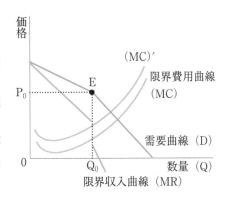

補足

限界収入曲線の不連続部分を限界費用曲線が通過している限り、価格は硬直的になりますが、それ以外の部分では価格は変化します。

このようなメカニズムは、例えば原油価格が上昇して限界費用曲線が MC から MC′ へシフトした場合でも限界収入曲線の不連続部分を通過している限り、生産量を Q_0、価格を P_0 に設定したほうが利潤最大化という点では有利になるのです。したがって、寡占企業においてコストの変化があるにもかかわらず、価格が硬直的になる傾向が裏付づけられます。

問題　屈折需要曲線（択一式）

図は寡占市場における屈折需要曲線を示しています。この図に関する記述として正しいものはどれですか。

1. 寡占企業は利潤を最大にするために MC1 から MC2 によって生産量を変更させます。

2. 屈折需要曲線理論は、企業が価格を引き下げるとき、その企業に対する需要曲線は急なカーブになり、価格を引き上げるとき、その企業の需要曲線は緩やかになると仮定しています。

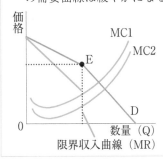

3. 屈折需要曲線は、デザイン、広告や宣伝など非価格競争が前提となるが、長期的には競争原理が働くために大幅な価格の引き下げを行うことが考えられるので、需要曲線が屈折してしまうことを説明しています。

（地方上級　改題）

■**問題の解答・解説**

屈折需要曲線は、他の競合企業との静観と追随が前提となっている理論です。正解は 2。

価格の引き下げには非弾力的になるということは、需要曲線が急なカーブになり、価格の引き上げには弾力的になるというのは、需要曲線のカーブが緩やかになるということです。

「成功する」よりも「失敗しない」を選びますか？

Unit 17	不完全競争市場 **ゲーム理論**

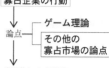

Navigation

不完全競争市場
1 社が市場を独占

独占企業の行動

↓

数社が市場を独占
寡占企業の行動

↓

論点 ── ゲーム理論
その他の
寡占市場の論点

↓

差別化による戦略
独占的競争市場

難易度　難易度は高難易度順に AA、A、B、C で表示。
A　出題率は高出題率順に☆、◎、○、◇で表示。

資格試験別・予想出題率	
国家総合	☆
国家一般	☆
地方上級	☆
公認会計士	◎
国税専門官	☆
外務専門職	◎
中小企業診断士	◎
不動産鑑定士	◎

Unit17 のポイント

　生産者は常に利潤が最大になるように行動するはずですが、寡占企業のように相手の行動を予測しながら行動した場合、利潤が最大とはならない結果に陥ってしまうことがあります。この Unit では、そのプロセスを見ていきます。

　そのプロセスは、お互い影響し合う参加者によるトランプのような「ゲーム」の理論といわれています。経済学では主に寡占企業の行動の分析にゲーム理論が用いられますが、最近では日常的な論点の 1 つになり、ビジネスや政治的な交渉などにも用いられます。

▶ **講義のはじめに**

　この講義では、経済学の話題から少し離れて、日常でよくある出来事をイメージしてもらいます。

〈考え方〉

　3 人の友人が、焼肉パーティーを開くことにしました。

　焼肉パーティーに使う食材は、牛肉と野菜です。そこで、それぞれ 3 人が肉か野菜かどちらか持ってくるように決めたとします。

　このときの 3 人にとって、最も望ましい状態は、たくさんの肉が食べられて、野菜がほどほどにある状態だとしましょう。

　各々のメンバーが気になるのは、他の 2 人が何を持ってくるかということです。自分だけが高価な牛肉を購入する負担を避けるのと同時に、誰かが牛肉を持ってきてくれるだろうと考えます。

　いよいよ焼肉パーティーの当日、3 人が持ってきたのは野菜だけでした。焼肉パーティーのはずが野菜パーティーになってしまったのです。

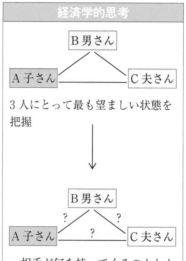

経済学的思考

B 男さん
A 子さん　　　　C 夫さん

3 人にとって最も望ましい状態を把握

↓

B 男さん
？　　　？
A 子さん　　？　　　C 夫さん

　相手が何を持ってくるのかわかりません。

　自分だけが、大きな負担（損）をする事態は避けたいと思います。

　そして、自分にとっての最善の策を考えます。

　このように相手の行動を気にして意思決定をすると、実は全く望んでいない状態になってしまうことがあるということです。

1. ナッシュ均衡

Key Point

　ゲーム上で参加者全員の戦略が一致したときにナッシュ均衡が成立しますが、その水準が全員にとって望ましい結果になるとは限りません。

　ナッシュ均衡とは、参加者全員の戦略が一定のものに収束する均衡点のことを言います。

　複数の人（2人でも3人以上でも可能）がゲームに参加した場合、各々の参加者は自己の戦略を考えるとき、相手の戦略も気にします。例えば、相手がこの戦略できたら自分はこう対抗しようとか、予想がはずれたらこの手でいこうと、繰り返し考えるでしょう。そして、やがて参加者全員の思惑が一致する状況になります。その均衡点がナッシュ均衡です。

　しかし、それが必ずしも参加者にとって最も望ましい状態にはならないということを次のプロセスによって解説します。

考え方のプロセス

プロセス -1

　市場の参加者（AとBの2企業）が共同で生産を行うことを前提に、ルールを決定したとします。もちろん、このルールはお互いの企業にとって、より多くの利得を獲得するためのものになります。

利得表		企業A	
		ルールを守る	ルールを破る
企業B	ルールを守る	(30、20)	(40、−20)
	ルールを破る	(−20、40)	(0、0)

※利得表の見方
(30、20)
　↑　　↑
AのBの
利得　利得

お互いがルールを守った場合
企業Aは30、企業Bは20の利得を得るので、お互いにとって望ましい水準

　それでは、企業A、企業Bがお互いどのような行動になるのかを利得表から検討していきます。

企業Aが思う

〈表を横に読みます〉
Bがルールを守った場合
　　自分がルールを守れば+30、
　　破れば+40。破るほうが利得が大。
Bがルールを破った場合
　　自分がルールを守れば−20、
　　破れば0。破るほうが利得が大。

Aの結論
→ Aは「ルールを破る」を採用。

→ Aは「ルールを破る」を採用。

企業Bが思う

〈表を縦に読みます〉
Aがルールを守った場合
　　自分がルールを守れば+20、
　　破れば+40。破るほうが利得が大。
Aがルールを破った場合
　　自分がルールを守れば−20、
　　破れば0。破るほうが利得が大。

Bの結論
→ Bは「ルールを破る」を採用。

→ Bは「ルールを破る」を採用。

補足

お互いにとって望ましい水準

　例えば1個のケーキを2人の兄弟で分けるときの最も良い方法を考えてみましょう。

　これは、まず一方が切り手となって半分ずつにします。そしてもう一方が選び手となってケーキを先に選びます。切り手はどちらを選んでも同じ大きさになったと確信しているわけですから、お互いの合意がなされている望ましい状態が成立しているわけです。

　このような状態を協調解（パレート最適解）と言います。

　パレート最適に関しては164ページ参照。

補足

利得表による行動パターンの考え方

　相手の戦略を念頭におき、それに対抗案として、できるだけ自分が損をしない結論を出そうとするはずです。

　したがって、相手の戦略を利得表を使って場合分けをして、自己の戦略を選択していくと考えます。

プロセス -2

プロセス -1 をまとめます。

A の結論　　　　　　　　簡便法　　**ナッシュ均衡を見つける**

B がルールを守った場合 ⟶ 「守る」→「破る」
A は「ルールを破る」を
採用する。

均衡せず。企業 B から表を見たときに逆の
「破る」→「守る」がない。

B がルールを破った場合 ⟶ 「破る」→「破る」
A は「ルールを破る」を
採用する。

均衡する。企業 B から表を見たときに逆の
「破る」→「破る」がある。

B の結論

A がルールを守った場合 ⟶ 「守る」→「破る」
B は「ルールを破る」を採
用する。

均衡せず。企業 A から表を見たときに逆の
「破る」→「守る」がない。

A がルールを破った場合 ⟶ 「破る」→「破る」
B は「ルールを破る」を採
用する。

均衡する。企業 A から表を見たときに逆の
「破る」→「破る」がある。

望ましい水準（パレート最適）

利得表		企業 A	
		ルールを守る	ルールを破る
企業 B	ルールを守る	(30、20)	(40、−20)
	ルールを破る	(−20、40)	(0、0)

ナッシュ均衡が成立
両者の行動に共通している。

プロセス -3

　ルールを決めて行動しようとしても、何も拘束がない場合に両者は相手の行動を推測し、自己の利得を最大になる結果において成立した「ナッシュ均衡」は、望ましい水準（**パレート最適**）にはなっていないことがわかります。このようにナッシュ均衡点がパレート最適にならない状態を「囚人のジレンマ」に陥っていると言います。

◆　囚人のジレンマ

　A と B の 2 人の囚人がいて、両者が黙秘すればともに 1 年の服役、一方が自白し、他方が黙秘すれば前者は釈放、後者は 10 年の服役だとします。また、両者がともに自白した場合は 3 年の服役だとします。

　この場合、お互いにとって、最も望ましい状態が「両者の黙秘」です。

A＼B	黙秘	自白
黙秘	(1、1)	(10、0)
自白	(0、10)	(3、3)

●は、最適反応

　上記のプロセスにしたがい、最適反応を考えれば、取調室ではお互い「自白」することになるはずです。なぜなら、最悪の事態を避けようとして、お互い最善の戦略をとろうとするからです。このような状況から、ゲーム理論の関係において、ナッシュ均衡が最適な状態にはならないことを「囚人のジレンマ」と呼んでいます。

補足

ナッシュ均衡の条件

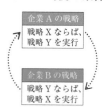

企業 A の戦略
戦略 X ならば、戦略 Y を実行

企業 B の戦略
戦略 Y ならば、戦略 X を実行

　企業 A サイドから見た戦略と企業 B サイドから見た最適反応が一致している状態でナッシュ均衡が成立します。
●「破る」→「破る」はどちらのサイドからも共通する戦略です。

関連

パレート最適
　164 ページ参照。

補足

　ナッシュ均衡は、自己の利得が最大になるように行動した結果、得られる均衡です。

　これは、お互い手を組んで行動したほうがお互いの利得が高かったという場合もあり、常に自己の私利を追求することが最適な状態を実現するわけではないと言えます。

問題　ナッシュ均衡と支配戦略（択一式）

　プレイヤー1とプレイヤー2は、それぞれ2種類の戦略をもっていて、その利得行列は図のように与えられています。

　利得行列の各要素は、（プレイヤー1の利得、プレイヤー2の利得）です。

利得表		プレイヤー2	
		戦略C	戦略D
プレイヤー1	戦略A	（4、10）	（7、6）
	戦略B	（10、9）	（11、3）

　プレイヤー1、プレイヤー2は相手の戦略を所与にして、自己の利益が最大になるような戦略を選ぶものとして、次の記述のうち妥当なものはどれですか。

1. ナッシュ均衡は存在しません。
2. 戦略の組（A、D）はナッシュ均衡かつ支配戦略均衡です。
3. 戦略の組（A、D）はナッシュ均衡ですが支配戦略均衡ではありません。
4. 戦略の組（B、C）はナッシュ均衡かつ支配戦略均衡です。
5. 戦略の組（B、C）はナッシュ均衡ですが支配戦略均衡ではありません。

（国税専門官　改題）

補足

利得表の見方
（○、○）
プレイヤー　プレイヤー
1の利得　　2の利得

■問題の解答・解説

　ここでも「茂木式ナッシュ均衡の見つけ方」を使いながら、それぞれのプレイヤーの戦略を確認していきましょう。

　最初の作業は、ナッシュ均衡を見つけることです。ナッシュ均衡は、このゲームに参加したプレイヤー1、プレイヤー2の戦略が一致する均衡点です。

　最初にみるプレイヤー1は相手がどのような戦略に出るのかわからないので、相手の戦略に合わせて自分の戦略を考えます。

> プレイヤー1の戦略を整理します。

①まず、利得表の相手プレイヤー（プレイヤー2）の欄の先頭に「プレイヤー1は」、後に「が」をつけ、読みやすくしておきます。

問題用紙の相手プレイヤー（プレイヤー2）のところに書き込みます。

●慣れるまでは問題用紙に「言葉」を書いて、作業の手順は身につけていきましょう。

②次に、

　プレイヤー1は、プレイヤー2が戦略Cをとった場合…③
　プレイヤー1は、プレイヤー2が戦略Dをとった場合…④

に場合分けして、読んでいきます。

③表を縦に読みます。

プレイヤー1は、プレイヤー2が戦略Cをとった場合、自分が戦略Aをとると4が得られ、戦略Bをとると10が得られます。

したがって、どちらが得かを考えると、プレイヤー2が戦略Cをとった場合は、自分は戦略Bをとることになります。

④同様に、プレイヤー1は、プレイヤー2が戦略Dをとった場合、自分が戦略Aをとると7が得られ、戦略Bをとると11が得られます。

これによって、プレイヤー1にとってどちらが得かを考えると、プレイヤー2が戦略Dをとった場合、自分は戦略Bをとることになります。

──────────
プレイヤー2
──────────

⑤次に、プレイヤー2についても同様の作業をしていきます。相手プレイヤー（プレイヤー1）の欄の先頭に「プレイヤー2は」、後に「が」をつけます。

問題用紙の相手プレイヤー（プレイヤー1）のところに書き込みます。

プレイヤー2は 利得表		プレイヤー2	
		戦略C	戦略D
プレイヤー1 が	戦略A	(4、10)	(7、6)
	戦略B	(10、9)	(11、3)

⑥次に、

プレイヤー2は、プレイヤー1が戦略Aをとった場合…⑦
プレイヤー2は、プレイヤー1が戦略Bをとった場合…⑧

に場合分けして、読んでいきます。

⑦表を横に読みます。

プレイヤー2は、プレイヤー1が戦略Aをとった場合、自分が戦略Cをとると10が得られ、戦略Dをとると6が得られます。

それにより、プレイヤー2にとってどちらが得かを考えると、プレイヤー1が戦略Aをとった場合は、自分は戦略Cをとることになります。

	プレイヤー2		結果	プレイヤー1	プレイヤー2
	戦略C	戦略D		戦略Aの場合	戦略Cを採用
戦略A	(4、10)	(7、6)			

⑧同様に、プレイヤー2は、プレイヤー1が戦略Bをとった場合、自分が戦略Cをとると9が得られ、戦略Dをとると3が得られます。

したがって、プレイヤー2にとってどちらが得かを考えると、プレイヤー1が戦略Bをとった場合は、自分は戦略Cをとることになります。

	プレイヤー2		結果	プレイヤー1	プレイヤー2
	戦略C	戦略D		戦略Bの場合	戦略Cを採用
戦略B	(10、9)	(11、3)			

ナッシュ均衡を見つける

最後に、それぞれの利得が最大になっている戦略（最適反応）を確認していきます。

現在までの作業結果を1箇所に集めます。

補足

ナッシュ均衡の条件

逆さまで一致
プレイヤー1戦略
戦略 X ならば、
戦略 Y を実行

プレイヤー2戦略
戦略 Y ならば、
戦略 X を実行

ナッシュ均衡の成立

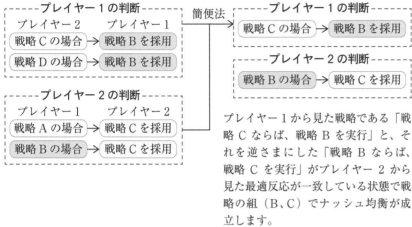

----プレイヤー1の判断----

プレイヤー2		プレイヤー1
戦略 C の場合	→	戦略 B を採用
戦略 D の場合	→	戦略 B を採用

----プレイヤー2の判断----

プレイヤー1		プレイヤー2
戦略 A の場合	→	戦略 C を採用
戦略 B の場合	→	戦略 C を採用

簡便法

----プレイヤー1の判断----

戦略 C の場合	→	戦略 B を採用

----プレイヤー2の判断----

戦略 B の場合	→	戦略 C を採用

プレイヤー1から見た戦略である「戦略 C ならば、戦略 B を実行」と、それを逆さまにした「戦略 B ならば、戦略 C を実行」がプレイヤー2から見た最適反応が一致している状態で戦略の組（B、C）でナッシュ均衡が成立します。

戦略 B を採用 ⇄ 戦略 C を採用

また、各企業の最適反応をみると、プレイヤー1は戦略B、プレイヤー2は戦略Cが支配戦略になっています。

支配戦略とは、相手の戦略にかかわらず、1つの戦略が最適になることをいいます。したがって、正解は4になります。

2. ミニ・マックス原理

Key Point

　ミニ・マックス原理では、最悪の事態を招く戦略を避けるために、利得が小さくても被害を最小にするほうの戦略を採用します。

　慎重な個人や企業は常に**最悪の事態**を考え、それを避けようとします。ミニ・マックス原理とは、それぞれの戦略の中で、被害が最小になる戦略を選択するということです。

　抽象的でわかりにくいので、例題を解きながら説明していきます。

　ミニ・マックス原理によって、囚人のジレンマのケースを考えてみましょう。自分が黙秘をしているのに、相手が裏切って自白するという最悪の事態を避けるために、自分が自白してしまうという考え方になります。

例題		

A＼B	B1	B2
A1	5	2
A2	4	8

　企業Ａと企業Ｂが２つの戦略を持ち、左のような利得行列で示されたとします。利得行列は企業Ａの利潤だけを表しています。ミニ・マックス原理によって戦略を選ぶ場合、どのような組み合わせになりますか？

1.　ＡはA1、ＢはB1
2.　ＡはA1、ＢはB2
3.　ＡはA2、ＢはB1
4.　ＡはA2、ＢはB2

（地方上級　改題）

　ミニ・マックス原理の問題は、一方の利得しか表示されていないのが特徴です。本問の場合は企業Ａの利得だけが利得表で表されています。

〈解法のプロセス〉―横のラインを見ましょう。

　ＡがA1を選択した場合、
　　　　　　　　最小で２を得る。
　ＡがA2を選択した場合、
　　　　　　　　最小で４を得る。

　　　　最悪の事態は２であり、
　　　　A1を選択したとき。
　　　　↓
　　　　したがって、最悪の事態を避けるために、企業ＡはA2を選択する。

　ミニ・マックス原理（戦略）は、一方が得をすればもう一方が同値の損をするというゼロサム・ゲームを前提にしています。

A＼B	B1	B2
A1	－ 5	－ 2
A2	－ 4	－ 8

　次に、ミニ・マックス原理の特徴として、利得表はＡの利得とＢの利得を足し合わせたものが常に０（ゼロ）になるという性質があります。
　したがって、問題文にはＡの利得しか記載されていなくても、企業Ｂの利得表をつくれば左表のようになります。

　ＢがB1を選択した場合、
　　　　　　　　最小で−5を得る。
　ＢがB2を選択した場合、
　　　　　　　　最小で−8を得る。

　　　　最悪の事態は−8であり、
　　　　B2を選択したとき。
　　　　↓
　　　　したがって、最悪の事態を避けるために、企業ＢはB1を選択する。

　このような手法によって、答えは３になります。

問題　ミニ・マックス原理（択一式）

企業 A と企業 B がそれぞれ 2 種類の戦略をもっています。

下表の利得行列の各要素は企業 A の利潤（企業 B の損失）を表します。

		企業 B	
		戦略 I	戦略 II
企業 A	戦略 1	100	−50
	戦略 2	120	−80

このとき、2 つの企業はいずれの戦略を選びますか。ただし、各企業は相手の戦略を所与とし、自己の利益を最大になるように行動するものとします。

1. 企業 A は戦略 1 を、企業 B は戦略 I を選びます。
2. 企業 A は戦略 1 を、企業 B は戦略 II を選びます。
3. 企業 A は戦略 2 を、企業 B は戦略 I を選びます。
4. 企業 A は戦略 2 を、企業 B は戦略 II を選びます。

（地方上級　改題）

■**問題の解答・解説**

この問題はミニ・マックス原理に基づくゲームなので次の手順で解答します。

プロセス -1（企業 A の戦略を考えます）

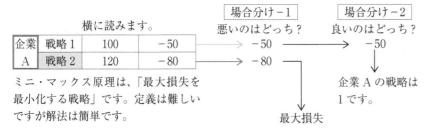

ミニ・マックス原理は、「最大損失を最小化する戦略」です。定義は難しいですが解法は簡単です。

プロセス -2（企業 B の戦略を考えます）

ミニ・マックス原理では、「企業 A の利潤が企業 B の損失」になります。例えば、企業 A が戦略 1 を、企業 B が戦略 I をとったとき、企業 A の利潤は 100、したがって、企業 B の利潤は −100 となるということです。このように 2 社の利得を足し合わせると 0 になることから、A の利得表の ＋ − の符号を逆さまにすれば B の利得表ができます。

●利潤が − 100 ということは、100 の損失ということです。

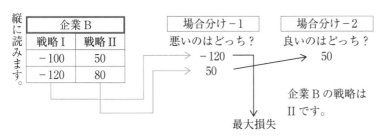

以上のことから、正解は 2 になります。

Navigation

不完全競争市場
1 社が市場を独占

| 独占企業の行動 |

数社が市場を独占
| 寡占企業の行動 |

　　　　　┌ ゲーム理論
論点 ┤
　　　　　└ その他の
　　　　　　 寡占市場の論点

差別化による戦略
| 独占的競争市場 |

難易度は高難度順に AA、
A、B、C で表示。
出題率は高出題率順に
☆、◎、○、◇で表示。

資格試験別・予想出題率		
国家総合		○
国家一般		◎
地方上級		◎
公認会計士		○
国税専門官		◎
外務専門職		☆
中小企業診断士		☆
不動産鑑定士		☆

企業が生き残るための知恵？

Unit 18

不完全競争市場
その他の寡占市場の論点

Unit18 のポイント

　寡占市場にある企業は、利潤最大化という枠組み以外に、競合する相手の行動に関心を置くことになるために、その行動パターンは様々な形態が考えられ、研究されています。
　その中で特に試験に出やすい論点をピックアップしてみます。

▶ **講義のはじめに**

　少数の大企業からなる寡占企業は、他の企業がどのように行動するのかを推測しながら自らの行動を決定します。そうした状況下で使われる価格理論として、フル・コスト原理と参入阻止価格理論を見ていきます。

　また、寡占企業の中で最も単純なものとして、市場に 2 社しかない複占があります。この複占も様々なパターンがありますが、最も典型的な論点として、クールノー複占モデルを取り上げます。

1. 価格理論（1）フル・コスト原理

Key Point

　フル・コスト原理とは、寡占企業における価格決定の仮説であり、
（1 ＋マーク・アップ率）×平均費用で表す価格設定法です。

　寡占市場における価格の説明として、フル・コスト原理と参入阻止価格があります。

　屈折需要曲線は、価格の硬直性について説明はされていても、価格の決定そのものについては説明されません。

◆ **フル・コスト原理とは**

　平均費用を AC、**マーク・アップ率（利益率）**を r で表すと

　　　（1 ＋ r）× AC

という計算式で価格が求められる価格設定法です。

　このような価格の設定法は、実際にも用いられています。例えば、平均費用（標準的な原価）が 100 円で、マーク・アップ率が 10％の商品であれば、

　　　（1 ＋ 0.1）× 100 円＝ 110 円

　つまり、その商品の価格は、110 円に設定されます。

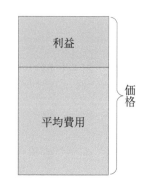

2. 価格理論（2）参入阻止価格

Key Point

　参入阻止価格とは、新規参入の企業では利潤を出すことができないように、低く設定された価格のことです。

　実際の経済の中でも、何らかの障壁に守られて独占的に生産している企業でない限り、超過利潤が発生していれば、容易に新規参入企業を許すことになります。しかし、そのような障壁がないにもかかわらず数社で寡占状態にある市場が見られます。これは、その市場に新規に参入しようとしても利潤をあげることができなければ参入することはなく、既存の企業で寡占状態を形成することができるのです。

　このような価格戦略を**参入阻止価格理論**で説明していきます。

考え方のプロセス

プロセス -1

　寡占状態にある航空会社が、新規参入される場合について説明します。

　現行の市場の需要曲線 D に基づいて、航空会社は価格 P_1 を設定したとします。

　この水準は平均費用を上回っているために超過利潤が発生しています。

　なお、分析を簡便にするために平均費用は水平に表しています。

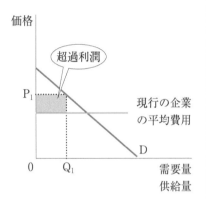

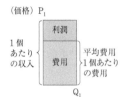

●ここでは寡占市場の例として、航空会社を取り上げています。

プロセス -2

　新規参入を目指す企業は、現行の寡占企業の残している需要に食い込めると考えます。これは、現行の価格水準 P_1 より下回れば新規企業でも需要が期待できるので、P_1 を端に「**残された需要曲線 D**」を導出します。

　この「残された需要曲線 D」が新規参入企業の平均費用を上回っていれば、超過利潤が期待できるので参入してくるでしょう。例えば、大手数社の航空産業に新たな航空会社が参入してくる状態が生まれてきます。

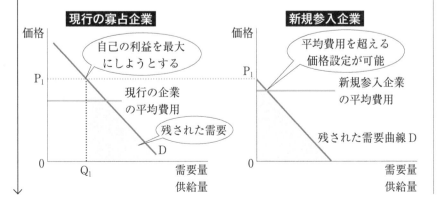

補足

　新規参入企業のグラフにおいて、残された需要曲線から自社の平均費用より高い価格の設定が可能であれば参入すると考えられます。

プロセス -3

そこで、現行の寡占状態にある航空会社は、寡占状態を守るために参入阻止価格を設定するのです。新規参入企業の平均費用に等しい P_2 の価格まで低く設定し、生産量を Q_2 まで伸ばしたとします。

この場合、新規参入企業は航空業界に進出しても、全く利潤をあげることができないので参入を断念することになります。

このような価格 P_2 を**参入阻止価格**といいます。

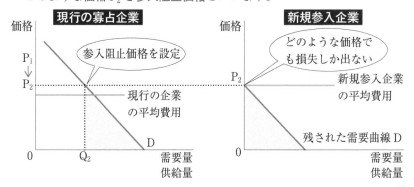

補足

新規参入企業にとって、自社の平均費用が需要曲線に接する場合、どのような価格設定でも損失しか出ないことになります。

3. 売上高最大化仮説

Key Point
売上高最大化仮説とは、寡占企業が利潤よりも売上高の最大化を目標に行動する考え方を言います。

寡占企業が、利潤よりも**売上高**に重点をおく理由としては、売上高の規模が直接的に信用度を表していて、売上高の規模が大きいことが消費者への信用や人気の証になるだろうし、また金融機関や株主などの信頼へとつながるという思惑があるからです。

そして、対抗する他の寡占企業への戦略を立てるうえでも、こうした信用度が重要なバネになると考えられるからです。

補足

売上高最大化仮説

ボーモルによって、あらわされた仮説で、寡占企業の場合、売上高の規模を重視する傾向があることがあげられました。

例題
ある企業は、市場においてその企業のみ供給可能な財を保有していて、売上高を最大にするように財の価格を決定しています。ここで、需要曲線が $P = 1200 - 40Q$ （P：価格、Q：数量）のとき、価格をいくらに決定しますか。

　　1. 300　　　2. 600　　　3. 800　　　4. 1000

（国税専門官　改題）

まず、需要曲線 $P = 1200 - 40Q$ より、限界収入曲線（MR）$= 1200 - 80Q$ を求めます。

次に、限界収入がゼロのときが売上最大の生産量になるので、$0 = 1200 - 80Q$ より $Q = 15$。需要曲線に 15 を代入して価格（P）は 600。したがって正解は 2。

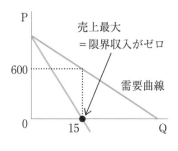

補足

売上高最大の生産量は、総収入曲線の最高点になります。

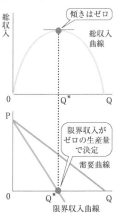

4. クールノー複占モデル

補足 関連

Key Point

　クールノー複占モデルは、複占企業の双方が相手の生産量を与えられたものとして、自己の利潤が最大になるように生産量を決定します。

　寡占市場の１つの形態、市場を２社で独占する複占のモデルとして、クールノー複占モデルを取り上げます。

　その両者の関係を示す場合、先導者と追随者という役割があります。

お互いの行動を気にしながら行動します。

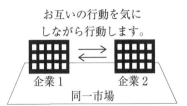

　クールノー複占モデルによる均衡は、ナッシュ均衡（185 ページ参照）の典型的なものであり、クールノー＝ナッシュ均衡ともいわれます。

（1）**先導者**：ライバル企業が追随してくると想定して、自己の利益を最大にしようとする企業です。

（2）**追随者**：ライバル企業による生産量を与えられたものとして、自己の行動を決定する企業です。

　クールノー複占モデルの場合、複占にある２社はお互いに相手の生産量を所与のものとして、自己の利益を最大にする生産量を決定しようとし、２社とも追随者になります。

　実際に問題を解きながら考え方を明確にしていきましょう。

●所与とは、与えられたものとすることです。

例題

　市場が企業１と企業２の複占状態にあり、需要量が D、価格が P である財の需要曲線が $D = 50 - P$ で与えられています。両企業の利潤を最大化するためのクールノー均衡点における価格と両企業の生産量の合計との組み合わせで、正しいのはどれですか。ただし、企業１の限界費用は 10、企業２の限界費用は 12 とします。

	価格	生産量の合計
1.	24	26
2.	25	25
3.	26	24
4.	27	23

（地方上級　改題）

考え方のプロセス

プロセス -1

　まず、需要曲線 $D = 50 - P$ を、$P = 50 - D$ に置き換えます。

$P = 50 - D$

変形

$P = 50 - (Q_1 + Q_2)$
となります。

　市場の需要量を示す D は、企業１と企業２の２社のみでまかなうために、企業１の生産量を Q_1、企業２の生産量を Q_2 とすると、$D = (Q_1 + Q_2)$ になります。

プロセス-2

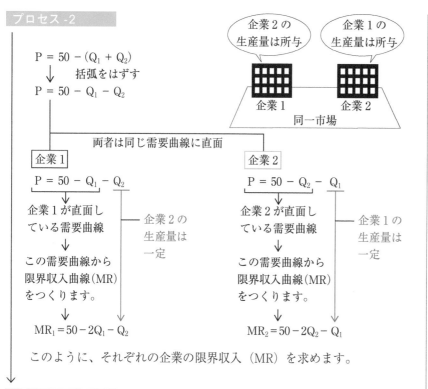

$$P = 50 - (Q_1 + Q_2)$$

↓ 括弧をはずす

$$P = 50 - Q_1 - Q_2$$

企業2の生産量は所与

企業1の生産量は所与

企業1　企業2
同一市場

両者は同じ需要曲線に直面

企業1

$$P = 50 - Q_1 - Q_2$$

↓

企業1が直面している需要曲線

↓

この需要曲線から限界収入曲線（MR）をつくります。

↓

$$MR_1 = 50 - 2Q_1 - Q_2$$

企業2の生産量は一定

企業2

$$P = 50 - Q_2 - Q_1$$

↓

企業2が直面している需要曲線

↓

この需要曲線から限界収入曲線（MR）をつくります。

↓

$$MR_2 = 50 - 2Q_2 - Q_1$$

企業1の生産量は一定

このように、それぞれの企業の限界収入（MR）を求めます。

プロセス-3

　限界収入（MR）がわかれば、次は、問題文で与えられている限界費用（MC）との方程式によって、利潤最大の生産量を求めます。

企業1

$$\begin{cases} MR_1 = 50 - 2Q_1 - Q_2 \\ MC_1 = 10 \end{cases}$$

利潤最大化の条件
MC＝MR より
$$2Q_1 + Q_2 = 40 \cdots ①$$

企業2

$$\begin{cases} MR_2 = 50 - 2Q_2 - Q_1 \\ MC_2 = 12 \end{cases}$$

利潤最大化の条件
MC＝MR より
$$Q_1 + 2Q_2 = 38 \cdots ②$$

このような①、②は**反応曲線**と呼ばれます。

プロセス-4

　それぞれの反応曲線を表すと次のことがわかります。

　まず、企業1がA点で生産すると、それを所与に企業2は自らの反応曲線上のB点で生産します。

　そして、今度は企業1はB点における企業2の生産量を所与としてC点で生産を行います。

　このような調整メカニズムによって、E点でお互いの生産量が均衡します。

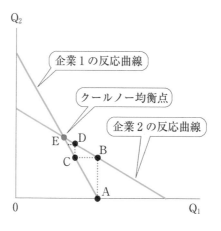

Q_2

企業1の反応曲線

クールノー均衡点

企業2の反応曲線

E D
C B

A

0 Q_1

補足

全体の需要量

企業1の生産量　企業2の生産量

●企業2の計算がしやすいようにQ_1とQ_2を入れ替えています。

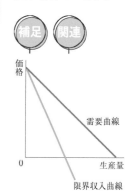

補足　関連

価格

需要曲線

0 生産量

限界収入曲線

　限界収入曲線は、需要曲線の傾きの2倍になっています（詳しくは、173ページ参照）。

用語

反応曲線

　ライバル企業の生産量を所与とした場合のその企業の利潤最大になるような生産量の組み合わせを示しています。

　縦軸、横軸はそれぞれの企業の生産量を示します。

情報

プロセス -5

クールノー均衡点は、お互いの反応曲線の交点になることから、反応曲線の連立方程式を解けば、生産量を求められます。

$$\begin{cases} 2Q_1 + Q_2 = 40 \cdots ① & \text{企業1の反応曲線} \\ Q_1 + 2Q_2 = 38 \cdots ② & \text{企業2の反応曲線} \end{cases}$$

より、$Q_1 = 14$、$Q_2 = 12$ になります。

したがって、両企業の生産量の合計は、$14 + 12 = 26$

価格は需要曲線 $P = 50 - (Q_1 + Q_2)$ に数値を代入して求めます。

$P = 50 - (14 + 12)$、$P = 24$ になり、正解は1になります。

別の解法

反応曲線が利潤最大の生産量の組み合わせになるということから、直接、反応曲線を求めていきます。

考え方のプロセス

プロセス -1

まず、需要曲線 $D = 50 - P$ を、$P = 50 - D$ に置き換えます。

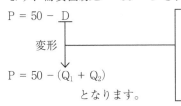

$P = 50 - D$

変形

$P = 50 - (Q_1 + Q_2)$
　　　　　　　　となります。

市場の需要量を示すDは、企業1と企業2の2社のみでまかなうために、企業1の生産量を Q_1、企業2の生産量を Q_2 とすると、$D = (Q_1 + Q_2)$ になります。

プロセス -2

$P = 50 - (Q_1 + Q_2)$

括弧をはずす

$P = 50 - Q_1 - Q_2$

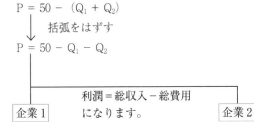

利潤＝総収入－総費用
になります。

企業1 　　　　　　　　　　　　　企業2

企業1の利潤を π_1 とすると、
利潤=価格 × 生産量-1個あたりの費用 × 生産量
$\pi_1 = (50 - Q_1 - Q_2) Q_1 - 10Q_1$
　　$= -Q_1^2 - Q_1Q_2 + 40Q_1$

企業2の利潤を π_2 とすると、
利潤=価格 × 生産量-1個あたりの費用 × 生産量
$\pi_2 = (50 - Q_1 - Q_2) Q_2 - 12Q_2$
　　$= -Q_2^2 - Q_1Q_2 + 38Q_2$

プロセス -3

次に、利潤が最大になるということは、微分して0になります。

企業1 　　　　　　　　　　　　企業2

$\pi_1 = -Q_1^2 - Q_1Q_2 + 40Q_1$
を Q_1 で微分し、$= 0$ とします。
$(-Q_1^2 - Q_1Q_2 + 40Q_1)' = 0$
$-2Q_1 - Q_2 + 40 = 0$
$2Q_1 + Q_2 = 40 \cdots ①$

$\pi_2 = -Q_2^2 - Q_1Q_2 + 38Q_2$
を Q_2 で微分し、$= 0$ とします。
$(-Q_2^2 - Q_1Q_2 + 38Q_2)' = 0$
$-2Q_2 - Q_1 + 38 = 0$
$Q_1 + 2Q_2 = 38 \cdots ②$

このように反応曲線が求められ、①、②の連立方程式によって解答が導き出せます。

情報

試験では主に、クールノー均衡モデルの論点は、計算問題での出題が多くなっています。

反応曲線を描かなくてもプロセス-3までの連立方程式をつくるまでがポイントになります。

●この場合の1個あたりの費用は、限界費用と一致しています。

補足　関連

最大値の傾きはゼロになります。微分の計算方法は「微分のルール」（36ページ）参照。

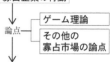

Navigation

不完全競争市場
１社が市場を独占
独占企業の行動

数社が市場を独占
寡占企業の行動

論点 ── ゲーム理論
その他の
寡占市場の論点

差別化による戦略
独占的競争市場

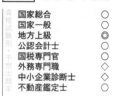

難易度	難易度は高難度順にAA、A、B、Cで表示。
C	出題率は高出題率順に☆、◎、○、◇で表示。

資格試験別・予想出題率	
国家総合	○
国家一般	○
地方上級	◎
公認会計士	○
国税専門官	○
外務専門職	◇
中小企業診断士	◇
不動産鑑定士	○

売れればマネされる？

Unit
19
不完全競争市場
独占的競争市場

Unit19 のポイント

　独占市場と競争市場の要素を兼ね備えた独占的競争市場を取り上げます。例えば、市場に新しいモノが登場するたびに、最初は独占企業のように行動できますが、その市場が自由に参入できるものであれば、時間とともに競争市場になってしまいます。この Unit では、そのような市場について分析していきます。

▶ 講義のはじめに

　独占的競争市場の分析は、これまでの復習を兼ねたものになります。

　１つの地域にコンビニが１軒しかない場合は、完全にその地域を独占します。しかし、超過利潤があれば、他のコンビニもその地域に参入してきます。コンビニの商品や形態は模倣しやすく、参入が容易といえます。

　しかし、長期的に見ると、競争市場のように超過利潤はなくなるものの、そこでは「弁当なら A 店」というようなブランドに特化して客層を抱えることが可能になります。この場合、「財の同質性」は満たされないので、完全競争市場とは別の論点として考えます。

短期的には独占状態

儲かっています

コンビニ

交差点

↓

長期的には競争的な状態

戦略を考えねば

コンビニ

交差点

コンビニ　　コンビニ

補足

「財の同質性」が満たされない

　ブランドがあるということは、同じモノでも完全に代替的とは言えません。

　例えば、味噌ラーメンと言っても「○○店の〜」とつけば、ブランド化され、他店と差別化されます。

●グラフは独占企業と同じものです。

1. 独占的競争市場の短期均衡

Key Point

　独占的競争市場では、短期において超過利潤を得ることができます。

　独占的競争市場の生産者として代表的なコンビニを例に挙げると、便利な場所に立地しているという差別化があり、短期的には独占企業と同様に超過利潤を獲得することが可能です。

　独占企業と異なる点は、**差別化**された需要曲線に対して生産量を決定していることです。これは「便利な場所」にあるのなら行くという需要者層ですから、他店ができれば、この需要者を奪われる危険性があります。

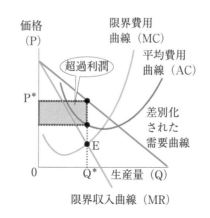

価格
(P)　　　　　　限界費用
曲線（MC）

平均費用
曲線（AC）

超過利潤

P*

差別化
された
需要曲線

E

0　　　　Q*　　生産量（Q）

限界収入曲線（MR）

2. 独占的競争市場の長期均衡

Key Point

独占的競争市場では、需要曲線と平均費用曲線が接する点で長期均衡します。

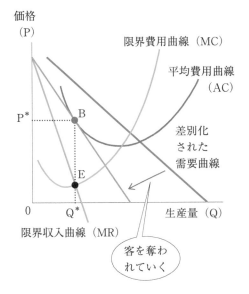

価格
（P）

限界費用曲線（MC）

平均費用曲線
（AC）

差別化
された
需要曲線

P*

B

E

0　　Q*　　　　　　　　生産量（Q）

限界収入曲線（MR）

客を奪われていく

当初超過利潤の発生とともに、同業種企業が参入してきます。

「便利な場所」という差別化は、新規参入企業にとって、それほど高いハードルではありません。

したがって、それまで差別化により獲得していたお客を他店に奪われることによって、差別化された需要曲線は左へシフトすることになります。

そして、この新規参入は、**超過利潤がゼロになる**まで続くことになります。

図は限界費用曲線（MC）と限界収入曲線（MR）の交点の真上にある供給点（B）が、この独占的競争企業の平均費用に接しています。

これは、超過利潤がゼロの状態を示し、新規企業の参入がストップし**長期均衡**が成立した状態を示します。

このように独占的競争市場では、超過利潤は長期的には消滅してしまうことになります。

問題①　独占的競争市場（択一式）

独占的競争市場の性質について、適切なものはどれですか。

1.　個別企業は水平な需要曲線に直面しており、市場価格は個別企業の限界費用に等しい。

2.　個別企業は水平な需要曲線に直面しており、市場価格は個別企業の限界費用より高い。

3.　個別企業は右下がりの需要曲線に直面しており、市場価格は個別企業の限界費用に等しい。

4.　個別企業は右下がりの需要曲線に直面しており、市場価格は個別企業の限界費用より高い。

（中小企業診断士　改題）

なぜ、女性雑誌は現れてはすぐに消えていくのか？

非常に模倣がしやすく、参入が容易な女性雑誌は常に新しいブランドをつくらなければ生き残れない独占的競争市場の典型です。

つまり長期的な均衡になればもはや超過利潤は期待できず、消えていき、また新しいブランドによって利潤を獲得するプロセスを繰り返すことになります。

需要曲線のシフト
138ページ参照。

独占的競争市場では、供給点（クールノーの点）で価格を決定するので、MC＝MR＜Pとなります。

これは「競争的」にはなりますが、財の同質性が満たされないために、完全競争市場にはなりえない非効率的な状態で均衡します。

■問題①の解答・解説

個別企業が直面する需要曲線は、完全競争市場の場合は、**水平な需要曲線**になります。

一方、不完全競争市場のように価格支配力がある場合は、右下がりになります。

したがって、正解は4となります。

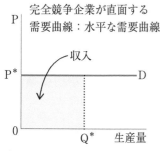

完全競争企業が直面する
需要曲線：水平な需要曲線

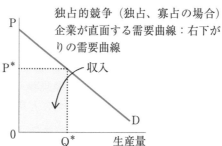

独占的競争（独占、寡占の場合）
企業が直面する需要曲線：右下がりの需要曲線

市場で与えられた価格に基づいて、生産し、それに応じて収入とします。

生産量を拡大させるために、価格を引き下げなければなりません。

補足

水平な需要曲線

　水平な需要曲線は、あくまで完全競争市場における個別企業が直面している需要曲線です。これは、市場で決定された価格に基づいて生産されたものはすべて売り尽くされるという考え方があるために、生産量に応じて収入も増加する意味です。

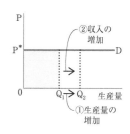

問題② 独占的競争における長期均衡 (択一式)

　次の図は、縦軸に価格・費用、横軸に生産量をとり、独占的競争の長期的均衡の下における、代表的企業の個別需要曲線 D、限界収入曲線 MR、長期平均費用曲線 AC、長期限界費用曲線 MC を表しています。また、個別需要曲線と長期平均費用曲線の接点を S、長期平均費用曲線と長期限界費用曲線との交点を T、個別需要曲線と長期限界費用曲線の交点を U、限界収入曲線と長期限界費用曲線の交点を V で表したものです。この状態における代表的企業の長期的均衡点と超過利潤の組み合わせとして、妥当なものはどれですか。

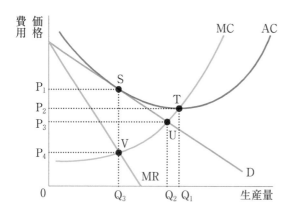

	長期均衡点	超過利潤
1.	S	P_1P_4VS
2.	S	ゼロ
3.	T	P_2P_3UT
4.	T	ゼロ

（地方上級　改題）

■問題②の解答・解説

独占的競争市場における長期均衡の分析です。

プロセス-1（短期均衡）

独占企業と同様の分析が可能になります。

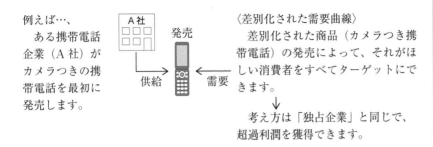

例えば…、
　ある携帯電話企業（A社）がカメラつきの携帯電話を最初に発売します。

〈差別化された需要曲線〉
　差別化された商品（カメラつき携帯電話）の発売によって、それがほしい消費者をすべてターゲットにできます。
　　↓
　考え方は「独占企業」と同じで、超過利潤を獲得できます。

プロセス-2（長期均衡）

競争市場における考え方が入ります。つまり、超過利潤を求めて新規企業がカメラつき携帯電話市場に参入してきます。

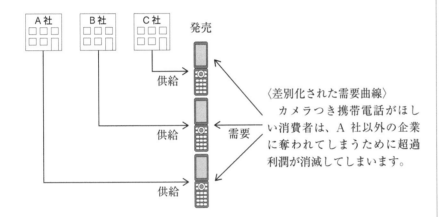

〈差別化された需要曲線〉
　カメラつき携帯電話がほしい消費者は、A社以外の企業に奪われてしまうために超過利潤が消滅してしまいます。

補足

　AC（平均費用）は1個あたりの費用であり、価格は1個あたりの収入です。
　したがって、AC＝Pでは、超過利潤がゼロになります。

　グラフ上では、AC＝Dになると超過利潤ゼロを示し、S点が長期均衡点になり、ACと価格が等しくなっているために超過利潤はゼロになります。このように長期均衡における生産量はQ_3、価格はP_1になります。

　したがって、正解は2になります。

第 5 章

市場の失敗

望ましい市場の達成が困難なとき、
政府はどのように市場に介入していくのかを
学習します。

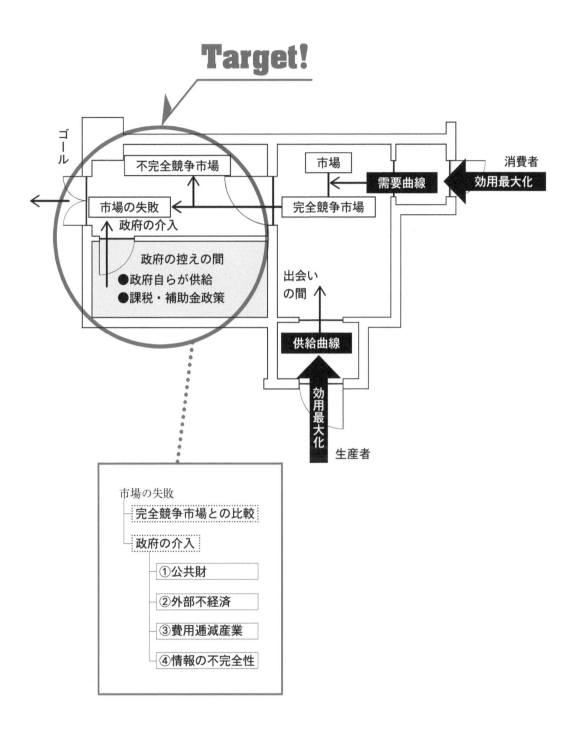

図書館の建設には誰がお金を出すべきか？

| Unit 20 | 市場の失敗
公共財 |

Unit20 のポイント

完全競争市場では、価格調整メカニズムを通じて効率的な資源配分が達成されますが、現実の経済が必ずしも効率的に機能しているわけではありません。そこで、①完全競争市場であるにもかかわらず、効率的な資源配分ができない場合、②完全競争市場での供給ができない場合、①②いずれかの場合を市場の失敗と定義し、その事例として公共財、外部不経済、費用逓減産業、情報の不完全性などを取り上げます。まず、この Unit では公共財を考えていきます。

公共財とは、市場で供給されないために政府がかわりに供給する橋や道路、警察、公園などの財・サービスのことを言います。

Navigation

市場の失敗
- 完全競争市場との比較
- 政府の介入
  - ①公共財
  - ②外部不経済
  - ③費用逓減産業
  - ④情報の不完全性

| 難易度 | 難易度は高難度順に AA、
A、B、C で表示。
出題率は高出題率順に
☆、◎、○、◇で表示。 |
| A | |

資格試験別・予想出題率		
国家総合		◎
国家一般		◎
地方上級		◎
公認会計士		○
国税専門官		○
外務専門職		◎
中小企業診断士		○
不動産鑑定士		◎

▶ 講義のはじめに

「公共財は橋や道路など、政府によって供給されている財です」と、簡単に結論づけることはできません。なぜなら、生産者が公共財を生産していない理由があるからです。その背景をふまえて、誰も供給しないから仕方なく政府が供給しているという結論のほうが妥当です。

では、この「公共財」にはどのような特色があるのか考えてみましょう。

〈考え方〉

| 原因 | 料金を支払わない人を排除できない。 | → | 結果 | 営利ベースで供給することができない。 |

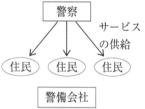

警察のサービスという公共財を考えると、パトロールなど安全サービスの供給になります。このサービスに対して個々から料金を徴収することは困難であり、徴収しようとした場合、膨大なコストがかかってしまいます。

警備会社のように特定の個人や企業に対するサービスならば、そのサービスを受けた方から料金を徴収し、料金を払わない人を排除することは可能です。しかし、警察サービスの場合、対価を支払わなくても排除されることはありません。

| 原因 | 共同で消費ができる。 | → | 結果 | 通常の需要曲線が導出できない。
（需要量は一定になる） |

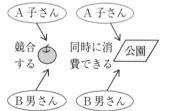

リンゴのような財は、A 子さんが消費すると、同じリンゴを B 男さんは消費できません。

しかし、公園の場合はどうでしょうか？ A 子さんが公園で遊ぶという消費をしているときに、同時に B 男さんも遊ぶという消費をすることが可能です。公共財とは、このように同時に等量の消費が可能だと考えられます。

1. 公共財の定義

Key Point

公共財とは、非排除性と非競合性を持つ財のことを言います。

公共財とは**非排除性**と**非競合性**のいずれかを持つ財のことです。

①**非排除性**とは、財やサービスの消費に対する料金を支払わない人を排除できない、または、排除することが著しく困難であるということです。

費用を回収できないことから、私企業では営利ベースで供給することができないと考えられます。

②**非競合性**とは、一般に共同消費性とも言い、複数の人が財やサービスを同時に一定量消費できるということです。

消費における競合性とは、ある人の消費によって、他の人の消費が減少することで、私的財においては、このような競合性が存在します。

しかし、街路や公園、堤防のもたらすサービスについては、競合性はなく、利用者を増加させるのに必要な限界費用はゼロです。このような財については個人による消費量の差がなく、すべて等しくなります。

③**純粋公共財**とは、非排除性と非競合性を同時に満たす場合をいいます。

非競合性に関して言えば、**混雑効果**が発生するために同時に一定量の消費をすることが妨げられる場合が考えられます。混雑効果とは、例えば、公園の砂場では空いている時間には十分に遊べますが、混雑しているときには十分な消費が可能とは言えません。

このように、一定の限界を超えるとそれ以上消費ができなくなる場合があります。

政府が供給している財が、必ずしも純粋公共財であるとは限りません。

しかし、国防や警察は、1人の人が国防サービスを受けているときに、もう1人は受けられないということがないので、純粋公共財といえます。

④**準公共財**とは、公営、民営に限らず非競合性を満たし、同時にたくさんの人が消費できるようなものを言います。ただし、この定義では上記のような混雑効果を含んでいて、映画館や公園、プールなどが挙げられます。多くの政府が供給している財には準公共財が多く、政府が供給しなければならない特別な論拠がなければ民間が供給する、または民営化の根拠となります。

また、政府が供給している財は必ずしも公共財とは限らず、かつてのタバコのように公共財とは全く異なった財も考えられます。

補足

共同消費性は等量消費性ともいわれます。

補足

限界費用がゼロ

追加的な費用が発生しないことです。

補足 事例

混雑効果

例えば電車に乗る場合、同じ料金でも、日中の空いた状態と朝夕のラッシュ時では状況が異なります。

ラッシュ時には利用者数が多くなり、サービスの質が低下することになってしまいます。

●左図の各財の相対的な位置は厳密なものではありません。

公共財に関する記述のうち、妥当なものはどれですか。

1. 公共財は、独占企業が発生するのを避けるために政府が供給するもので、独占になりやすい公営住宅や国営による鉄道事業などが公共財に該当します。

2. 公共財の性質の1つに、ある人の消費が他の人の消費を減少させることがあります。これを競合性と言い、音楽会場が公共財とされるのは、このような競合性が存在するからです。

3. 公共財の性質の1つに、対価を支払った人のみに限定してサービスを提供することが不可能または困難であるということがあります。例として警察活動などがあげられます。

4. 公共財は政府が供給する財に限定され、プールや劇場は共同で消費された場合でも政府が供給した部分のみを公共財とします。

（地方上級 改題）

■ **確認問題の解答と解説**

公共財の定義に該当するのは3のみです。

2. 最適供給量の決定

Key Point

公共財の最適供給量は、限界便益曲線と供給曲線の交点で実現します。

公共財はどのように供給されるべきかを明らかにしていきます。資源配分の観点から、需要曲線と供給曲線が交わる均衡点で供給量を決定するべきなので、私的財のケースと公共財のケースを比較していきます。

|考え方のプロセス|
プロセス -1 私的財の最適供給量

私的財の場合の需要曲線

下記のように各個人の需要曲線を横に足し合わせたものが社会全体の需要曲線で、社会全体の供給曲線との交点で最適な供給量 Q^* が決定されます。（仮定として市場には個人 A、B の2人しか存在しない）

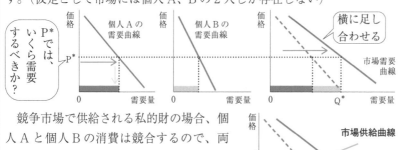

競争市場で供給される私的財の場合、個人 A と個人 B の消費は競合するので、両者の消費量の和が市場全体の需要量であり、それに等しい水準が最適な供給量 Q^* になります。

公共財の場合の需要曲線

公共財の場合は等量消費性があるので、個人 A と個人 B の需要量は等しくなります。したがって横に足し合わせる必要はなく、各個人の需要曲線を下記のように、縦に足し合わせたものが社会全体の需要曲線になります。個人 A の消費量も個人 B の消費量も市場全体の需要量も同じになります。（Q_A = 個人 A の消費量、Q_B = 個人 B の消費量）

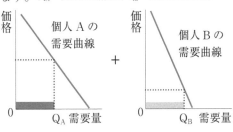

等量消費が可能なので
$Q_A = Q_B = Q^*$

公共財の需要曲線は「**縦に読む**」といわれています。これは非競合性（**等量消費性**）が存在するために、$Q_A = Q_B = Q^*$の水準となり、縦に足されるものだからです。これは、もはや需要曲線ではなくなります。

グラフでは、決められた需要量に対して消費者が払ってもよいと思われる金額を表すことで、**限界便益**と呼ばれるものになります。

通常の最適供給量の決定メカニズムを援用すれば、公共財の最適供給量の決定式は、

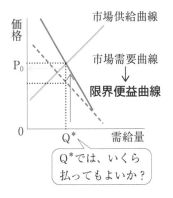

個人 A の限界便益	+	個人 B の限界便益	=	限界費用（供給曲線）

となります。

限界便益曲線は、その公共財の消費に対して人々がいくらなら払ってもよいかという「**評価**」を表すものであり、当然に料金が徴収されるならば低く評価するでしょう。また、この公共財の性質上、料金を支払わない人も利用できることから、**ただ乗り（フリーライダー）**も発生し、費用分担の面で問題が生じる結果になり、市場では供給されず、政府によって供給されることになるのです。

確認問題（公共財の計算）

個人 A と個人 B の 2 人しか存在しない経済において、個人 A の需要曲線（限界便益曲線）が $P_A = 1000 - 25D_A$、個人 B の需要曲線が $P_B = 1000 - 25D_B$ で与えられています。また、公共財の限界費用が数量とは無関係に 500 円で与えられているときに、この経済における最適供給量はいくらですか。

1. 30　　　2. 40　　　3. 50　　　4. 60

（国家Ⅱ種　改題）

等量消費性（共同消費性）があるために、同じ長さになります。

●グラフでは需要量を一定として、縦に価格が加算されていくように描かれます。

限界便益（Marginal benefit）

限界便益とは、需要量を 1 個（1 単位）増やしたときに得られる便益の増加分のこと。

限界評価とも言われ、限界便益曲線は**限界評価曲線**とも言われます。

価格に応じて需要量を決定する需要曲線に対し、限界便益曲線は需要量に応じて価格を決定します。

フリーライダー（ただ乗り）

料金を支払わないで公共財を消費（利用）する主体のことです。

■確認問題の解答と解説

公共財の最適供給量は、それぞれの個人の需要曲線（限界便益曲線）の和が限界費用（供給曲線）と一致するように求めます。

$P_A + P_B = MC$（供給曲線）

最適供給量を Q として、$Q = D_A = D_B$ より、

$(1000 - 25Q) + (1000 - 25Q) = 500$

$2000 - 50Q = 500$

$Q = 30$ 　　　　したがって、正解は1になります。

3. リンダール均衡

Key Point

リンダール均衡は、公共財の最適供給において、分担率を表明することによって、最適な資源配分を達成させようとするメカニズムです。

公共財では、最適資源配分の議論はできません。そこで、**リンダール均衡**という考え方を用います。**応益原則**にしたがって、公共財に対して料金の分担率を定め、市場の参加者にそれを表明してもらうことによって、各個人にとって最も望ましい供給量が決定されます。

しかし、この議論には以下のような問題が多数存在します。

(1) 事務手続きがたいへん困難になること。分担率が公共財の利用度を基に決定されることになるので、たとえ低所得者でも高い選好を示せば高い分担率となります。
(2) 公共財の選好を低く表明し、偽りの表明が選好されるという「**ナッシュ均衡**」が成立し、結局、公共財の供給量が過小になってしまいます。
(3) **フリーライダー**（ただ乗りする人）を許容してしまいます。

といった内容です。

応益原則

受ける利益（受益）に応じて料金を徴収する考え方です。

駅という公共財を考えれば、駅に近いほど多くの便益を受けるので、それに応じて公共財の分担率は高くなります。

主に地方税（固定資産税など）は、応益原則に基づいて徴収されます。

（応能原則）

能力に応じて料金を徴収する考え方です。主に国税（所得税など）に適用されています。

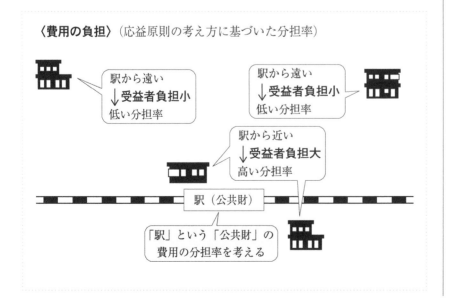

〈**費用の負担**〉（応益原則の考え方に基づいた分担率）

駅から遠い
↓**受益者負担小**
低い分担率

駅から遠い
↓**受益者負担小**
低い分担率

駅から近い
↓**受益者負担大**
高い分担率

駅（公共財）

「駅」という「公共財」の費用の分担率を考える

確認問題（公共財の性質）

公共財に関する記述のうち、妥当なものはどれですか。

1. 一般的に公共財の供給は、民間部門の市場機構によって供給が可能です。例外的に公共部門の公共財の供給は、リンダール均衡に基づけば最適な供給が可能になります。
2. 公共財は、私的財と同様に市場で取引されるので、フリーライダーの問題は生じません。
3. リンダール均衡は、公共財の最適供給に関する均衡概念の１つであり、均衡が達成された場合、受益者負担の原則とフリーライダーの排除が同時に実現されます。
4. 公共財は、市場の失敗を補塡するために公共部門の補助が前提で供給されるものであり、電気、ガス、水道などがその代表的な例です。
5. 純粋公共財は、非排除性と非競合性が同時に実現される財であり、国防や外交などがその例です。

（地方上級　改題）

■**確認問題の解答と解説**

1. 公共財は市場機構に任せれば、供給量は過小、または皆無になります。2. フリーライダーの問題は存在します。3. フリーライダーは排除できません。4. これは費用逓減産業の論点（218ページ参照）です。5. 正解。

問題　公共財の定義と性質（択一式）

公共財に関する記述として最も適切なものはどれですか。

ア. 対価を支払う者にのみ消費させるということが不可能な非排除性の性質を持ちます。
イ. 追加的消費に伴う費用が無限大となる非競合性の性質を持ちます。
ウ. 非競合性の性質のゆえにフリーライダー問題が発生します。
エ. 非排除性の性質のゆえに共同消費が不可能になります。

（中小企業診断士　改題）

■**問題の解答・解説**

ア. 正しい。イ. 需要量が増加しても追加的費用はゼロになります。ウ. 料金を払わない人を排除できないという非排除性のためにフリーライダーの入り込む余地を与えることになります。エ. 非競合性は、ある人が消費しても、他の人がその財を消費できないわけではなく、例えば映画館のように同時に同じ財を消費する（映画を見る）ことが可能になることから、共同消費が成立します。

「環境税」は本当に必要なのか？

Navigation

市場の失敗
- 完全競争市場との比較
- 政府の介入
  - ①公共財
  - ②外部不経済
  - ③費用逓減産業
  - ④情報の不完全性

Unit 21 市場の失敗 外部不経済

Unit21 のポイント

この Unit では、さらに市場原理について応用していきます。市場の失敗は、競争市場であっても効率的な資源配分ができない状況を示しています。その代表的な外部不経済を取り上げます。

具体例として公害がどのようなメカニズムを通じて市場を非効率にし、どのような解決法が望ましいのかを明らかにしていきます。

難易度	難易度は高難度順にAA、A、B、Cで表示。
AA	出題率は高出題順に☆、◎、○、◇で表示。

資格試験別・各期出題傾向	
国家総合	◎
国家一般	○
地方上級	◎
公認会計士	◎
国税専門官	◎
外務専門職	☆
中小企業診断士	○
不動産鑑定士	☆

▶ 講義のはじめに

最近は、私たちの周囲で本当にゴミの問題が盛んに議論されています。今後、ゴミの問題を含めて、公害全般の解決法を早期に見出さなければならないことは明らかでしょう。

そこで、ミクロ経済学ではこの公害のモデルを用意し、分析を行うことによって解決法を検討することになります。以下の実例で考えてみましょう。

〈実例〉

経済学的思考
このペットボトルの清涼飲料水の価格に注目してみます。

500 mℓ のペットボトルの清涼飲料水の発売に関して、反対運動が起こりました。

その理由は、ペットボトルによる公害が懸念されたからです。

企業 製品をつくる

当然、企業は利潤最大化計画のもと、生産を行います。

企業サイド	社会全体
製品の価格には、公害を除去するための費用は含まれていません。	公害を除去するための費用を負担しなければなりません。

原因	公害を除去する費用は含まれず、安い価格で販売されます。	結果	過剰に生産してしまいます。（公害の発生）

上記のメカニズムを検討すれば、この製品の価格が適正ではなく、公害コストが価格に反映されていないために、市場に損失を与えていることが推測されます。

この Unit では、どのような政策によって価格を適正にし、公害が発生する市場に対して、社会生活上望ましい状態への回復ができるかを学習していきます。

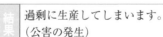

用語 補足 事例

外部不経済とは？

ある経済主体の行動が、何らの対価を授受することなく、他の経済主体に影響を与えることを**外部効果**と言います。

そして、経済的にプラスに作用するものを**外部経済**、マイナスに作用するものを**外部不経済**と言います。

例えば、新しく高速道路ができたとします。その地域は活性化し、人の出入りも増えることから、商店は売り上げを伸ばす外部経済がある一方、騒音や公害で悩まされる外部不経済もあります。

1. 外部不経済の発生

Key Point

外部不経済が発生した場合、私的費用と社会的費用に乖離が発生します。

最初に、消費者行動として用いた需要曲線と生産者行動として用いた供給曲線を利用して、「公害」を中心に外部不経済の状況説明をしていきます。

まず、例として、競争市場で生産している2つの企業があり、それらが川の上流と下流に位置していたとします。

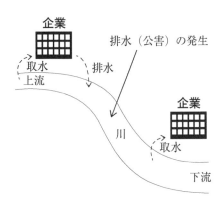

企業

排水（公害）の発生

取水
上流
排水

川

企業

取水

下流

この場合、川の上流にある企業は、きれいな水を使って生産することが可能です。ところが、下流にある企業は、同じ条件で生産をするには、上流にある企業が流した排水をきれいにしてから使わなくてはなりません。そのために余計な費用がかかることになります。

このように公害の発生は、他者への余計なコスト発生への引き金になるのです。

さて、今度は、企業が直面している費用と社会全体の費用について観察します。

私的費用とは、今まで議論してきた供給曲線（＝限界費用）と同義です。2社とも、この私的費用（供給曲線）にしたがって、利潤が最大になるように生産量を決定したとします。

一方、**社会的費用**とは、外部効果を含めた費用をいいます。

これは、排水という負の便益を生む財の市場が存在しないため、外部効果が市場で解決されず、取引費用として加算されます。社会的費用は私的費用に「**公害コスト**」として上乗せされた形で導出されます。

このように、外部不経済（公害）が発生している市場では、社会的費用と私的費用が一致しなくなるのです。

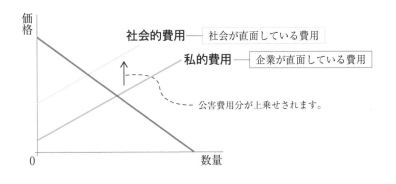

価格

社会的費用 ── 社会が直面している費用

私的費用 ── 企業が直面している費用

公害費用分が上乗せされます。

0　　　　　　　　　　　数量

生産者行動

生産者は利潤最大化行動をとっていますが、そのことは、供給曲線にしたがって生産量を決定することを意味します。このUnitでは完全競争市場にある生産者を想定してください。

供給曲線（限界費用）を2つに分けます。

社会的費用

公害コストが反映されています。

私的費用

公害コストが反映されていません。

2. 外部不経済の余剰分析

Key Point

　外部不経済が発生した場合、厚生の損失が発生し、非効率な市場となります。

　次に社会的費用が私的費用よりも大きい場合、どのような問題が発生するのか具体的に明示していきます。

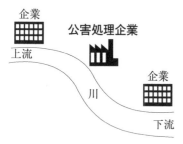

　事案を少し変形させてみましょう。

　上流の企業と下流の企業が同様の費用で生産している場合、公害を除去する通称「**公害処理企業**」が別に必要になります。

　この公害処理企業の費用は市場から回収できないため、ダイレクトに社会的費用として加算されます。

　企業が直面する私的費用が、社会的に望ましい水準よりも低く設定されるので、市場ではあるべき価格（P_2）より安い価格（P_1）で売買されることになります。したがって、面積によって厚生水準を明らかにする余剰分析では、以下のように説明されます。

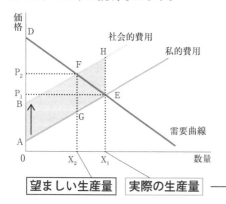

望ましい生産量　実際の生産量

　競争市場での総余剰は、△DAEです。

　ここに、公害費用が（1個あたりのABの高さ分の費用）×（実際に生産されている数量 X_1）が社会的に必要になりますので、社会的余剰から差し引かなければなりません。

↓ **分解する**

　このような余剰分析の結果、三角形FEH分の「**厚生の損失**」が発生していることがわかります。これは、資源配分上の「非効率」を引き起こしていることを意味します。

問題　外部不経済における被害額（択一式）

下図は、外部不経済を発生させている産業における需要曲線、私的費用 PMC、他企業が被る被害を含めた社会的費用 SMC を示しています。

この場合の社会的厚生は、消費者余剰と生産者余剰の和である DAE から他企業が被っている被害分を差し引いた部分です。

この他企業が被る損失額の面積として、妥当なものはどれですか。

1. BAEH
2. BAEF
3. FGE
4. FGEH

（地方上級　改題）

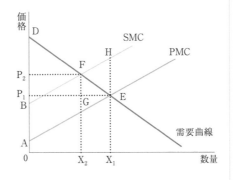

情報

試験問題では、私的費用（私的限界費用）が PMC（Private Marginal Cost）、社会的費用（社会的限界費用）が SMC（Social Marginal Cost）と表示される場合があります。

■問題の解答・解説

外部不経済における問題で①他企業が被る被害額も②公害処理企業の費用もどちらも同じ意味であり、同額になります。

その金額は、1個あたりの費用（AB）×生産量（X_1）で示される面積になります。

したがって、正解は 1 となります。

3. 課税政策の実施

Key Point

政府は**ピグー的課税政策**により、社会的費用と私的費用を均等化させることによって、厚生の損失を打ち消します。

それでは、厚生の損失を消すための政策を考えていきます。

厚生の損失が発生するのは、私的費用と社会的費用に乖離があったことが原因です。したがって、両者を一致させるような価格の引き上げが必要になります。

例えば、政府がこの企業に「課税」を加えるならば、私的費用を社会的費用に一致させ、厚生の損失分（△FEH）を消し、効率的な資源配分を達成させることになります。

これは**ピグー的課税政策**と呼ばれているものです。右図では、AB の高さの税金を課すことによって生産量を X_1 から X_2 へ減少させることになります。

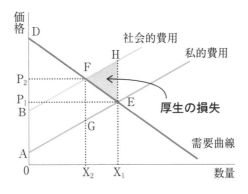

補足

政府の介入

市場の機能が効率的でない場合、政府が介入し、適切な課税・補助金政策を実施することによって、効率的な資源配分を達成させます。

●課税によって望ましい価格（P_2）と望ましい生産量（X_2）を実現させるのです。

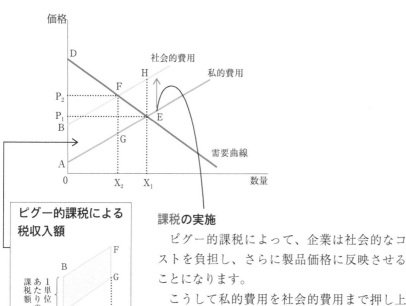

課税の実施

　ピグー的課税によって、企業は社会的なコストを負担し、さらに製品価格に反映させることになります。

　こうして私的費用を社会的費用まで押し上げるために、適正な価格水準（P_2）と望ましい生産量（X_2）を達成させることができるのです。

　ピグー的課税は、余剰の増加になりますが、公害の除去に使われるので、社会的にはプラスマイナスがゼロになり、課税後の総余剰は三角形 DBF になります（厚生の損失部分が消えます）。

ピグー的課税（従量税）

　従量税は、1 単位あたりの税額に対して、生産量を掛けた数値で税収が決定します。

　したがって、生産量が多い企業の従量税は大きくなります。

● ピグー的課税を課した後も、公害は除去されたわけではなく、引き続き発生しています。その被害額は、四角形 BAGF であり、ピグー的課税額に一致しているのです。

排出権取引

　外部不経済を規制する方法としては、**京都会議**（国連気候変動枠組条約第 3 回締約国会議）でも議論されたように、公害発生の権利を求めて、これを市場で売買させるものです。

　日本政府は、2010 年にこの会議で約束した 6％削減を達成できる水準に収まったと発表しました。「6％削減」は、逆に 94％までなら排出することが可能であるということです。もし、90％しか排出しなかった場合には、残りの 4％を他国に売却（排出権）することが可能だと考えられます。このような排出権取引のビジネスは市場規模 20 兆円になるといわれています。

COLUMN：よくある質問

Q　外部不経済の問題で、税収入の面積が異なる表示で出題される場合がありますが、どのようなパターンで出題されるのでしょうか？

A　税収入の表示には 2 つの出題パターンがあります。
　どちらの税収入も形は異なっても面積は同じです。生産者余剰の表示が変わってくることにも注意しましょう。

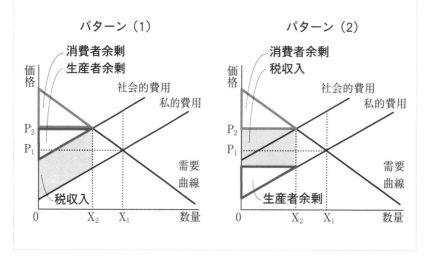

問題① 課税後の状況 (択一式)

外部不経済を生じているある生産者の私的限界費用曲線 (①) が、下図のように示されています。今、外部費用と同額の従量税を課して、①が②にシフトしたときの記述として正しいものは次のうちどれですか。

1. 税収は□ BCGH の部分で示されます。
2. 生産者余剰は△ GJK だけ減少します。
3. 生産者の税負担は□ BDJH で示されます。
4. 総余剰は△ HKN だけ増大します。
5. 消費者余剰は△ HGK だけ減少します。

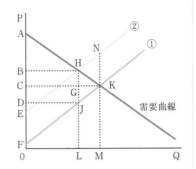

(地方上級 改題)

■問題①の解答・解説

1は×。税収は□ BDJH の部分で示されます。2は×。生産者余剰は□ CDJK だけ減少します。3は×。生産者の税負担は□ CDJG で示され、消費者の税負担が□ BCGH で示され、双方合わせた税収全体が□ BDJH で示されます。4は○。総余剰は△ HKN だけ増大します。正解は4。5は×。消費者余剰は□ BCKH だけ減少します。

租税の負担

消費者負担

税収入

生産者負担

全体の税収は、CG より上部を消費者が負担し、下部を生産者が負担することになります。

補足

従量税は間接税なので、本来、生産者が支払う義務があるのですが、その負担を消費者へ転嫁させています。
左図では、価格の上昇した分が消費者負担として表せます。

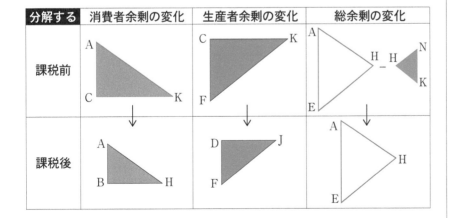

分解する	消費者余剰の変化	生産者余剰の変化	総余剰の変化
課税前			
課税後			

補足

課税後の生産者余剰は△ BEH としても構いません。

課税前の総余剰は△ HKN の厚生の損失がマイナス計上で算定されています。

ピグー的課税によって、厚生の損失部分のマイナスが消えることによって、△ HKN だけ大きくなると解釈できます。

問題② 外部不経済の考え方（記述式）

(1) 競争市場にある財は需要曲線（D）と供給曲線（S）の交点で決定される生産量が望ましいとされる理由を述べてください。

(2) 「競争市場は望ましい生産量を決定する」という命題には、いくつかの限定条件があります。例えば、500ml のペットボトル入り清涼飲料水の販売をめぐる反対論にみられるように、「外部不経済」を生む財の生産量は、望ましい水準より過大になる傾向があることを説明してください。

（不動産鑑定士　改題）

■問題②の解答・解説

論述構成の例

(1) 余剰分析のモデルによる判断基準の明示と競争市場における最適性定理
　　→　最も望ましい市場が「完全競争市場」であることを面積で表示。

(2-1) 市場の失敗の発生を含めた限定条件　→　競争市場であるにもかかわらず厚生の損失が発生したり、競争市場では供給されない財について列挙（外部性、公共財、費用逓減産業など）。

(2-2) 外部不経済における余剰分析　→　私的費用と社会的費用を定義づけ、それをもとに過大生産の理由と厚生の損失を明示。

COLUMN：よくある質問

Q 外部不経済の問題で社会的費用が平行に移動していなくて、角度が変わって出題されています。この場合の厚生の損失はどのように表示されるのですか？

A この場合の社会的費用は、「量」に対してではなく「価格」に対して課されたものと考えてください（従価税、141 ページ参照）。しかし、厚生の損失に関しては同じように表示されます。

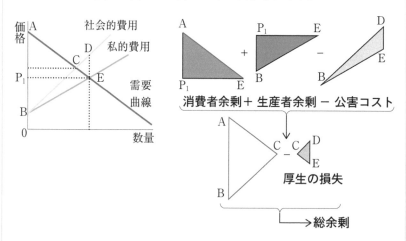

結局、表示面積は多少異なるものの、分析自体の骨格は同じものになります。

4. コースの定理

Key Point

コースの定理は外部効果があるとき、当事者間の自主的な交渉でパレート最適が達成（効率的な資源配分）されるという考え方です。

外部不経済が発生した場合、政府が介入し課税政策などを行う以外に、当事者間の自主的な交渉で解決できるという考え方があります。

コースの定理は、公害を発生させている企業と被害を被っている住民の**当事者間での交渉**で、企業が住民に金銭を支払っても、住民が企業に金銭を支払ってもパレート最適（効率的な資源配分）の実現が可能という考え方です。どのようなメカニズムなのかプロセスを考察します。

考え方のプロセス

プロセス-1 公害の発生

公害の発生を住民の**損害曲線**として、生産量に応じて逓増するグラフを用意します。また、企業サイドは生産量に応じた**利潤曲線**を描きます。

生産量が X_1、X_2 では、次のような当事者間取引があると思われます。

プロセス-2 交渉

生産量が X_1 の水準の場合、生産者は利潤の伸び率が大きいので、住民に**賠償金**を支払ってでも生産を拡大させたいでしょう。住民は公害による被害も大きくないので損害賠償の契約に応じるものと考えられます。その結果、X_1 の水準では、生産量は増大します。

生産量が X_2 の水準の場合、住民は被害の度合いが大きいので、企業に**補償金**を支払ってでも生産を減少させたいだろうし、企業は生産量の減少による利潤の減少は大きくないので補償金の契約に応じるものと考えられます。

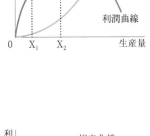

プロセス-3

最終的には、2つの曲線の傾きが同じ水準で生産量（X^*）が確定します。

X^* の水準では、公害（外部不経済）が当事者同士による契約の合意によって解決され、最適な資源配分が達成されています。

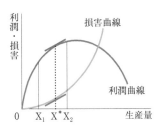

補足

利潤曲線と損害曲線の「傾き」の意味
○企業サイド
生産量を増大させれば、どれだけ利潤が増大するのかを示します。

傾き A が大きいほど、企業は生産量を増やしたいはずです。
○住民サイド
生産量を増大させれば、どれだけ損害が増大するのかを示します。

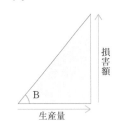

傾き B が小さいほど、住民は賠償に応じます（賠償金をもらって我慢します）。

独占は本当に悪なのか？

Unit
22

市場の失敗
費用逓減産業

Unit22 のポイント

現実の経済を観察すると、電力やガスなど固定費用が膨大にかかる産業では競争市場での供給が難しく、政府が介入することによって公益事業としています。このような産業は費用逓減（平均費用逓減）産業と呼ばれ、この Unit の中では、そのような産業について望ましい生産量や価格形成について学習していきます。

Navigation

市場の失敗
├ 完全競争市場との比較
└ 政府の介入
　├ ①公共財
　├ ②外部不経済
　├ ③費用逓減産業
　└ ④情報の不完全性

難易度	難易度は高難度順に AA、A、B、C で表示。
C	出題率は高出題率順に ☆、◎、○、◇で表示。

国家総合	☆
国家一般	○
地方上級	☆
公認会計士	◎
国税専門官	◎
外務専門職	☆
中小企業診断士	◎
不動産鑑定士	☆

▶ 講義のはじめに

独占企業の学習で、独占企業は厚生の損失を発生させるために非効率な状態であり、政府の介入が必要であることを見てきました。

しかし、実際の経済の中には電力や運輸などの分野で独占企業が存在しています。これは、**自然独占**と呼ばれるもので、独占企業が形成されるメカニズムが背後にあるものです。

自然独占

電力や運輸産業などには 1 つの特徴があり、放っておいても自然に独占状態が形成されるメカニズムを持っています（自然独占）。

1つひとつの財を個々に生産

旅客	貨物
ツアー	

まとめて1度に生産

低コスト

例えば、鉄道という生産者の場合、貨物や旅客など様々な財・サービスが考えられますが、これらを 1 つひとつつくるよりも、信号や線路など共通した費用部分があるので、まとめてつくったほうが低いコストで生産可能になります。そして、このような産業は、複数の市場にまたがって大規模に生産を行うようになると考えられます。これが独占企業を形成させるシナリオです。

こうした産業は大規模な固定費用、例えば線路や発電所などを必要とする場合であり、広範な領域で平均費用は逓減することから**費用逓減産業**と呼ばれます。

事例　補足

独占が加速する？

電力会社など固定費用が膨大にかかる場合、需要が小さければ超過利潤を獲得することが難しく、大企業に淘汰されてしまうので、独占企業が形成されやすくなります。

補足

平均費用は逓減する

製品1個あたりの費用の占める割合が、生産の増加にしたがって減少していく状態。

原因	独占など不完全競争企業の形成

（電気、ガス、鉄道、通信など）
不完全競争市場と同じ形態になれば適正価格で供給せず、過小生産になります。

→ 市場の失敗が発生

しかし、社会的には非常に有用な財・サービスであるので、過小生産は高額な独占価格を消費者に課し、ライフ・ラインを妨げる結果になってしまいます。

政府の介入

結果　完全競争市場で供給される場合と同様に十分な供給量を確保します。しかし、適正価格を設定することで損失が計上される場合があるので、政府の補助金によって、公益事業として運営されます。

この Unit では、費用逓減産業がどのような価格決定方式を通じて最適な供給量を実現していくのかを学習していくことになります。

1. 費用逓減産業のグラフの特徴

Key Point

費用逓減産業では、かなりの生産量の規模に達するまで、平均費用が逓減し続けます。

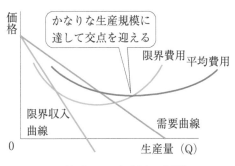

膨大な固定費用とは、生産規模が大きく、平均費用が下がり続ける産業です。

例えば、電気、水道産業のような**巨大産業**では、発電所や水道管網のように**固定費用**の占める割合が大きくなってしまうためです。

そして、膨大な固定費用の影響はグラフ上では、かなりの需要者を獲得するまで平均費用が逓減し続けるように作図されます。しかし、こうした巨大産業は、まとめて多くの財を供給できるので、生産費において優位に立ち、他の産業を淘汰し、**独占**状態を形成するようになります。

2. 限界費用価格形成原理

Key Point

費用逓減産業における望ましい価格形成は、限界費用価格形成原理に基づくものであり、P＝MC の水準です。

費用逓減産業において、どのような価格形成が望ましいのでしょうか。通常の企業の場合、最も望ましい価格は、需要曲線と限界費用曲線（供給曲線）が交わる水準ですが、ここでは**限界費用価格形成原理**という理論を用います。この価格形成原理が、どのようなプロセスによって達成されるものなのか、プロセスを追って考察していきます。

考え方のプロセス

プロセス -1

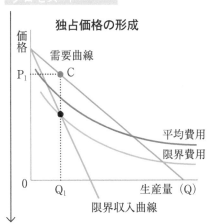

費用逓減産業は独占企業として形成され、独占価格を形成します。

限界費用（MC）＝限界収入（MR）から、生産量は Q_1、クールノーの点 C を経由して価格 P_1 が決定されます。

しかし、価格水準（P_1）では、価格が高いばかりか、電気のように有用性が高い財であるにもかかわらず、生産量が少なくなって、十分に供給できていません。

主に試験では、「費用逓減」の状況を考えるということで、平均費用のU字型の右下がりの領域のみが出題されます。

プロセス -2

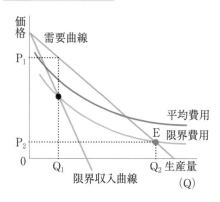

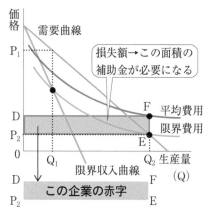

次に最も望ましい価格水準について説明していきます。

市場にはこの企業1社なので、この企業の限界費用曲線がそのまま市場の供給曲線と考えられます。

そして、需要曲線と限界費用曲線が交わる点 E で生産量 Q_2 を決定し、それに対応する価格が P_2 になります。この生産量ならば、電気が十分に供給され、望ましい価格水準と同時に効率的な資源配分が達成されます。

しかし、望ましい価格 P_2 では大きな問題があります。この価格が平均費用を下回っているために**損失**しか発生せず、市場経済では供給されないことが考えられます。

このように公共性が高い財なのに誰も供給しないということは非常に問題であり、政府が介入し、**公益事業**としてサービス料金の決定をしていくと考えられます。

このようにサービス料金として望ましいものが**限界費用価格形成原理**に基づくものです。価格を限界費用に一致するように P_2 で定め、平均費用を下回る損失額（赤字部分）を**補助金**によって賄うものです。

この価格水準ならば、効率的な資源配分が達成されます。また、このときの赤字部分を補う方法もあります。1つは**差別価格戦略**です。電気料金などは日中と深夜の料金に分割し、少しでも利潤の確保に努めています。2つ目は、**二部料金制**を採用していることです。固定費用を基本料金で徴収し、可変費用を限界費用形成原理に基づき、従量料金により徴収するような方法も損失を回避することになります。

確認問題

ある独占企業の価格と限界費用が等しくなるように生産量を決定する場合、この企業にいくらの補助金を与えれば、損失を発生させずにすむでしょうか。

この独占企業の総費用曲線は、TC = 200 + 40Q、需要曲線は、P = 240 − 2Q とします。（TC：総費用、Q：生産量、P：価格）

1. 100 　　 2. 200
3. 300 　　 4. 400

（地方上級　改題）

損失額の計上

四角形の高さは、価格 = 1 個あたりの収入、平均費用 = 1 個あたりの費用になります。

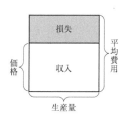

差別価格戦略
（177 ページ参照）

独占企業は、弾力性が高い需要層に対して低い価格を設定し、多くの利潤を確保しようとします。

例えば、電話料金の場合、安ければ利用者数が増える深夜料金は低く設定し、安くても高くても利用者数が変動しない日中の料金と差別化しています。

このようなピーク時とオフピーク時に差別価格を設定することを、ピークロード料金（ピークロード・プライシング）といいます。

■確認問題の解答と解説

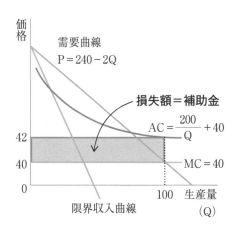

この問題は費用逓減産業に関する問題ですが、試験などでは「独占企業」として出題されていることに注意しましょう。

損失額（赤字額）に等しい分の補助金が与えられると考えます。総費用 TC = 200 + 40Q より、

$$AC = \frac{TC}{Q} = \frac{200}{Q} + 40$$

$$\begin{aligned}MC &= (TC)' \\ &= 200 \times 0 \times Q^{0-1} \\ &\quad + 40 \times 1 \times Q^{1-1} \\ &= 40\end{aligned}$$

●微分の計算方法は、36 ページの「微分のルール」を参照。

限界費用と価格が等しくなるように生産量を決定した場合、MC = P なので、40 = 240 − 2Q となり、生産量（Q）は 100 になります。そのときの収入は、40 × 100 = 4000 になりますが、総費用は、4200 になるために、200 の赤字が発生することになります。この分を補助金によって補填することになります。したがって、正解は 2 となります。

補足

総費用（TC）は、TC = 200 + 40Q に生産量（Q）= 100 を代入して、総費用（TC）= 200 + 40 × 100 = 4200 となります。

3. 平均費用価格形成原理（独立採算制）

Key Point

効率的な企業活動を行うために、補助金なしでも運営可能な価格水準が、平均費用価格形成原理（独立採算制）と呼ばれるものです。

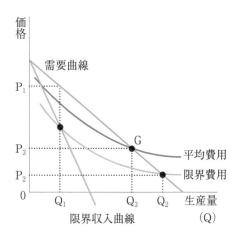

限界費用価格形成原理に基づけば、最も効率的な資源配分が達成されるという長所がありますが、赤字の発生がそのまま政府による補助金や民間への一括課税などで補填されることになってしまいます。

また、このようなシステムが慣行化してしまうと、費用逓減産業の企業経営努力が低下していく恐れがあるという短所があります。

そこで、この短所を克服するものが、G 点における平均費用に等しい価格水準 P_3 の**平均費用価格形成原理**です。

この価格水準は**独立採算制**とも呼ばれ、政府の援助なしでも費用の回収が可能な価格水準を決定することになります。

ただし、独立採算が可能である反面、MC = P が成立していないために、効率的な資源配分は達成できていない価格であるということができます。

確認問題

次の記述のうち、正しいものはどれですか。

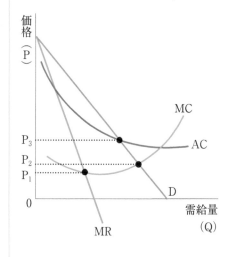

1. 企業の利潤最大化によって価格 P_1 が実現され、最適資源配分が達成されています。
2. 政府がこの企業を認可制として規制を行い、価格を P_2 とし、損失を補助金で補填することによって、最適な資源配分が達成されます。
3. 平均費用価格形成原理では、価格 P_3 が実現し、企業の利潤はゼロとなり、効率的な資源配分が達成されます。

（国家 I 種　改題）

■確認問題の解答と解説

限界費用価格形成原理と平均費用価格形成原理の相違点がわかれば簡単です。正解は 2 です。

問題　費用逓減産業の特徴（択一式）

費用逓減産業に関する説明のうち、最も適切なものの組み合わせを下記の解答群から選択してください。

a.　市場が自然独占になる可能性があります。
b.　価格を限界費用に等しい水準に設定すると赤字が発生する可能性があります。
c.　広域にわたって平均費用が逓減し続ける事業分野です。
d.　多数の企業が存在し、市場構造が競争的になりやすい産業です。

〔解答群〕
ア．a と b と c 　　　イ．a と b と d
ウ．a と c と d 　　　エ．b と c と d

（中小企業診断士　改題）

■問題の解答・解説

a. 正しい。費用逓減産業は、まとめて複数の製品を同一の資本で生産可能にし、生産コストを低く抑えることができます。

b. 正しい。限界費用価格形成原理では、価格（1個あたりの収入）が平均費用（1個あたりの費用）を下回ってしまうために、損失が計上されることになります。

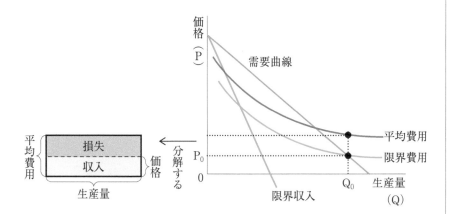

c. 正しい。電力会社などの費用逓減産業は、大規模な設備の稼動により、固定費用が膨大なため広域にわたって平均費用が逓減することになります。かなりの生産規模を行ってようやく逓増する局面が期待できます。

d. 誤り。費用逓減産業は、赤字経営になる可能性が高く、同一地域において、複数の企業が生産するよりも合併によって、同一の生産設備を共有し生産コストを抑えようとします。このように、独占が形成されやすく社会的に有用な産業は、赤字分を政府の補助金によって賄う公益事業となります。したがって、正解はアになります。

Navigation

市場の失敗
- 完全競争市場との比較
- 政府の介入
  - ①公共財
  - ②外部不経済
  - ③費用逓減産業
  - ④情報の不完全性

正しい情報で取引は成立するか？

Unit
23

市場の失敗
情報の不完全性

難易度
A
難易度は高難度順に AA、
A、B、C で表示。
出題率は高出題率順に
☆、◎、○、◇で表示。

国家総合	◎
国家一般	○
地方上級	○
公認会計士	◎
国税専門官	◎
外務専門職	☆
中小企業診断士	☆
不動産鑑定士	☆

Unit23 のポイント

消費者の効用最大化行動や生産者の利潤最大化行動には、それを達成させるための十分な情報があったという「**情報の完全性**」が完全競争市場の仮定の１つになっています。しかし、現実の経済では情報が完全であるというものは非常に極端なものであり、常に不完全な情報で不確実性がつきまとっているのが実情です。

この Unit では、情報が不完全である場合、市場では非効率的になり、市場の失敗を引き起こすことを、モラル・ハザード（道徳的危険）と逆選択という２つの例を用いて説明していきます。

▶ **講義のはじめに**

現実の世界には不確実性はつきものです。

今年の夏は暑くなると予想してビール会社が、たくさんビールを生産したところ、冷夏になって売れ行きが滞ったり、花火大会に用意した弁当が雨のために無駄になったりと、非常に身近なところで見られます。

このような不確実性には、天候や思わぬ事故などがあり、その損失や危険に対して保険がかけられることになります。保険料とは、その危険に対する価格であり、消費者や生産者は保険に加入することによって不確実性を払拭し、効率的な資源配分を達成できると考えます。

しかし、**保険に加入**することで新たな問題が発生する場合があります。

例えば、Ａ子さんは毎日自動車通勤しているとします。比較的運転はうまいのに、自動車保険に加入したことで、保険加入前より注意力が低下して、事故を起こしやすくなるというケースが考えられます。

これは、保険に加入したことで、Ａ子さんの注意力が散漫になったことが原因です。

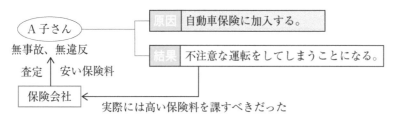

保険会社は、Ａ子さんに対する情報を十分に入手できないために、保険料は低い価格でした。しかし、実際には事故を起こしやすくなる傾向があるのだったら、保険料はもっと高い価格にしたはずです。このように、売り手と買い手に情報の食い違いがあり、適正価格で売買が成立しなかったことから、市場の失敗を引き起こすのです。

この Unit では、このように売り手と買い手の情報の食い違い（**非対称性**）によって引き起こされる問題を取り上げていきます。

1. モラル・ハザード

Key Point

　モラル・ハザードがある場合、適正な価格では取引されず、市場の失敗を引き起こします。

　保険という財の最適な供給には、モラル・ハザードの問題が生じます。**モラル・ハザード**とは、保険契約が加入者に逆効果を与える作用であり、健康保険によって医療負担がなくなれば、健康管理に無頓着になり、病気になりやすくなる例が考えられます。

　売り手である保険会社は、加入者の契約前の状態で保険料を決め、その後、モラル・ハザードが原因で引き起こされる病気を保険でカバーしたのでは、採算がとれなくなってしまいます。そこで、保険会社は、このようなモラル・ハザードを回避する方法を考えなければなりません。

モラル・ハザードの回避法

　医療費の全額負担は、モラル・ハザードを引き起こす原因を招くことになるので、保険会社は対策を立てなければなりません。

①対象の限定　重症の場合のように、モラル・ハザードが原因とは考えにくいものに限定します。

②一定額の支払い　費用の一定額まで個人が支払います。または、個人が保険を適用すべきかを選択させます。

③一定割合の負担　これは、共同保険と呼ばれ、何割かを加入者にも負担させます。

2. 逆選択

Key Point

　財の品質に情報の非対称性がある場合、市場の失敗を引き起こします。

　逆選択（**アドバース・セレクション**）とは、中古車市場のように価格がモノの品質を十分に反映していない場合、売り手が有利な取引を行うための誘因が働き、粗悪品が取引されて、市場の失敗を引き起こすことです。例えば、売り手はその中古車の情報をよく知っているのに、買い手は知らないという条件であれば、売り手は広告や宣伝、あるいは店頭でも、品質に対して十分な情報を買い手に伝えない可能性があります。このような場合、適正価格で取引されているとは言えません。

　ポンコツ車を「いい車です」という広告で販売している状態では、誰も中古車市場で車を買おうとは思わないし、自分が持っている車を中古車市場で売ろうとは思わないでしょう。したがって、対策を練らなければ中古車市場は粗悪品ばかりになり、最終的には消滅してしまいます。

売り手 → 正しい情報を伝えない → 買い手
中古車市場
↑ 粗悪品ばかりになる　　良品は売りたくない
中古車を売りたい人

年功序列制の見直し

　雇用契約が引き起こすモラル・ハザードとして、年功序列制があります。

　例えば、契約によって勤務状態のいかんにかかわらず、安定した雇用が保証されているために生産性の低下が考えられます。

　このような背景により、年功序列制から能力給制へ移行する企業もあります。

預金保険機構の存在

　預金保険機構は、銀行が破綻した場合に預金者の預金の返済を保護する機関です。この機構の存在によって、銀行の融資などの業務では、ついリスクを負うような行動に出てしまうモラル・ハザードの恐れがあります。

任意保険

　強制加入ではなく、任意保険の場合、健康に不安のある人が加入する場合が多いので、逆選択の問題が発生します。

　中古車市場のように見た目とは別に、実際に購入しなければ品質を知ることができない財の市場を「レモン市場」と言います。

　果物の「レモン」のことですが、アメリカでは質の悪い中古車、欠陥品を指す俗語として使うこともあります。

中古車市場のみならず、逆選択の「**悪貨は良貨を駆逐する**」という現象は他の市場でも見られ、市場の失敗を引き起こします。

逆選択の回避法

①中古車販売市場におけるワランティー（無償修理期間）
　品質を保証するために、無償の修理期間を定めるものです。売り手も粗悪品を売れば、修理の経費がかかるので、できるだけ品質の良い中古車を売らざるを得ません。
②自動車保険における割引制度
　事故のない加入者に対しては、低い料金制度を設けます。
③ブランド品や免許制度
　ブランド品には品質のインセンティブが機能し、免許制度も品質の確保を保証していることの判断材料になります。
④金融業者の個人情報の共有
　口述ではわからない情報などを共有することで、危険を回避できます。

確認問題

　次の記述のうち、モラル・ハザードを回避することを目的に行われるものとして妥当なものはどれですか。
1.　企業は雇用に際し、その労働者がどのような人物なのか情報が少ないので、履歴書などの書類を提出させるようにします。
2.　家電製品などについて、品質保証をするために1年間の無料保証制度を実施します。
3.　金融機関は外部の機関から格づけが行われます。
4.　金融業者はお客の情報が少なく、返済を確実にしてくれる人なのかどうかを個人情報を共有することで判断しようとします。
5.　医療保険における医療費の一部自己負担が実施されています。

（地方上級　改題）

■確認問題の解答と解説

　1～4は、逆選択の回避のケースです。5はモラル・ハザード（道徳的危険）の回避のケースです。したがって、正解は5です。

問題　情報の非対称性（択一式）

　効率性賃金仮説には、「企業は、競争力を維持するために賃金を低くすると、優秀な人材はその企業を去る一方で、好ましい就職口が見つからない人材だけが残ってしまう」という考え方が反映されています。その考え方を表す最も適切な概念はどれですか。
　ア．逆選択　　　　イ．非競合性
　ウ．代替効果　　　エ．モラルハザード

（中小企業診断士　改題）

■問題の解答・解説

　効率性賃金仮説を知らなくても、内容が出ているので判別は可能です。この論点の結論は、市場には悪いものばかりが出回るような結果になっていることから、逆選択のケースになります。正解はアです。

補足

　逆選択は情報の伝達不足から引き起こされます。例えば、採用試験のような限られた時間での判断は逆選択を受けやすいため、さまざまな回避策が練られています。

①シグナリング
　情報を持っている側は、良質であるという「**シグナル**」を発信します。学歴や資格、免許、技能などを相手に伝えることによって信用を強調します。

②スクリーニング
　情報を持っていない側は「スクリーニング」という手法を用います。これは情報を持っている側へ多岐の選択肢を与え、何を選んだかによって情報を引き出すというものです。選択肢に面倒な作業や時間のかかる課題を含ませ、それをクリアできるかどうかによって良質な応募者を選別しようとします。

coffee break

～身近なところにもモラル・ハザード～

　一般に販売されている印鑑の多くは、上下がわかるように、天の部分にマーク（上を示す目印）がついているので、逆さまになったり横になったりせずに、真っ直ぐに押印できるようになっています。

　しかし、このような便利なアイディアは、かえって注意力を散漫にさせてしまい、何にでも印鑑をポンポン押してしまうという可能性が発生します。

＊

　実印などの重要な印鑑には、あえてこうしたマーク（目印）をつけないという方も数多くいるようです。それは、押印する前に「本当に押していいのか」と改めて確認をするためであり、危険を回避するための予防策の意味もあるのです。

＊

　アンモラル（モラルの欠如）とモラル・ハザードを混同して使用される方が多くいます。例えば、道路でウィンカーもつけずに突然、車線変更してくるのはアンモラルな状況ですが、モラル・ハザードは、ウィンカーをつければ大丈夫だろうと思って無理な追い越しや急な車線変更をしてしまい事故の発生率を高めてしまう状況です。

＊

　つまり、安全のための便利なシステムの構築は、かえって人々の警戒心の欠如を促してしまう結果になり、安全を脅かすものになってしまうのです。

～就職試験と逆選択～

　就職試験はお互い情報をほとんど持っていない状況なので逆選択を受けやすくなり、限られた時間内で逆選択を回避する手法が用いられています。
① 　情報を持っている側はシグナリングという手法を用います。例えば、学歴や資格、免許、技能などの「シグナル」を発信して自己の信用をアピールします。
② 　情報を持っていない側はスクリーニングという手法を用います。例えば、エントリーシートや作文の提出など面倒な選択肢を嫌がらずできるかによって、良質の応募者を選別しようとします。このような選択肢を与え、何を選んだかによって情報を引き出すというスクリーニングの手法は、他にも携帯電話の複数の料金から何を選んだかによってどのようなお客なのかを判断する材料などにも用いられています。

3. 所得分配

Key Point

　ローレンツ曲線、ジニ係数をもとに所得分配（所得・賃金）がどの程度公平なのかが計測でき、所得格差の期間比較、国際比較が可能になります。

　わが国では、高齢化社会や産業構造の変化にともなって、所得格差が大きくなっていることが新聞やニュースでも話題になることがあると思います。社会全体の所得がどの程度、各世帯に公平（平等）に分配されているのかを見るためにローレンツ曲線とジニ係数が用いられています。これらの導出方法を以下で見ていきます。

考え方のプロセス

プロセス-1　ローレンツ曲線の導出

　最初に、ローレンツ曲線の導出法から所得格差の表し方について説明していきます。まず、横軸には社会の所得の低い世帯から順番に並べていきます。そして、その世帯の所得の累積比を縦軸にとると**ローレンツ曲線**が描かれるのです。

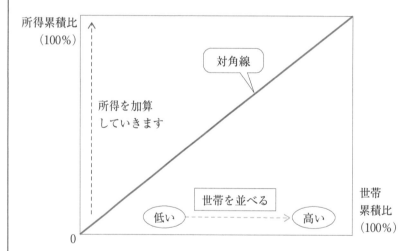

　例えば、すべての世帯の所得が同じであれば、均等に累積されるはずですからローレンツ曲線は対角線に一致するはずです。また、独裁者によって支配され、たった1人がすべての所得をもらっている場合では、最後の1人が100%に位置するのでローレンツ曲線は横軸、縦軸になります。

プロセス-2　対角線から遠ざかるローレンツ曲線

　次に、各世帯に所得格差が生じた場合のローレンツ曲線についてみていきましょう。

●高齢者世帯の全体に占める割合は、昭和61年には6.3%でしたが、平成28年には26.6%へと増加しています。世帯数も昭和61年の2,362千世帯から平成28年の13,271千世帯へと増加しています。（厚生労働省「国民基礎調査 平成28年」参照）

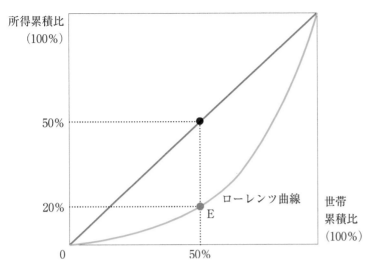

　E 点のように、社会の 50% の世帯が全体の 20% の所得しか得られていないような場合は、ローレンツ曲線は上図のように対角線から離れていくことになります。

　そして、対角線から離れ下方に膨らんだ形状になるほどその社会では所得格差が大きいことが示されることになります。

プロセス -3　　**ジニ係数の導出**

　また、ローレンツ曲線で示された所得格差の状況を数値で表したものが**ジニ係数**と呼ばれる指標です。

　これは、次のように求められます。

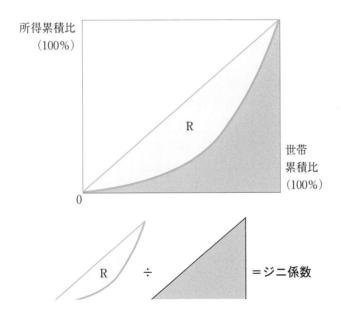

　対角線とローレンツ曲線が囲む面積（R）を対角線でできる三角形の面積で割り算して算出されるので、その値は 0 から 1 の間になります。

● ジニ係数の国際比較
所得格差

チリ	0.503	大
メキシコ	0.482	
米国	0.389	
英国	0.344	
日本	0.336	
オーストラリア	0.324	
イタリア	0.321	
フランス	0.309	
韓国	0.304	
ドイツ	0.293	
オランダ	0.278	
スウェーデン	0.278	
デンマーク	0.253	
ノルウェー	0.250	小

日本のジニ係数は、OECD 加盟諸国のなかでは中位に位置している。
（2009 ～ 2012：OECD. Stat 2015 参照）

◆所得格差が最大

　ジニ係数が1の場合〈完全不平等のケース〉

　所得格差が広がるほどRの面積が大きくなり1に近づきます。1世帯が全所得を得るような社会では完全不平等でジニ係数は1になります。

◆所得格差が最小

　ジニ係数が0の場合〈完全平等のケース〉

　社会における全世帯の所得が同じであると、ローレンツ曲線と対角線が一致するのでジニ係数は0になります。

問題　ローレンツ曲線（択一式）

ローレンツ曲線に関する記述で妥当なものを選んでください。

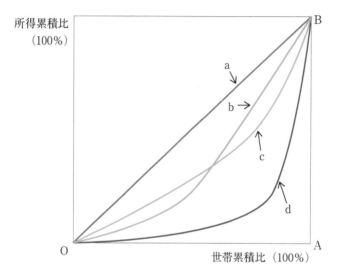

1.　ローレンツ曲線が直線aとなるとき、所得は社会の中のただ1人に集中し、所得分配の不平等度は最大です。

2.　ローレンツ曲線がbで表される所得分布の状態は、曲線cで表される状態よりも平等です。

3.　ローレンツ曲線が線分OABで表されるとき、所得分布は完全平等です。

4.　ローレンツ曲線dは、ローレンツ曲線OABの場合よりも所得分布の状態は平等です。

（地方上級　改題）

■問題の解答・解説

1. × ローレンツ曲線が対角線に一致するのは完全平等の場合になります。

2. × 交差するローレンツ曲線については、どちらが所得分配が公平であるのか判断ができません。

3. × ローレンツ曲線が線分 OAB になるときは、完全不平等になります。

4. ○ 対角線よりローレンツ曲線 d が離れれば不平等になります。したがって、d は線分 OAB よりも平等になります。

以上より、4 が正解になります。

第 6 章

国際貿易

これまでに学習したことを応用して、
望ましい貿易について考えます。

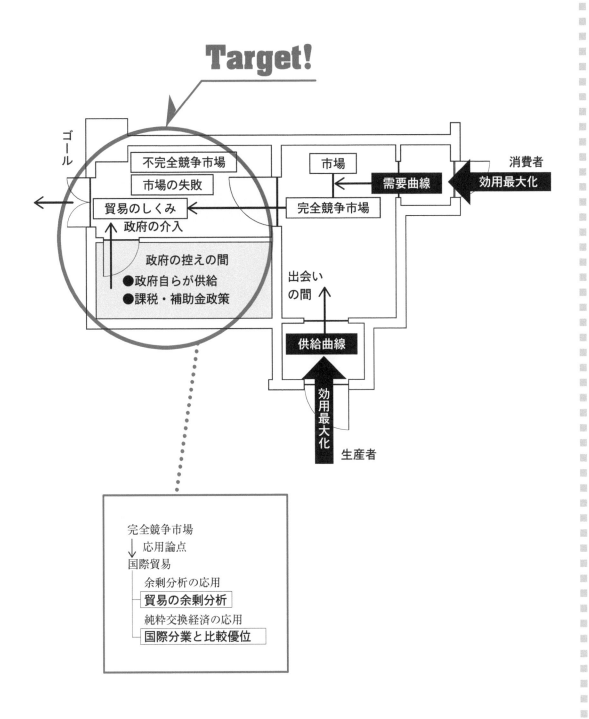

Target!

ゴール

不完全競争市場

市場の失敗

貿易のしくみ

政府の介入

政府の控えの間
●政府自らが供給
●課税・補助金政策

市場

需要曲線

消費者
効用最大化

完全競争市場

出会い
の間

供給曲線

効用最大化

生産者

自由貿易か？　保護貿易か？

Navigation

Unit 24 国際貿易
貿易の余剰分析

完全競争市場
↓ 応用論点
国際貿易
　余剰分析の応用
　貿易の余剰分析
　純粋交換経済の応用
　国際分業と比較優位

Unit24 のポイント

　この Unit では、第3章の完全競争市場における余剰分析の応用理論として、貿易を取り上げていきます。日本は貿易国である以上、常に貿易にかかわる問題がつきまとっています。

　貿易によって大きな利益を獲得することは想像できると思いますが、この Unit ではそれを明確にするとともに、中国の WTO（世界貿易機構）参加による貿易摩擦は世界中に波及し、早期解決をせまられていることや、この貿易摩擦による日本の保護貿易政策が、経済において望ましいかを判断していきます。

難易度	難易度は高難度順にAA、A、B、Cで表示。
C	出題率は高出題率順に☆、◎、○、◇で表示。

資格試験別・予想出題率	
国家総合	◎
国家一般	◎
地方上級	◎
公認会計士	○
国税専門官	◎
外務専門職	◎
中小企業診断士	◇
不動産鑑定士	○

▶ 講義のはじめに

　毎日、新聞やテレビが貿易にかかわる問題点を取り上げているように、日本は貿易大国です。この貿易に関する論点を第3章で学習した余剰分析を用いて考察していきます。

●**中国の WTO 加盟**

　世界最大の市場である中国の WTO 加盟と、その後の中国製品の輸出拡大は、アジアばかりでなく世界の貿易や経済に大きく影響を与えています。

余剰分析
完全競争市場で、最も効率的な資源配分が達成されます。

※これは、国内のみの場合

自由貿易
自由貿易が行われることで、海外から安い品物が入ってきます。

消費者サイド
安い品物は、消費者余剰を拡大させます。

生産者サイド
安い品物が入ってくると、国内生産者は大きな打撃を受けます。

　ここで政府が介入し、輸入品と競合している生産者を保護するために自由な輸入を制限する政策をとったとします。その場合、関税などによって輸入品の価格の引き上げが行われることになり、国内生産者にとって損失が軽減されることが予想されます。

　しかし、現行の貿易摩擦に見られるように、保護貿易による生産者保護が必ずしも望ましい方向にはならず、価格の歪みから生じる問題が発生してしまいます。

　この Unit では、これらの問題を具体的に取り上げていくことになります。

関税政策の実施

消費者サイド
関税により価格が引き上げられ、消費者余剰は減少します。

生産者サイド
関税による価格の引き上げは国内品との価格差を減少させ、競合する生産者にとっては余剰を拡大させます。

1. 自由貿易

Key Point

自由貿易は、貿易の利益を得て総余剰を拡大させます。

考え方のプロセス

プロセス-1　貿易を行っていない（自給自足の経済）

　まず、貿易を行っていない自給自足の経済について説明します。下図の余剰の明示は、Unit13で扱ったものと同じものです。

　この場合、国内価格決定のメカニズムは国内のみの需要と供給にしたがって決定され、総余剰は下図のように消費者余剰、生産者余剰を足し合わせたものとして明示できます。

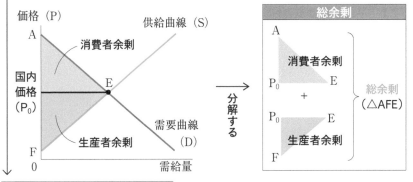

プロセス-2　自由貿易の開始

　自給自足の経済（鎖国）の状態から、自由貿易を開始した場合のグラフを分析していきます。国内価格（P_0）よりも国際価格（P_1）のほうが低い場合、その価格水準で国内で供給される数量と需要される数量の差（X_1からX_2）だけ輸入されることになります。

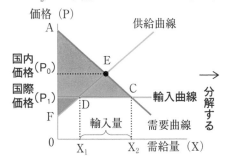

　これら余剰の合計値だけ見れば、△EDCの貿易の利益を得ることができるため、総余剰は自給自足時より大きくなることがわかります。

　総余剰の内訳を見ると、貿易で海外から安い財が国内へ入り込むことにより、消費者は余剰を増大させますが、国内の競争業者である生産者は余剰を減少させる結果になっていることがわかります。

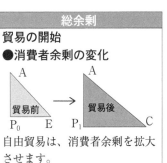

貿易の開始

●消費者余剰の変化

自由貿易は、消費者余剰を拡大させます。

●生産者余剰の変化

自由貿易は、生産者余剰を減少させます。

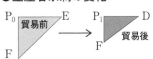

総余剰 ＝ □AFDC

貿易の利益 ＝ △EDC

小国の仮定

　このUnitでの分析は小国の場合という仮定があります。これは、この国の財の輸入量が世界全体の財の輸出量に占める割合が非常に小さいので、国際価格P_1には影響を及ぼさないということです。

農産物の輸入は国内産業構造を変化

　海外から安い農産物が入ってくると、国内の農業は打撃を受け、他の業種へ移行してしまう可能性もあります。その場合、自給自足率の低下や農地の減少などの2次的な問題を招く可能性があります。

2. 保護貿易政策（関税）

Key Point

保護貿易政策は厚生の損失を発生させ、効率的な資源配分を妨げる結果になります。

プロセス -3　自由貿易から保護貿易への実施

次に、国際価格に対し関税を課す保護貿易政策を実施したケースについて考えていきます。

まず、国際価格＋関税分で価格が引き上げられたとします。

価格は P_1 から P_2 へと変更されますが、このときの余剰分析を行います。

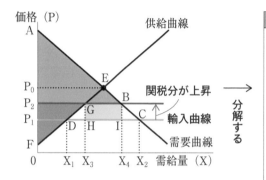

分析の結果、課税後の社会的余剰は、

消費者余剰△ AP_2B

＋

生産者余剰△ P_2FG

＋

関税収入□ GHIB

となります。

課税前の余剰と課税後の余剰とを比較してみると、課税後の総余剰が、△ DHG ＋△ BIC の分だけ減少していることがわかります。

この2つの面積の合計が厚生の損失です。厚生の損失が発生していることから、保護貿易政策では効率的資源配分が達成されないことがわかります。

したがって、セーフガードのような保護貿易政策は決して望ましい政策ではなく、自由貿易へ移行すべきであることが、余剰分析から判断できるのです。

総余剰＝消費者余剰
＋
生産者余剰
＋
関税収入
（政府の余剰）

総余剰

関税賦課後の余剰分析

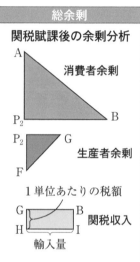

〈注意点〉
● 生産者余剰は大きくなっています。
● グラフの関税は従量税です（1単位あたりの税額 × 数量）。

厚生の損失

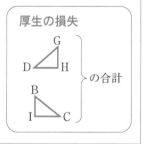

輸入量の変化

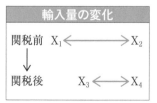

セーフガード

セーフガードとは、緊急輸入制限措置のことで、輸入については WTO ルールにしたがってこれを発動することができます。

2001年春、日本は中国からの輸入3品目（ネギ、シイタケ、畳表）に対して、暫定的にこれを発動しました（関税割り当て）。これに対して中国政府は、日本からの輸入3品目に対して特別関税（報復）を課し、事実上中国から締め出す措置をとりました。

確認問題

　小国のモデルにおいて、輸入関税を P_1 から P_2 までの水準で課した場合、関税賦課後の余剰の減少を示しているものは次のうちどれですか。

　ただし、図の D は需要曲線、S は供給曲線、自由貿易のときの輸入量は HK とします。

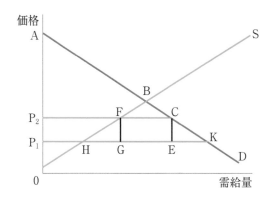

1. 四角形 FHKC
2. 四角形 P_2P_1KC
3. 三角形 BFC ＋ 四角形 FGKC
4. 三角形 FHG ＋ 三角形 CEK

（地方上級　市役所上級　改題）

■**確認問題の解答と解説**

　価格 P_1 は、国際価格であり、P_2 は、関税を課したために引き上げられた価格です。そのために厚生の損失が発生し、総余剰は、△ FHG ＋△ CEK だけ減少することになります。

　したがって、正解は 4 です。

Navigation

完全競争市場
　↓ 応用論点
国際貿易
　　余剰分析の応用
　　貿易の余剰分析
　　純粋交換経済の応用
　　国際分業と比較優位

貿易はなぜ儲かるのか？

Unit 25

国際貿易
国際分業と比較優位

	難易度は高難度順にAA、A、B、Cで表示。出題率は高出題率順に☆、◎、○、◇で表示。

難易度 AA

資格試験別・予想出題率	国家総合	○
	国家一般	◎
	地方上級	◎
	公認会計士	◇
	国税専門官	○
	外務専門職	○
	中小企業診断士	○
	不動産鑑定士	○

Unit25 のポイント

　前 Unit では、自由貿易が望ましいと結論を出しましたが、どのような手段が望ましいかまでは議論していませんでした。この Unit では、D. リカードの比較優位の理論をもとに、自由貿易を前提にした2カ国間における貿易を「**国際分業**」というシナリオを使って学習していきます。

　もちろん、結論としては「自由貿易が望ましい」ことには変わりはありませんが、前 Unit とは別の視点から考察していきます。

▶ **講義のはじめに**

　自由貿易を行うときに、どのように行うことが双方の国にとって最も望ましいのかを考えていきます。

　この Unit では、2ヵ国間の貿易、つまり何を輸出して、何を輸入するべきか？　の決定のしくみを導出していきます。

　これは、1国の中で様々なモノを生産するよりも、得意なものだけの生産に特化し、苦手なものは生産せずに輸入に頼るという、国際的な分業として「貿易」を位置づけます。

国際分業

　各国が自分の得意なものの生産に集中して、グローバルに生産の分担を行うことです。

　例えば、イギリスの大規模機械生産時代の幕開けは、インドで綿花をつくり、自国は綿織物をつくるという分業によって、大量生産を可能にしたことでした。

比較優位の理論（比較生産費説）

　イギリスの D. リカードによる学説の1つです。国際分業において、各国が他国に比べて割安に生産できる比較優位にある商品の生産に特化し、それを各国で交換すれば、生産において劣位にある商品を自国で生産するよりも双方にとって利益になるという説です。

日常的な分業の例

　例えば、ある敏腕の経営者が、営業と書類作成の2つの仕事を持っていたとします。どちらも早く正確にこなしますが、仕事が忙しくなったので、書類作成の得意な従業員 A 子さんを雇いました。

　実は A 子さんは、長年ビジネス・パーソンとして鍛えられていても、書類作成能力において、この敏腕経営者にはかないませんでした。

　しかし、この敏腕経営者は A 子さんに書類作成を専門的に行わせ、自分は営業を専門的に行い、仕事の効率はどんどん良くなっていきました。

　↓ この事例を貿易に応用してみましょう。

日本と中国のどちらもシイタケと自動車を生産しているとします。

	日本	中国
シイタケ	苦手	得意
自動車	得意	苦手

※苦手というのは、相対的に高コストがかかってしまう状態です。

　上の表から推測できる結論は、苦手な生産を相互依存による分業によって解決できそうだということです。

日本→苦手なシイタケの生産をストップ→その分、自動車生産に特化→大量の自動車を生産→自動車を輸出し、シイタケを輸入。

中国→苦手な自動車の生産をストップ→その分、シイタケ生産に特化→大量のシイタケを生産→シイタケを輸出し、自動車を輸入。

　少し極論かもしれませんが、このような国際分業によって、貿易前の経済よりも利益を得ることが可能になることがイメージできると思います。

1. 国際分業のメカニズム

Key Point

　各国は生産が得意な**比較優位**にある割安な財を輸出し、生産を分担させることによって、利益を獲得することができます。

　これから、国際分業が可能な場合を想定して、貿易のモデルを構築していきます。まず、2カ国しかなく、生産されている財も2種類しかないという仮定のもとで、貿易が望ましい結果を生み出すシナリオを構築していきます。

考え方のプロセス

プロセス-1　分析のための準備

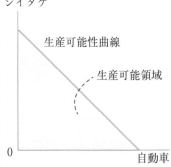

2カ国：日本と中国
2種類の財：自動車とシイタケ

シイタケ

生産可能性曲線

生産可能領域

0　　　　　　　自動車

　2種類の財の生産を表すものとして、**生産可能性曲線**を準備します。

　左図は、1種類の生産要素（例えば、労働）を用いて2種類の財を生産しますので、シイタケを多く生産したら自動車はあまり生産できません。また自動車を多く生産したら、シイタケはあまり生産できません。

　したがって、右下がりのグラフとして描かれます。

生産要素

　例えば、小麦を生産するのに人と農機具が必要ならば、経済学では、「労働と資本の2種類の生産要素を用いて生産する」と言います。

　生産者は、生産可能性曲線上の点で生産を行うことが効率的と考えます。

プロセス-2　貿易開始前の状況

　次に、この生産可能性曲線に無差別曲線を加え、貿易前の状況を説明します。

　どちらの国でも、シイタケと自動車を生産しています。

日本の場合：シイタケと車を生産点Aで生産。そこは社会全体の無差別曲線との均衡点Eaでもあり消費量と生産量が決定しています。

中国の場合：シイタケと車を生産点Bで生産。そこは社会全体の無差別曲線との均衡点Ebでもあり消費量と生産量が決定しています。

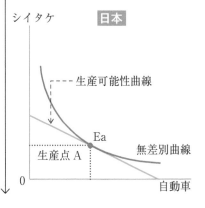

シイタケ　　日本

生産可能性曲線

Ea

生産点A　　無差別曲線

0　　　　　　　自動車

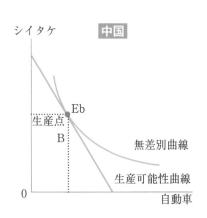

シイタケ　　中国

Eb

生産点B

無差別曲線

生産可能性曲線

0　　　　　　　自動車

プロセス -3　貿易開始（日本）

■日本の状況

1.　得意な自動車の生産に特化します（これは、割安生産可能なので「比較優位を持つ」と言います）。

↓

2.　生産要素を自動車の生産に傾けるので生産点Cで生産を行い、シイタケの生産は行いません。

↓

3.　大量に生産した自動車を中国へ輸出し、比較劣位のシイタケを中国から輸入することで、より高い無差別曲線を実現できます。

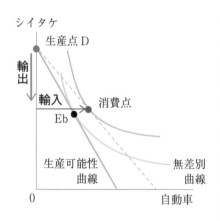

余剰分析では、面積によって「貿易の利益」を導出しましたが、ここでは、より高い位置の無差別曲線が選択できることによって、貿易後の利益を示しています。

■中国の状況

1.　中国は得意なシイタケの生産に特化します。

↓

2.　生産要素をシイタケの生産に傾けるので、生産点Dで生産を行い、自動車の生産は行いません。

↓

3.　大量に生産したシイタケを日本へ輸出し、比較劣位の自動車を日本から輸入することによって、より高い無差別曲線を実現できます。

プロセス -4　ボックス・ダイヤグラム

　中国のグラフを逆にして、貿易開始後の両国の生産点を合わせ、ボックス・ダイヤグラムをつくります。

　日本の輸出＝中国の輸入、中国の輸出＝日本の輸入の数量が一致し、消費点における無差別曲線が背中合わせになっています。

　この背中合わせになっている無差別曲線の傾きが**交換比率**であり、**交易条件**とも言われます。

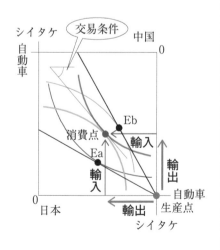

考え方は Unit14 のエッジワースのボックス・ダイヤグラムと同じものです。

確認問題

　日本と中国は労働を投入して、シイタケと自動車を生産しています。下表はシイタケと自動車を1単位生産するのに必要な労働の単位数を示しています。

　比較優位の理論にしたがった貿易は以下のうちどれですか。

	シイタケ	自動車
日本	10	8
中国	5	6

1. 日本はシイタケと自動車を双方輸入します。
2. 日本はシイタケを輸出します。
3. 中国は自動車を輸出します。
4. 日本はシイタケを輸入します。

(国家Ⅱ種　改題)

■確認問題の解答と解説

〈表の見方〉

　問題の表は、1単位あたりの生産費で表されています。

	シイタケ	自動車
日本	10	8
中国	5	6

〈日本側〉

　シイタケの生産には10単位の生産費が必要になりますが、自動車なら8単位で生産できます。

　自動車のほうが割安生産が可能

〈中国側〉

　自動車の生産には6単位の生産費が必要になりますが、シイタケなら5単位で生産できます。

　シイタケのほうが割安生産が可能

　生産費（労働数）が少ないほうに優位があることを**絶対優位**と言います。しかし、貿易は以下のような交換比率によって比較優位を調べる必要があります。

	シイタケ	自動車
日本	1	$\dfrac{5}{4}$
中国	1	$\dfrac{5}{6}$

シイタケ1単位で自動車何単位と交換できるか？

　日本では、シイタケ1単位で自動車$\dfrac{5}{4}$単位と交換できます。

　中国では、シイタケ1単位と自動車$\dfrac{5}{6}$単位としか交換できません。それなら、シイタケを日本に輸出して自動車$\dfrac{5}{4}$単位と交換したほうが良いと考えます。

　結論 中国は、シイタケを輸出して、自動車を輸入します。

	シイタケ	自動車
日本	$\dfrac{4}{5}$	1
中国	$\dfrac{6}{5}$	1

　日本では、自動車1単位とシイタケ$\dfrac{4}{5}$単位としか交換できません。それなら、自動車を中国に輸出してシイタケ$\dfrac{6}{5}$単位と交換したほうが良いと考えます。

　中国では、自動車1単位でシイタケ$\dfrac{6}{5}$単位と交換できます。

　結論 日本は、自動車を輸出して、シイタケを輸入します。

したがって、正解は4。

労働の単位数

　少しイメージしにくい言葉ですが、労働者をたくさん投入すれば、当然、価格も高くなります。したがって、10単位ということは、10円で売られていて、8単位であれば、8円で売られている…というイメージで見るといいでしょう。

交換比率の考え方
10単位 8単位
↓　　　↓
10円　8円
↓　　　↓と書き換え
1　:　$\dfrac{5}{4}$

　10円で8円のものが何個買えるか？　とイメージできれば比率は考えやすくなります。

●比較優位の財の生産に特化して輸出します。逆に比較劣位の財は輸入します。

問題　機会費用・比較優位・貿易開始（択一式）

A国とB国の2か国、X財とY財から成るリカードの貿易モデルにおいて、財1単位あたりに投入される労働量は右表のように示されます。次のうち、妥当なものはどれですか。

	X財	Y財
A国	4	2
B国	3	1

1. A国がX財、Y財とも両財とも特化。
2. A国はY財、B国はX財に特化。
3. A国はX財、B国はY財に特化。
4. B国がX財、Y財とも両財とも特化。

（国税専門官　改題）

■問題の解答・解説

表を見ると、労働量の投入は「生産にかかった費用」と読むことができるので、A国、B国どちらもY財の方が安く生産できることがわかります。それなら、一見、貿易は成立しないように見えます。しかし、お互いどのくらい安くできるのかという点で検討するとこの表の景色もガラリと変わってきます。

プロセス -1

まず、X財、Y財を物々交換を行うようなイメージで表〈交換ベース〉を用意します。すると、A国はX財の生産費を1とするとその費用を使ってY財を生産すると2できることがわかります。これは、X財1個でY財2個交換できるという意味です。同様に、B国ではX財1個でY財3個交換できます。

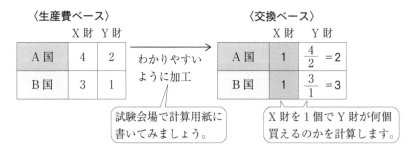

A国ではX財を1個生産するごとの犠牲となるY財の機会費用（2個）がB国より小さいため、A国はX財に比較優位を持つので、X財の生産に特化するべきです。ここで解答が出てしまいますが、試験では主にどちらを輸出し、または輸入するのかを考える必要があるので、交換ベースの図をさらに詳しく読んでいきます。

プロセス -2

〈交換ベース〉

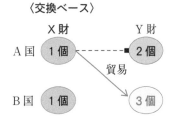

交換ベースの数字を見ましょう。A国は自国でX財1個をY財に交換した場合、2個しか手に入りませんが、B国にX財を輸出すれば、3個のY財が手に入ります。それなら、Y財は自国で生産するよりも、輸入した方が効率的と考えるはずです。

機会費用とは、ある複数の選択肢があったときに、ある1つを選んだために、犠牲としなければならない他の選択肢から得られたであろう利益を言います（107ページ参照）。

同様に、2種類の生産を行う際に、一方の財1個の生産を行うごとに、その時間で他方の生産を行ったと仮定すると、どれくらい犠牲になるのかを計算する必要があります。そして、相手よりも少ない機会費用で生産できることを比較優位といいます。

交換比率への変換作業

4単位　2単位
↓　　　↓
4円　　2円
↓　　　↓
1 ： $\frac{4}{2}$

1単位1円と考えてみます。すると、4円で2円のものが何個買えるか？　とイメージして交換比率をつくっていきます。

比較生産費の計算問題は、見た目が簡単そうな問題なので、練習をあまりしないで試験にのぞみ当日ケアレスミスをする受験生がとても多いのです（だから、頻出問題なのです）。この交換ベースを経由して解く茂木式攻略法は、面倒に見えますが、かなりひねった問題でも計算ミスを防ぐことが可能です。

〈結果〉

A 国

┌ X 財 ⟶ 比較優位を持つ X 財に特化して生産して、X 財を輸出して Y 財はそれと交換に輸入した方が多くの Y 財を獲得できます。

└ Y 財 ⟶ 比較劣位にある Y 財は輸入

プロセス -3

蛇足に感じるかもしれませんが、説明しやすいように Y 財の生産費を 1 とした場合も用意して確認してみましょう。

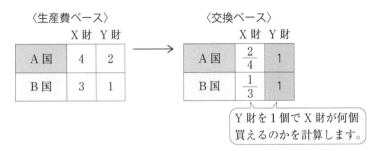

〈生産費ベース〉

	X 財	Y 財
A 国	4	2
B 国	3	1

〈交換ベース〉

	X 財	Y 財
A 国	$\frac{2}{4}$	1
B 国	$\frac{1}{3}$	1

Y 財を 1 個で X 財が何個買えるのかを計算します。

●$\frac{2}{4}$ は、$\frac{1}{2}$ とせずにそのまま使っていきます（理解しやすくするため）。

プロセス -1 と同様に、〈交換ベース〉を用意し読んでみましょう。B 国は Y 財の生産費を 1 とするとその費用を使って X 財を生産すると $\frac{1}{3}$ 個できることがわかります。言い換えれば、Y 財 1 個で X 財 $\frac{1}{3}$ 個交換できるという意味です。同様に、A 国では Y 財 1 個で X 財 $\frac{2}{4}$ 個交換できます。

B 国は Y 財を 1 個生産するごとの犠牲となる X 財の機会費用が A 国より小さい（$\frac{1}{3}$）ため、B 国は Y 財の生産に比較優位を持ち、Y 財の生産に特化するべきです。

プロセス -4

〈交換ベース〉

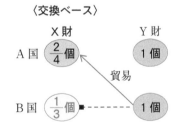

交換ベースの数字を確認します。B 国は自国で Y 財 1 個を X 財に交換した場合、$\frac{1}{3}$ 個しか手に入りません。しかし、A 国に Y 財を輸出すれば、$\frac{2}{4}$ 個の X 財が手に入ります。それなら、B 国は X 財を自国で生産するよりも、輸入した方が効率的と考えるはずです。

〈結果〉

B 国

┌ X 財 ⟶ 比較劣位にある X 財は輸入

└ Y 財 ⟶ Y 財に特化して生産・輸出し、X 財はそれと交換に輸入した方が多くの X 財を獲得できます。

したがって、以上のプロセスから 3 が正解になります。

要点速攻チェック

ここまで学習してきた項目のまとめです。重要事項の最終確認や関連学習に活用してください。

〈スタートから出会いまで〉

完全競争市場

完全競争市場の条件	財の同質性、多数の需要者・供給者の存在、プライス・テイカー、市場への参入および退出の自由、情報の完全性
ワルラス的安定の判別	交点の上に補助線を引いて、D＜Sならば「安定」
マーシャル的安定の判別	交点の左に補助線を引いて、D＞Sならば「安定」
くもの巣理論の判定	供給曲線の傾きが、需要曲線の傾きより絶対値で上回れば「安定」
需要曲線の右シフト	①補完財の関係を持つほかの財の価格が下がった場合 ②代替財の関係を持つほかの財の価格が上がった場合
余剰分析	競争市場では、総余剰が最大になる
厚生の損失	資源配分の非効率を示す
純粋交換経済におけるパレート最適	個人Aの限界代替率＝個人Bの限界代替率

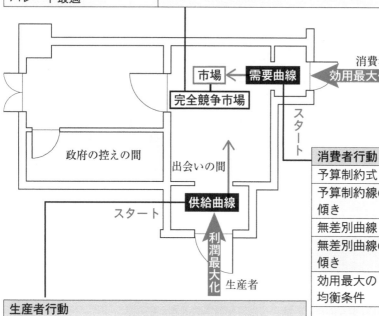

消費者行動

予算制約式	$P_X \cdot X + P_Y \cdot Y = M$
予算制約線の傾き	価格比
無差別曲線	線上ではすべて同じ効用水準
無差別曲線の傾き	限界代替率
効用最大の均衡条件	限界代替率＝価格比
所得消費曲線	所得が変化したときの均衡点の軌跡
所得弾力力（e）	e＜0は下級財、e＞0は上級財、e＝0は中級財
エンゲル曲線	右下がりは下級財、右上がりは上級財
ギッフェン財	価格が下落すると需要量も減少。所得効果が代替効果を絶対値で上回る
代替効果	相対価格の変化による需要の変化
所得効果	価格の変化による実質所得の変化のための需要量の変化
必需品と奢侈品	価格の変化に対して、必需品は非弾力的、奢侈品は弾力的

生産者行動

利潤	総収入－総費用
総費用（TC）	固定費用（FC）＋可変費用（VC）
利潤最大の生産量の決定	限界費用（MC）＝限界収入（MR）
平均費用（AC）	総費用（TC）÷生産量
平均可変費用（AVC）	可変費用（VC）÷生産量
損益分岐点	平均費用（AC）＝限界費用（MC）＝価格（P）
操業停止点	平均可変費用（AVC）＝限界費用（MC）＝価格（P）
長期費用曲線	短期費用曲線の包絡線
長期平均費用曲線	短期平均費用曲線の包絡線
長期産業均衡	価格（P）＝長期限界費用（LMC）＝長期平均費用（LAC）

〈出会いからゴールまで〉

不完全競争市場	
独占企業	需要曲線にしたがって販売することが前提
独占企業の利潤最大の生産量の決定	限界費用（MC）＝限界収入（MR）＜P
独占企業の限界収入曲線	需要曲線の傾きの2倍
独占企業における資源配分	過小生産となり、厚生の損失が発生
差別価格戦略	弾力性の小さい市場には高い価格、弾力性の大きい市場には低い価格を設定
クールノー複占モデル	2つの生産者がお互いに相手の生産量を所与として、自己の利益を最大限にするように生産量を決定
屈折需要曲線の論点	寡占市場では価格が硬直的となることの説明
フル・コスト原理	（1＋マーク・アップ率）×平均費用で表す価格設定法
売上高最大化仮説	寡占市場の中には、利潤最大よりも売上高最大を目標におく場合がある
独占的競争市場	完全競争市場の条件の中で、財の同質性が満たされない市場
独占的競争市場の長期均衡	需要曲線（D）にACが接する水準で均衡。超過利潤はゼロ
ナッシュ均衡	ゲーム参加者の戦略が一定のものに収束する場合の均衡点、パレート最適に一致するとは限らない
ミニ・マックス理論	最悪の事態の被害を最小化する

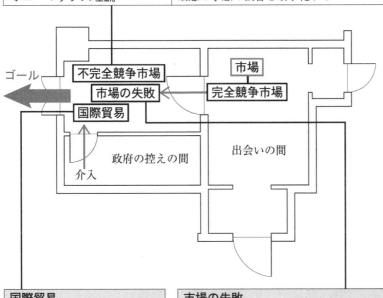

国際貿易	
自由貿易	海外から安い財が入ることによって、消費者余剰は拡大するが、生産者余剰は減少する
保護貿易（関税）	生産者余剰を拡大させるが、厚生の損失が発生する
比較優位の理論	相対的に生産費が少なくてすむ得意分野に特化して生産し、輸出する。比較劣位な財は輸入する

市場の失敗	
外部効果	私的費用と社会的費用の乖離
外部不経済	私的費用＜社会的費用のため、過大生産が行われる
ピグー的課税政策	私的費用と社会的費用を一致させる
コースの定理	外部不経済の当事者間での解決
公共財	非排除性と非競合性のいずれか満たされた財
純粋公共財	非排除性と非競合性が同時に満たされた財
リンダール均衡	応益原則にしたがって分担率を定め、表明してもらい公共価格を定める
費用逓減産業	公共事業として、限界費用価格形成原理によって価格を決定し、損失部分は補助金によってカバー
モラル・ハザード	契約がかえってモラルの欠如を誘導し、安全性が保てない
逆選択	売り手と買い手に情報の非対称性があり、市場には粗悪なものしか出回らなくなる

試験対応
新・らくらくミクロ経済学入門

索　引

　本書では、経済学を初めて学ぶ方のために、経済の専門用語でなくても、その用語から索引を使用すると思われる語彙まで細かく索引項目に入れてあります。

　例えば、「購入量」＝「消費量」＝「需要量」であることを知らなくても、それぞれの3つの言葉から「経済学では、『購入量』『消費量』『需要量』は、すべて同義です」という文章を引けるようにしてあります。

　是非、活用してください。

著者紹介

茂木喜久雄
（もぎきくお）

資格試験における「経済学」のカリスマ講師。

これまで、大手受験指導校において公務員（国家総合、国家一般、地方上級、外交官、国税専門官、裁判所職員）、不動産鑑定士、中小企業診断士、公認会計士、税理士受験生を指導、圧倒的な合格率を誇る。これまでに指導した総受講生は1万人を超える。

銀行や商工会議所での研修や講演、大学エクステンション講座も実施し、全国各地で経済・財務・会計の幅広い分野においてコンサルティング業務にも携わる。

米国のグローバル・リテイラーで、国や地域、業種がまたがる部署のオペレーション・ディレクターに従事していた頃に、言葉が思ったように通じない外国人従業員に対しての教育、モティベーションの向上や能力開発を行った経験を持つ。それが今日の短期合格システムの根幹にある「見てすぐわかる」というコンセプトに繋がった。同時に、全員が参加できる環境づくりのキャリアは「受験生と同じ目線で問題に向き合う」という出発点となった。

お客様第一主義、常に消費者が主役であるという精神のもとに、受験生とは真剣勝負。親身になって取り組み、各人の要望にあった教育を、要望にあった思考で供給した蓄積と、合格者が残してくれたナマの声が本書の源流にある。

現在はTriSmart. Co., Ltd 取締役社長。自身で茂木塾／茂木経済塾を主宰し、毎年多くの受験生に指導を行っている。北海道出身、元大学講師、早稲田大学大学院卒。

◎著者連絡先
〈茂木経済塾〉
公務員試験対策用　受験指導室
www.mogijuku.jp

NDC331　　253p　　26 cm

試験対応　新・らくらくミクロ経済学入門
（しけんたいおう　しん　けいざいがくにゅうもん）

2021年1月26日　第1刷発行
2024年8月22日　第2刷発行

著　者　茂木喜久雄
　　　　（もぎきくお）

発行者　森田浩章

発行所　株式会社　講談社
　　　　〒112-8001　東京都文京区音羽 2-12-21
　　　　　　　　販売　（03）5395-4415
　　　　　　　　業務　（03）5395-3615

編　集　株式会社　講談社サイエンティフィク
　　　　代表　堀越俊一
　　　　〒162-0825　東京都新宿区神楽坂 2-14　ノービィビル
　　　　　　　　編集　（03）3235-3701

本文データ制作　株式会社　双文社印刷
印刷・製本　株式会社　ＫＰＳプロダクツ

KODANSHA